21世纪 **高职高专经济管理系列教材**

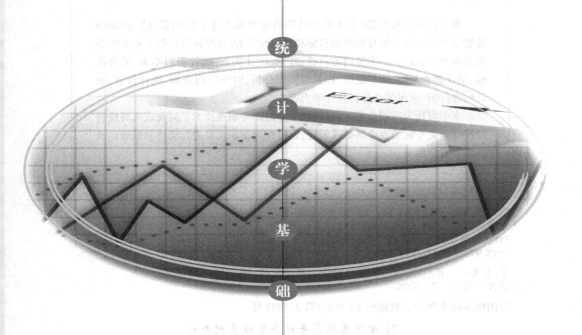

统计学基础 第3版

主　编　张举刚

副主编　刘定祥　刘文锦　王正朋

重庆大学出版社

● 内容提要 ●

本书是按照教育部《关于加强高职高专教育人才工作的意见》，根据经济管理类高职高专教育的培养目标和要求编写的，是经济管理类专业重要的专业基础课程之一。主要内容包括：导论、统计调查、统计资料整理、综合指标、抽样调查基础、抽样组织、相关与回归分析、时间序列分析、统计指数、统计综合分析、常用统计分析软件等内容。

本书可作为高职高专、本科院校举办的高等职业技术学院及成人高校的经济管理类专业的专业基础课教材，也可作为在职人员进行统计知识培训及自学者自学用书。

图书在版编目（CIP）数据

统计学基础/张举刚主编 . —3 版 . —重庆：重庆大学出版社，2011.1（2020.8 重印）
21 世纪高职高专经济管理系列教材
ISBN 978-7-5624-2573-1

Ⅰ.①统⋯　Ⅱ.①张⋯　Ⅲ.①统计学—高等学校：技术学校—教材　Ⅳ.①C8

中国版本图书馆 CIP 数据核字（2010）第 231393 号

21 世纪高职高专经济管理系列教材

统计学基础（第 3 版）

主　编　张举刚
副主编　刘定祥　刘文锦　王正朋

责任编辑：邱　敏　邱　慧　　版式设计：邱　慧
责任校对：邹　忌　　　　　　　责任印制：张　策

*

重庆大学出版社出版发行
出版人：饶帮华
社址：重庆市沙坪坝区大学城西路 21 号
邮编：401331
电话：（023）88617190　88617185（中小学）
传真：（023）88617186　88617166
网址：http://www.cqup.com.cn
邮箱：fxk@cqup.com.cn（营销中心）
全国新华书店经销
POD：重庆新生代彩印技术有限公司

*

开本：787mm×960mm　1/16　印张：21　字数：400 千
2006 年 1 月第 2 版　2011 年 1 月第 3 版　2020 年 8 月第 20 次印刷
ISBN 978-7-5624-2573-1　定价：58.00 元

总 序

经过近 20 年的改革开放,我国已基本建立了市场经济体系,加入世界贸易组织,更加快了全球经济一体化的进程。国外先进的管理方法和理念、新的经济理论和符合国际惯例的贸易规则,必须在经济管理教材中得到充分体现。

市场经济和管理科学的发展,需要一大批懂理论、善操作、面向一线的经济管理专门人才,这是高等职业教育的重要任务。根据高等职业教育应定位为"理论够用,注重实际操作"的精神,适应高等职业教育教材建设的需要,教育部已经在全国着手教材建设,重庆大学出版社《21 世纪高职高专经济管理系列教材》便是在这种背景下产生的。

在教材方面,目前可供大学本科学生选用的较多,适合高等职业教育学生需要的教材极少。重庆大学出版社已经于 2000 年出版了高职高专信息类、公共课程类两套系列教材,本系列教材是在吸收前两套系列教材编写经验的基础上,联合全国二十多所相关院校编写出版的(该系列教材首期出版共 20种,以后将陆续出齐专业基础课和专业课)。首期出版的教材是:《经济学原理》《经济法概论》《现代企业管理》《市场营销学》《市场营销案例与分析》《实用公共关系》《管理学基础》《管理信息系统》《审计理论与实务》《金融概论》《国际金融》《统计学基础》《应用写作》《会计学基础》《成本会计》《财务会计》《会计模拟实训教程》《财务管理》《经济数学基础(一)》《经济数学基础(二)》。

本系列教材的特点,一是紧扣教育部高职高专培养目标和对各门课程的基本要求,编写目的明确,针对性强;二是理论精当,繁简适度,内容取舍合理,注意了知识的系统性、实用性和先进性;三是将案例融入相关理论,既使理论讲述生动、形象,又体现了高职高专应用性人才的培养目标;四是反映了最新政策法规和制度,选用最新的数据资料,吸收了理论和实践的最新成果;五是各章末有小结并附有案例讨论题、复习思考题或习题,便于学生课后复习和练习。

　　经济管理类教材的编写涉及我国许多处于不断完善中的法规、政策和制度,各方面对这套教材的期望与要求又很高,尽管我们力求完美,但编写的难度较大,书中不免存在一些缺点和疏漏,恳请专家、读者批评指正,以便修订再版时进一步完善。

编委会
2002 年 1 月 5 日

SE 前 言

　　本书按照教育部《关于加强高职高专教育人才培养工作的意见》，根据经济管理类高职高专教育的培养目标和要求编写。本门课程是经济管理类专业重要的专业基础课程之一。

　　本教材在编写过程中按照"高职高专教育要面向生产、建设、管理、服务第一线，培养技能性、应用型人才的基本要求"构筑教材体系，突出了以下特点：

　　1. 注重将深奥的理论问题转化为现实的具体问题加以描述，从而引起读者的兴趣，做到深入浅出。

　　2. 突出了教材内容的针对性、应用性和实践性。

　　3. 将"统计"作为"管理的工具"来筛选教材内容。尽量利用微观管理中的案例和现实生活中的素材来阐述教材的内容，使读者感到统计能"学而有用、学而能用、学而会用"。

　　4. 突出了"统计"课程是经济管理类专业核心课程的特点，注意了与相关课程的联系与衔接。

　　5. 强化了"统计"的"工具论"和"方法论"。在全面阐述统计内容的同时，突出了统计方法的应用。

　　6. 加强了统计分析方法的介绍。结合实际列举了大量统计分析方法在企业经营管理中应用的案例。

　　7. 将常用的统计分析软件和计算机技术引进教材。注重对学生的独立思维能力与创新能力的培养。

　　由教材的特点及本门课程的核心地位所决定，建议本门课程的教学时数为70～80学时。由于目前高职高专的生源较复杂，学生的基础相差较大，因此有些内容在教学过程中可以删减，或安排学生自学，或作为扩大学生的视野使用。

　　由于统计课程涉及面较广,又要求有相应的数理基础和经济管理知识,为了学好这门课程,在教学计划中应安排在数学、计算机文化基础、经济学、会计学等有关课程之后开设。

　　本书编写分工是:刘文锦(成都电子机械高等专科学校)第一章;林澜(昆明冶金高等专科学校)第二章、第三章;赵刚(天津工业职业技术学院)第四章;马勤(株州职业技术学院)第五章;李国柱(石家庄经济学院)第六章、第十一章;张举刚(石家庄经济学院)第七章、第十二章;刘定祥(西南农业大学经贸学院)第八章;张素芬(贵州大学职业技术学院)第九章;王正朋(广西职业技术学院)第十章。全书由张举刚拟定大纲,设计框架(经过编写组充分讨论),对全书总纂、定稿。

　　在编写过程中,本书参考和借鉴了国内同行的有关论著和研究成果,以及河北省和石家庄市统计系统的调研报告、重庆市统计系统的统计资料。在此,一并表示衷心的感谢。

　　由于编写高职高专教材是新的探索,统计课程本身也在改革和发展中,书中难免有错漏及不足之处,恳请专家、读者赐教,以便本书修订再版时改进。

编　者
2001 年 10 月

再版说明

SE **再版说明**

　　本次修订是在21世纪高职高专经济管理系列教材《统计学基础》2004年2月第3次印刷的基础上,充分征求各位作者和使用单位意见的基础上修改而成的。在总体框架上沿用了原来的教学体系,主要由张举刚、李国柱更新了原教材中许多过时的资料和案例,针对性和资料性更强。原教材中的第五章,由张举刚和马勤重新编写,使教材内容更易于理解和自学,更体现了该章内容作为整个统计学中心和基础的地位,使该门课程的内容体系更加完善。

编　者

2005年11月

目录

1	**第一章　导　论**
1	第一节　统计研究的对象和方法
5	第二节　统计的任务与职能
8	第三节　统计的基本概念
11	小结
11	思考与练习
12	**第二章　统计调查**
12	第一节　统计调查的意义和种类
14	第二节　统计调查方案与问卷设计
17	第三节　统计报表与专门调查
21	小结
21	思考与练习
22	**第三章　统计资料的整理**
22	第一节　统计整理的意义和步骤
23	第二节　统计分组与资料汇总
27	第三节　分配数列
31	第四节　统计表和统计图
36	小结
37	思考与练习
39	**第四章　综合指标（一）——总量指标与相对指标**
39	第一节　总量指标
42	第二节　相对指标

48	第三节　总量指标与相对指标的运用原则
50	小结
50	思考与练习
52	**第五章　综合指标(二)——集中趋势与离中趋势**
52	第一节　平均指标的意义
54	第二节　算数平均指标
59	第三节　调和平均指标
61	第四节　几何平均指标
63	第五节　中位数与众数
68	第六节　计算和应用平均指标的原则
70	第七节　标志变异指标的意义
71	第八节　全距、四分位差和平均差
75	第九节　标准差和标准差系数
80	小结
81	思考与练习
83	**第六章　抽样调查基础**
83	第一节　抽样调查的意义
85	第二节　总体和样本
87	第三节　抽样调查的数理基础
97	第四节　抽样推断的基本原理
112	小结
113	思考与练习
114	**第七章　抽样组织**
114	第一节　抽样方案设计与抽样框的编制
117	第二节　简单随机抽样
121	第三节　等距抽样
125	第四节　类型抽样
131	小结
132	思考与练习
134	**第八章　相关与回归分析**
134	第一节　相关分析的意义
138	第二节　相关关系的测定与判断

142 ┃ 　　第三节　一元回归分析
149 ┃ 　　第四节　相关与回归分析应注意的问题
151 ┃ 　　小结
151 ┃ 　　思考与练习
153 ┃ **第九章　时间序列分析**
153 ┃ 　　第一节　时间序列的意义、种类和编制原则
157 ┃ 　　第二节　时间序列的水平指标
166 ┃ 　　第三节　时间序列的速度指标
172 ┃ 　　第四节　长期趋势的测定
177 ┃ 　　第五节　季节变动的测定
181 ┃ 　　小结
182 ┃ 　　思考与练习
184 ┃ **第十章　统计指数**
184 ┃ 　　第一节　统计指数的意义和种类
186 ┃ 　　第二节　个体指数与综合指数
190 ┃ 　　第三节　平均数指数
194 ┃ 　　第四节　指数体系与因素分析
208 ┃ 　　第五节　指数数列
210 ┃ 　　小结
211 ┃ 　　思考与练习
213 ┃ **第十一章　统计综合分析**
213 ┃ 　　第一节　统计综合分析的基本理论
221 ┃ 　　第二节　统计分析方法（一）
232 ┃ 　　第三节　统计分析方法（二）
244 ┃ 　　第四节　统计分析方法（三）
250 ┃ 　　第五节　统计分析方法（四）
257 ┃ 　　第六节　统计分析报告
261 ┃ 　　小结
261 ┃ 　　思考与练习
263 ┃ **第十二章　常用统计分析软件简介**
264 ┃ 　　第一节　用统计软件计算描述统计量
274 ┃ 　　第二节　用统计软件绘制统计图

283 第三节 用统计软件进行时间序列分析

287 第四节 用统计软件进行指数分析

291 第五节 用统计软件进行回归分析

299 第六节 用统计软件进行预测

305 小结

305 思考与练习

307 附录

319 参考文献

第一章

ℒℰ 导 论

第一节 统计研究的对象和方法

一、统计的含义

"统计",英语为 Statistics,源于拉丁语 Status(状态)、意大利语 Statist(政治家)和 Stato(国家)、德语 Staat(国家)。我国在先秦时期会、统不分,会计包括统计;在东汉时期称统计为通计;在南北朝时期称统计为总计;至清乾隆十二年(公元 1747 年),开始使用统计一词。

现代统计一词有三种涵义,即统计工作、统计资料和统计学。

统计工作,是指运用科学的方法,按照预先设计的要求,对事物的数量方面进行搜集、整理和分析这一工作过程的总称。一个完整的统计工作包含了统计设计、统计调查、统计资料整理和统计分析等几个阶段。参加统计实践的工作人员,称为统计工作者。领导、组织并从事统计工作的部门,称为统计机构或统计部门。

统计资料,是在统计工作过程中取得的各项数字资料及与之有联系的文字资料的总称。统计资料一般都反映在统计手册、统计汇编、统计年鉴及统计公报中。这些统计数字和统计分析资料是分析、研究社会经济问题不可缺少的重要依据。

统计学,也称统计理论。它是从统计实践中概括、提炼、总结出来的,是一门根据统计研究对象,系统地论述统计理论和方法的科学。

上述三个方面之间存在着密切的联系:统计资料是统计工作的重要成果,统计学产生于统计实践,又要指导统计实践的进行,为统计工作提供科学依据。三者之间是一个密不可分的整体。

本书所介绍的统计学基础,仅研究社会经济现象方面,一般称之为社会经济统计学基础。它主要阐述的是社会经济统计的基本原理、原则和方法。

二、统计的产生与发展

(一)统计实践的产生与发展

统计的起源很早,统计的实践活动已经存在了几千年,它是随着社会生产力的发展,为适应国家管理需要和社会政治经济的发展需要而产生和发展起来的。

我国早在原始社会时期就有结绳记事、绘图记事等计量的方法。《周易正义》郑玄注释说:"事大,大结其绳;事小,小结其绳,结之多少,随物众寡。"当时尚无文字,结绳记事和绘图记事等应为我国统计的萌芽。在 4 000 多年前的夏朝,统治者为治理国家,已开始了国情统计,把我国分为九州,人口1 355万。这说明当时我国已有人口和土地统计。

封建社会,社会经济统计实践已初具规模。秦统一中国后,为了国防和财政的需要,进行了户口、土地、物产和赋税统计。清光绪三十年(1906 年)已设立了统计局,作为全国的最高统计机关。这说明我国在封建社会末期已正式设立统计机构,进行关于国情国力的统计。当然,由于在前资本主义社会,生产力水平较低,商品经济尚不发达,统计只在有限范围内对国情国力进行一些简单的登记和计算,发展缓慢。

由于资本主义社会生产力和商品经济的高度发展,国内外竞争日趋激烈,为适应竞争和扩张、了解国内外经济情报的需要,欧洲各国相继设立统计机构,建立人口、工业、农业普查制度,并先后成立了统计学会,国民经济各部门的统计先后都得到了迅速的发展。

我国的社会主义制度,为统计的充分发展提供了必要的条件。我国统计工作经历了曲折的发展过程。第一个时期是"文革"以前的 17 年(1949—1966),这是新中国统计工作建立、健全和发展的时期。第二个时期是"文革"时期,统计工作遭受了严重的破坏。第三个时期是统计工作恢复和重新发展的时期。特别是党的十一届三中全会以后,统计工作和统计理论研究得到了迅速的恢复和发展:全面恢复了统计机构,调整了统计指标,制定了《中华人民共和国统计法》,装备了一大批电子计算机等现代先进设备,广泛开展了统计工作和统计理论的国际交流。1996 年 5 月 15 日新的《统计法》的颁布实行,更标志着我国统计法制建设取得突破性的进展。

（二）统计学的产生与发展

随着统计实践活动的产生和发展，人们对统计实践经验不断地进行科学总结和理论概括，进而形成了指导统计实践的统计科学。统计科学的发展史与各种不同学派的发展紧密相关。

1. 国势学派

国势学派，又称为国情学派、记述学派或德国大学统计学派。它是 17 世纪中叶在德国兴起的统计学派，其创始人是德国赫姆斯特大学教授海尔曼·康令（H. Conring 1605—1681），主要继承人是德国哥廷根大学教授哥特弗里德·阿亨华尔（G. Achenwall 1719—1772）。这一学派的主要特点是：研究目的在于为从政者提供管理国家的必要知识，探索国家盛衰的因果关系；研究对象是有关国家富强的重大事项，包括地理、政治、经济、法律等；研究方法是对各国情况进行比较，以文字记述为主。阿亨华尔在其国势学著作中首先提出了统计学的名称，统一了统计学的称谓是该学派的主要贡献。

2. 政治算术学派

政治算术学派是 17 世纪中叶在英国兴起的统计学派，其创始人是英国皇家学会副会长威廉·配弟（W. Petty 1623—1687）及其朋友约翰·格朗特（J. Craunt 1620—1674），其名称来自于配弟 1671 年编写、1690 年出版的《政治算术》一书的书名。政治算术学派的特点是：研究目的在于揭示以数量表现的社会经济现象的规律性，为制定政策提供依据；研究对象是社会经济现象，包括人口、资本、土地、军事等；研究方法采用以数字、重量、尺度表现和比较的方法，对社会经济现象进行比较和推算。配弟所首创的数量对比分析方法为统计学的创立奠定了方法论基础。马克思在《资本论》第 1 卷（P320）中对配弟的评价是："威廉·配弟是政治经济学之父，在某种程度上也可以说是统计学的创始人。"

3. 数理统计学派

数理统计学派产生于 19 世纪中叶，该派的奠基人是比利时科学家阿道夫·凯特勒（A. Quetelet 1796—1874）。他把概率论正式引进统计学，主张以数理方法研究社会经济现象和自然现象，使统计方法的发展得到了质的飞跃，为统计的数量分析奠定了数理基础。

4. 社会统计学派

社会统计学派也是统计学历史上比较有影响的学派，其主要代表人物是德国学者恩格尔（L. E. Engel 1821—1896）等。该学派的特点是：研究目的在于查明社会生活中的规律性；研究对象是社会整体，包括政治、经济、道德、文化等；研究方法是大量观察法，并强调全面调查。

这些统计学派构成了现代统计学历史的主体,其不同观点中的科学内容构成了现代统计学的基础。现代统计学正是对上述统计学派的观点进行归纳、提炼和总结的结果,是它们的精华部分。

三、统计的研究对象

社会经济统计学是统计学的一个分支,它是研究如何搜集统计资料、进行统计整理和统计分析的一门方法论科学。因此,社会经济统计学具有如下特点:

(1)社会经济统计学研究的是社会现象的数量方面,而不是其质的方面,故它具有数量性的特点。

(2)社会经济统计学是研究大量社会现象的数量方面,而不是个别社会现象的数量方面,故它具有大量性的特点。

(3)社会经济统计学要研究的是具体事物的数量方面,即研究社会现象在一定时间、地点、条件下的数量表现,而不研究抽象的数量,故它具有具体性的特点。

四、统计的性质

(一)统计学是一门方法论科学

统计学运用统计所特有的方法对大量社会现象的数量方面进行计算与分析,是一门方法论的学科。

(二)统计是认识社会的一种武器

统计是一种调查研究方法。认识来源于实践,正确认识是实践对客观世界的正确反映。通过对现象数量变化的分析,从数量了解情况,达到认识事物的目的,这是一种科学的认识方法。

(三)统计是管理国家、组织生产的一种重要工具

加强统计工作,提供充分可靠的反映社会经济发展变化过程及整体情况的统计信息,是各级政府和企事业单位制定政策、规划和进行决策的重要依据,是加强国家管理、搞好经济建设的基础工作。

五、统计工作的方法

在研究过程中的各个阶段,统计运用各种专门的方法对社会经济现象进行分析和研究。其最基本的研究方法有:大量观察法、统计分组法、综合指标分析法和归纳推断法等。

(一)大量观察法

大量观察法,是指在统计研究社会经济现象时,要反映社会经济现象的数量特征,必须从总体上进行观察,对总体中的全部单位或足够多的单位进行调查的方法。这是由社会经济现象的复杂性所决定的,各单位的数量特征有很大差别,必须从总体出发,搜集大量调查单位的材料,才能从中认识社会经济现象的规律性。大量观察法是社会经济统计学的基本观察方法。统计研究以大量观察为基础,首先对大量现象的数量进行调查,继而展开整理和分析。

(二)统计分组法

统计分组法,是指在定性分析的基础上,按照某种标志将社会经济现象总体区分为类型不同或性质不同的组而加以整理、分析的一种统计方法。社会经济现象总体是由具有某种同质性的许多单位组成的群体,但由于在不同总体范围内的单位之间具有一定差别,因此有必要进行统计分组,以区分社会经济现象的不同类型和形态。统计分组法是统计研究的基本方法之一。

(三)综合指标分析法

综合指标分析法,是指对所占有的经过整理的大量观察资料,计算各种综合指标,反映社会经济现象总体数量特征的方法。利用综合指标分析法,可以研究总体的规模、相对水平、平均水平和差异程度等。

所谓综合指标,是指综合反映社会经济现象总体数量特征和数量关系的指标。常用的综合指标有总量指标、相对指标、平均指标等。

(四)归纳推断法

归纳推断法,是指对所获得的大量观察资料,通过观察各单位的特征,归纳推断总体特征的方法。这是从个别到一般,由具体事实到抽象概括的推理方法。统计推断法,可以用于总体数量特征的估计,也可以用于对总体的某些假设进行检验,在统计研究中有广泛的用途,是现代统计学的基本方法。

第二节 统计的任务与职能

一、统计的任务

1996年5月15日,第八届全国人大常委会第十九次会议审议通过"关于修改《中华人民共和国统计法》的决定",就统计的职能和基本任务以法律的形式作了明确规定,修订后的《统计法》第二条指出:"统计的基本任务是对国民经济和社会发展情况进行统计调查、统计分析,提供统计资料和咨询意见,实行统计监督。"

可见,统计的基本任务,主要包括两个方面:一方面是以国民经济和社会发展为统计调查对象,在对其数量方面进行科学的统计分析基础上,为党政领导制定政策、各部门编制计划、指导经济和社会发展及进行科学管理提供信息和咨询服务;另一方面则是对国民经济和社会的运行状态、国家政策、计划的执行情况等进行统计监督。

二、统计的职能

统计部门作为国家管理系统的重要组成部分,同时具有信息、咨询和监督三大职能。

(一)统计信息职能

统计信息职能是指统计部门根据统计方法制度,系统地搜集、整理、分析、存储和传递以数量描述为特征的社会经济信息的一种服务职能。

未来社会是信息社会。统计信息是社会经济信息的主体,是监测国民经济和社会运行的一把尺子,是党和政府进行宏观管理、决策的根本依据。党和政府在进行宏观经济决策和调控时,经常碰到这样三个问题:一是当前的国民经济和社会运行处于什么状态?二是国民经济和社会运行是否正常,如果不正常,又如何进行调控?三是宏观调控措施出台之后的效果如何?其正确回答与解决,离不开统计所提供的信息服务。

统计信息也是企业转换经营机制所不可或缺的重要依据。随着经营机制的转换和市场体系的发育,企业生产经营活动将主要取决于市场的需求,及时准确地掌握市场需求信息,了解市场的走向与变化态势,科学地组织生产经营活动,显得尤为重要。然而,由于市场的广阔与千变万化,仅靠企业自身的力量是难以把握与驾驭的。而统计部门则具有不可替代的优势,它能广泛收集商品、资金、劳动、技术等众多市场的有用信息,为企业经营决策提供优质的信息服务。

(二)统计咨询职能

统计咨询职能是统计部门利用已掌握的丰富的统计信息资源,运用科学的分析方法和先进的技术手段,深入开展综合分析和专题研究,为科学决策和管理提供各种可供选择的咨询建议和对策方案的一种服务职能。

当前,各级统计部门参与党政领导决策,定期向各级人民代表大会汇报经济形势,参与制定国民经济和社会发展规划,已成为国家重要的咨询机构之一。

(三)统计监督职能

统计监督职能是根据统计调查和分析,及时、准确地从总体上反映经济、社会的运行状况,并对其实行全面和系统的定量检查、监测和预警,以促进国民经济按照客观规律的要求,持续、快速、健康发展提供统计支持的一项服务职能。

统计监督是更高层次上的一种社会服务,它服务于党的基本路线和社会主义建设事业的总方针,并起到保证国民经济和社会发展不偏离正常轨道的监督职能作用。

三、统计工作过程

对社会经济现象的研究过程,也就是对社会经济现象的认识过程。这种认识过程和其他认识活动一样,是一个深化的无止境的过程。但就一次统计活动来讲,一个完整的统计工作过程一般可分为:统计设计、统计调查、统计整理和统计分析四个阶段。

(一)统计设计

统计设计是根据统计的任务、目的及被研究对象的性质特点,对统计工作各方面、各环节的通盘考虑和安排。它是统计研究或统计工作的第一阶段。统计设计的工作成果是统计工作方案,如统计指标体系、统计分类目录、统计调查方案、统计整理方案、统计资料保管和提供等一系列统计方法制度,它们是统计工作的依据。

(二)统计调查

统计调查是按照预定的研究目的和任务,采用相应的方式和方法,对某一社会经济现象进行有组织、有计划的搜集统计资料的过程。它是定量认识的起点,也是进一步进行统计资料整理和分析的基础环节。

(三)统计整理

统计资料整理是根据统计研究目的,将统计调查所搜集到的原始资料进行科学分类、汇总,使之系统化、条理化,为统计分析提供能描述现象总体数量综合特征资料的工作过程。它是统计研究的中间环节。

(四)统计分析

统计分析是对经过加工整理的统计资料进行分析研究,采用各种统计分析方法,计算各种统计分析指标,揭示社会经济现象的发展趋势和比例关系,阐明社会经济现象和过程的特征和规律性,并根据分析研究结果作出科学的判断和结论。这属于认识的理性阶段,是统计研究的决定性环节。

第三节 统计的基本概念

一、总体与总体单位

统计总体,是指客观存在的,在同一性质的基础上结合起来的许多个别事物的整体,一般简称总体。构成统计总体的个别事物,称作总体单位。例如,要进行全校学生的身体健康检查,则全校所有的学生就构成了一个统计总体。首先,它是客观存在的;其次,该总体中每一个学生间具有相同的性质,即均为该校学生;再次,全校学生是一个整体,而不是一个个体。构成该总体的每一个学生即为总体单位。

各总体单位在某一点上的同质性(共同性),是形成统计总体的一个必要条件,同时也是总体的一个重要特征。例如,上例中该校的每一个学生间是存在诸多不同点的,但在均为该校学生这一特点上都是相同的,即具有相同性质。

一个统计总体所包含的总体单位数有时是无法计量的,如宇宙中星球的个数,称为无限总体;有时是可以计量的,如一个国家或地区的人口总数,称为有限总体。社会经济现象一般都是有限总体。

统计研究的目的和任务不同,构成统计总体的总体单位也不尽相同。总体单位可以是人如一个学生,可以是物如一本书,也可以是企事业单位如一个学校,还可以是一个事件等等。

统计总体和总体单位的确定是由统计研究目的和任务决定的。因此总体和总体单位不是一成不变的,当统计研究目的和任务发生变化时,统计总体和总体单位必将随之而发生变化,甚至可能会出现二者的换位。

二、标志与指标

标志是说明总体单位特征的名称,如学生的身高、体重、性别,企业的收入、规模、经济性质等。总体单位是标志的载体。统计研究往往从登记标志开始,进而去反映总体的数量特征,因而标志成为统计研究的起点。

标志除有名称外,还有其具体表现。标志表现是标志所反映的总体单位质或量的特征的具体体现。如上例中某学生的体重是 50 千克,某单位的经济性质是股份制企业等。

标志按其性质不同可分为品质标志和数量标志。品质标志是说明总体单位属性特征的名称,一般用文字表示。如人口的性别、民族、文化程度,企业的经济类型、地址等;数量标志则是说明总体单位的数量特征的名称,一般用数值表现。如人口的年龄、学生的学习成绩、企业的利润、产量等。数量标志的标志表现叫标志值,例如某人的年龄 20 岁、学习成绩 80 分、某企业某月利润 500 万元等。

标志按其标志表现有无差异可分为不变标志和可变标志。不变标志指总体中各总体单位在某个标志的具体表现上都相同。例如,调查某一工业企业职工情况时,该企业所有职工是总体,其每一职工是总体单位,每一职工的工作单位就是不变标志。不变标志体现了总体的同质性,同时也确定了总体的空间范围。可变标志指总体中各总体单位在某一标志的具体表现上不尽相同。例如前述学生的学习成绩、企业的利润等。可变标志的存在是统计研究的前提条件。只有不变标志而缺乏可变标志所构成的总体是无法进行统计研究的。

统计指标简称指标,它说明总体现象数量特征的名称和具体数值。例如,"我国 2000 年 11 月 1 日人口总数为 129 533 万人"就是一个完整的统计指标,它包括指标名称、指标数值、空间范围、时间和计量单位等构成因素。在统计设计阶段,统计指标是说明总体现象的数量特征的名称。例如,"全国的国内生产总值",它不含数值,只有名称,因为其指标数值尚待统计。

统计指标按其所反映总体现象的数量特征的性质不同可分为数量指标和质量指标。数量指标是反映总体绝对数量多少的总量指标,包括标志总量和总体单位总量,一般用绝对数表示;质量指标是反映总体相对水平和总体单位平均水平的统计指标,一般用相对数和平均数表示。

统计指标按其作用和表现形式不同,分为总量指标、相对指标和平均指标。总量指标是反映社会经济现象的绝对数量的综合指标,用以表明现象在一定时间、地点、条件下所达到的规模、水平或工作量;相对指标是反映社会经济现象相对关系的综合指标,用以表明现象的比例、结构、速度、强度等;平均指标则是反映社会经济现象的集中趋势的综合指标,用以表明总体各单位某一数量特征的一般水平。

统计指标和统计标志是既有联系又有区别的两个概念。首先,指标和标志存在着区别:指标是说明总体现象的,而标志则是说明总体单位的;指标都能用数量来反映,而标志中只有数量标志能用数量来说明;标志无综合性特点,而指标是对标志及其表现综合后得到的,具有综合性特点。同时,指标和标志又存在着联系:标志是指标的基础,没有标志和标志表现,就没有指标;指标和标志的确定也不是一成不变的,当总体和总体单位随研究目的发生变化时,指标和标志也必然随之而发生相应的变化,甚至是二者位置的互换。

把统计总体、总体单位和标志这三个概念联系起来,可以概括出统计总体的三个基本特征:

(1)同质性。它是指根据一定的研究目的,总体单位在某一标志上性质是相同的。它表明构成总体的所有单位都必须具有某一方面的共同性质,它是确定总体范围的依据。

(2)差异性。它是指在某些标志上具有相同性质的总体单位,而在另一些标志上又有其不一致性。这种差异性的存在,形成了统计分析研究的基础。

(3)大量性。它是指形成一个统计总体必须要有足够多的总体单位数。只有满足大量性的要求,才能真实地反映现象总体的特征及其发展变化的规律。

三、变异与变量

可变标志又称为变异。由于统计研究对象中普遍存在着差别,这种差别就是变异,变异的存在是统计研究的前提条件,没有变异就用不着统计了。

可变的数量标志叫变量。可变的数量标志的具体表现称为变量值。变量按其变量值是否连续,分为离散型变量和连续型变量。离散型变量,是指可以按一定顺序一一列举其整数变量值,且两个相邻整数变量值之间不可能存在其他数值的变量。例如:企业数、设备数、学生人数等都是离散型变量。连续型变量,是指其变量值不能一一列举,任何相邻整数变量值之间存在无限多个变量值的变量。例如:职工的月工资额、职工工龄、设备利用率等。

四、统计指标体系

由于某一单个指标只能反映总体某一个特定的数量特征,很明显,采用某一个指标来说明现象总体的数量特征,有着明显的局限性。为了较为全面、深入地认识总体现象的特征,需要将一系列有联系的统计指标有机地结合起来进行分析研究,这样,由一系列相互联系的统计指标所构成的整体,称为统计指标体系。

【小 结】

1. 统计是为适应国家管理需要和社会政治经济的发展需要而产生并发展起来的。

2. 统计学的发展过程中曾产生过国势学派、政治算术学派、数理统计学派和社会统计学派等学术流派。

3. 统计一词有统计工作、统计资料和统计学三种涵义。社会经济统计学是统计学的一个分支,它的研究对象是在质与量的辩证统一中研究大量社会现象的数量方面,研究社会现象在一定时间、地点、条件下的数量表现的一门方法论科学。

4. 统计工作过程一般包括统计设计、统计调查、统计资料整理和统计分析等四个阶段。统计工作有信息、咨询和监督三大职能。

5. 社会经济统计有数量性、大量性和具体性的特点,其基本方法为大量观察法、统计分组法、综合指标法和归纳推断法等。

6. 统计总体是指客观存在的,在某一相同性质的基础上结合起来的许多个别事物的整体。构成统计总体的个别事物,称作总体单位。

7. 标志是说明总体单位的特征的名称。有品质标志和数量标志、不变标志和可变标志之分。统计指标是说明总体现象数量特征的名称和具体数值。标志与指标既有联系又有区别。

8. 可变标志称为变异。可变的数量标志叫变量。变量可分为连续变量和离散变量。

【思考与练习】

1. 统计一词有哪几种涵义?

2. 统计学历史上产生过哪些学术流派?

3. 社会经济统计的特点是什么?

4. 社会经济统计有哪些基本方法?

5. 什么是统计总体和总体单位,它们的关系如何?

6. 什么是统计标志和统计指标,它们有何联系与区别?

7. 什么是变量和变量值? 什么是连续变量、离散变量?

第二章 *SE* 统 计 调 查

第一节 统计调查的意义和种类

一、统计调查的意义和要求

统计调查就是根据统计研究的目的和要求,运用科学的调查方法,有组织、有计划地向客观世界搜集各种原始资料的工作过程。

统计调查是统计工作的基础阶段,它为统计整理和分析提供基础资料,这一阶段工作质量的好坏,直接影响到统计整理和分析结果的可靠性、真实性,关系到能否确切地反映客观实际,得出正确的结论。因此,对统计调查的基本要求是:准确性、及时性、全面性和系统性。

准确性就是要求统计调查所提供的资料必须符合客观实际,真实可靠。因为只有这样,才能对事物做出正确的判断,得出科学的结论。及时性就是要求在统计调查规定的时间内,尽快提供规定的调查资料,完成规定的各项调查任务。统计资料是进行管理、决策、制定政策不可缺少的依据,而客观社会经济现象又是不断发展变化的,因而统计数据具有很强的时效性,如果统计资料不及时,就难以发挥它的作用。全面性就是要求统计调查资料的完整性,只有齐全的统计资料,才能比较正确地反映所研究的社会经济现象的全貌。系统性就是要求综合资料中的各项统计数据应该配套,要能从不同侧面、不同层次上对调查对象的整体进行研究,能够从事物的内部结构和外部联系上进行对比分析。

二、统计调查的种类

根据不同的调查对象和调查目的,需采用不同的统计调查方法。

(一)按调查对象包括的范围不同,可分为全面调查和非全面调查

全面调查是对构成调查对象总体的所有单位一一进行调查。如人口普查、工业普查等。全面调查能够掌握比较全面的、完整的统计资料,了解总体单位的全貌,但它需要花费较多的人力、物力和财力,操作比较困难。

非全面调查是取被研究对象中的一部分单位进行调查,并通过对这些部分单位的调查情况来了解全面或一定范围(如某种类型)的情况。重点调查、抽样调查、典型调查及非全面统计报表等均属于非全面调查。非全面调查的调查单位少,可以用较少的时间和人力,调查较多的内容,并能推算和说明全面情况,收到事半功倍之效。其缺点是掌握的资料不够齐全,调查结果有时不够准确。

(二)按调查登记的时间是否连续,可分为经常性调查和一次性调查

经常性调查是指随着调查对象的变化,连续不断地进行调查登记,以了解事物在一定时期内发生、发展的全部过程。例如,产品产量指标就是某一时期产量连续登记观察的结果。

一次性调查是指隔一段较长的时间对事物的变化进行一次调查,用以了解事物在一定时点上的状态。如1990年的第4次人口普查、2000年的第5次人口普查。

(三)按调查的组织形式分类,可分为定期统计报表制度和专门调查

定期统计报表制度是一种按国家有关法规的规定,自上而下地布置统一的报表,然后自下而上地逐级上报汇总报表资料的调查方式。因为它要求按规定的报表格式、内容、报送程序和报送时间报送数据资料,所以是一种严格的报表制度。

专门调查,是为了研究某些专门问题或为某一目的而对某些社会经济现象专门组织的登记和调查。如普查、重点调查、抽样调查和典型调查等。

(四)按收集资料方式不同,可分为直接观察法、报告法、采访法、通讯法

直接观察法就是由调查人员亲自到现场对调查对象进行观察和计量以取得资料的一种调查方法。例如,工业产品质量的现场检测等。这种方法能够保证统计资料的准确性,但需要花费大量的人力、物力和时间,而且对历史资料的搜集来说,根本不可能采用此法。

报告法就是报告单位利用原始记录和核算资料作基础,向有关单位提供

统计资料的一种方法。我国现行的统计报表制度就是采用报告法搜集资料逐级上报的。

采访法是由调查人员以调查表和有关资料为依据,逐项向被调查者询问有关情况,并将答案记录下来的一种方法。

通讯法可分为电话调查和邮寄调查两种。电话调查实际上是间接采访法。邮寄调查,即由调查机关或研究者把调查表邮寄给被调查者,对方填写后寄还。这种调查方法,调查范围广、节省人力财力,但时效性较差,回收率也不稳定,使得样本对涉及总体的代表性难以预先准确控制。

第二节   统计调查方案与问卷设计

一、统计调查方案

为了使统计调查顺利进行,在组织调查之前,必须首先设计一个周密的调查方案。统计调查方案包括以下五项基本内容。

(一)确定调查的任务与目的

确定调查任务与目的,是制订统计调查方案的首要问题。所谓调查任务与目的,就是指为什么要进行调查,调查要解决什么问题。只有调查任务与目的确定后,才能据此确定调查对象、调查单位和应采用的调查方式方法,才能做到有的放矢,节约人力,缩短调查时间,提高调查资料的时效性。

(二)确定调查对象与调查单位

调查对象是指要调查的那些社会经济现象的总体,它是由性质相同的许多调查单位所组成。调查单位就是构成社会现象总体的个体,也就是在调查对象中所要调查的具体单位。在这里,需要注意调查对象和调查单位一定要根据调查的目的和任务来确定。因为只有明确了调查目的和任务,才能使我们知道所要研究的总体的界限,从而避免由于总体界限不清而导致调查工作中产生重复、遗漏。明确了调查对象和单位,才知道去哪里做调查和向谁搜集资料。

需要指出,在统计调查中调查单位和报告单位的联系和区别。报告单位是负责提交调查资料的单位。报告单位与调查单位是两个不同的概念。调查单位是调查内容的承担者,有时也可以是报告单位,有时却不是。如进行小学生健康调查,身高、体重、视力等健康指标都要从每一个小学生取得,调查单位是每一个小学生,而负责向上提交调查资料的报告单位是小学;而在工业普查中,调查单位是一个个工业企业,报告单位也是每一个企业。在调查方案中应确定好报告单位,这样才能如期取得所要搜集的资料。

(三)确定调查项目和设计调查表

确定调查项目,就是指根据调查任务与目的要求需要向调查单位进行调查的具体内容,它包括调查单位所需登记的标志(品质标志和数量标志)及其他有关情况。确定调查项目需要注意以下几点:

(1)调查项目要少而精,只列入为实现调查目的所必需的项目。

(2)应本着需要和可能的原则,只列出能够得到确切答案的项目;同时,对列入项目的提法要确切、具体,使人一看就懂、理解一致。

(3)调查项目之间应尽可能做到彼此衔接,以便相互核对、检查答案的准确性。此外,还要注意这次调查项目与过去同类调查项目之间的联系,便于进行动态对比研究。

确定调查项目后,应加以科学分类、排列,设计成各种调查表。调查表是调查项目的表现形式,其作用在于能够条理清晰地表述调查内容,便于填写,且便于调查后对资料进行整理。调查表由表头、表体、表脚三部分组成。表头标明调查表的名称,调查单位或报告单位的名称、地址、隶属关系等;表体是调查表的主体部分,调查的具体内容列于表格内;表脚填写填表人的签章、填报日期等。调查表的形式有单一表和一览表两种。单一表每份只登记一个调查单位的情况,可以容纳较多的调查内容,且便于分类和整理;一览表每份可登记多个调查单位的资料,却不能容纳较多的调查内容。

(四)确定调查时间和调查期限

调查时间是指调查资料所属的时点或时期。对于具有一定时间长度的现象即时期现象的调查,要规定资料涉及的起止时间;对于时点现象的调查,要统一规定标准的调查时点。如我国第 5 次人口普查为 2000 年 11 月 1 日零时。再如,第 3 次全国工业普查,对于产量、产值、销售量、工资总额、利润税金等指标,皆为 1995 年 1 月 1 日到同年 12 月 31 日的全年数字。调查方案还应规定调查工作的时限,即调查期限,包括从收集资料开始到报送资料为止的整个调查工作所需要的时间。如第 5 次人口普查的现场登记工作,从 2000 年 11 月 1 日开始到 11 月 10 日以前结束。

(五)制定调查的组织实施计划

严密细致的组织工作,是使统计调查顺利进行的保证。调查工作的组织计划包括调查组织领导机构的确定、人员配备与培训、文件准备、经费预算、调查方式方法、资料报送方法、是否要进行试点等。

二、问卷设计

问卷调查又称民意调查,是以社会成员对一定社会经济现象的看法和意愿为对象,从而推断社会心态动向的一种调查。

(一)问卷调查的类型

按问卷的结构,可分为无结构型问卷和结构型问卷两种。

1.无结构型问卷

无结构型问卷是指调查表上没有拟定可选择的答案,所提出的问题由被调查者自由回答而不加任何限制。如:(1)你对住宅商品化有何看法?(2)你对目前我国市场上出售的保健品有何看法?这种问卷形式的优点是:可以搜集到广泛的资料,从中得到启示;便于被调查者自由地发表意见。其缺点是:资料难以量化,无法作深入的统计分析;回答提问需较高文化水平,因而调查对象的选择受到一定局限。

2.结构型问卷

结构型问卷是对调查表中所提出的问题都设计了各种可能的答案,被调查者只要选定一个或几个答案即可。如:你买电脑,最优先考虑哪一个因素?

(1)存储能力　　　　□□□□□
(2)售后服务　　　　□□□□□
(3)软件适用性　　　□□□□□
(4)价格　　　　　　□□□□□

这种问卷形式可在短时间内完成大量的采访,而且便于被调查者回答,也便于资料的整理及进行统计分析,故在实际调查中应用较广。结构型问卷提问的答案类型有:

定类类型:对于有确定答案的定类问题,实践中最常用的方式是把各个回答类型放在问题下面,并留出空格供被调查者划钩选择。

例如,你的性别是:

男　□□□□　　　　女　□□□□

定序类型:问卷调查中,常用的测量尺度。常用于意见和态度问题。

例如,请问您对当前的法制建设状况是否满意(请在下列选择项的空格中划钩)?

(1)_____很满意;　(2)_____比较满意;　(3)_____无所谓;

(4)_____不满意;　(5)_____很不满意;　(6)_____不知道。

定距类型:对于连续型变量,如收入、年龄等,考虑设置若干间距,重点考虑有关变量大致处于怎样的水平。例如,年收入处于哪一档,年龄属于哪一组。

例如,您的月收入是:　　500 元以下　　　　　(　　)

500 ~ 1 000 元　　　　(　　)

1 000 ~ 1 500 元　　　(　　)

1 500 元以上　　　　　(　　)

定比类型:对于连续型变量采用比率式提问,就构成了定比类型的封闭型问卷。

例如,在您个人的每月收入中,工资性收入所占百分比是_____%。

(二)设计问卷调查表的技巧

(1)问卷上所列问题应该都是必要的,可要可不要的问题不要列入。

(2)所问问题力求避免被调查者不了解或难以答复。回答问题所用时间最多不超过半小时。

(3)问卷上所拟答案要有穷尽性,避免重复和相互交叉。问卷上拟定的答案要编号。

(4)注意询问语句的措辞和语气,一般应注意以下几点:①问题要提得清楚、明确、具体。②要明确问题的界限与范围,问题的字义(词义)要清楚,否则容易误解,影响调查结果。③避免用引导性问题或带有暗示性的问题。

(5)对属于年龄、收入等私人生活问题最好采用间接提问的方法,不要直接询问"您今年多大年纪?"而是在给出范围内 21 ~ 30 岁、31 ~ 40 岁中选择。

(6)注意问题排列顺序,首先在问卷上应有说明词,说明询问人代表的单位,调查目的或意图、问卷的填写方法以及谢谢合作等内容。也可注明给一些赠品等。

第三节　统计报表与专门调查

一、统计报表的特点和种类

统计报表是按照国家有关法规的规定,自上而下地统一布置,以一定的原始记录为依据,按照统一的表式、统一的指标项目、统一的报送时间和报送程序,自下而上地逐级定期提供基本统计资料的一种调查方式。统计报表所包含的范围比较全面、项目比较系统、分组比较齐全、指标的内容和调查周期相对稳定,目前它是我国统计调查中搜集统计资料的主要方式。按照不同的角度,统计报表可进行各种分类。

(一)统计报表的分类

(1)按调查范围,可分为全面的统计报表和非全面的统计报表。

全面统计报表要求调查对象中的每一个单位都要填报。非全面统计报表只要求调查对象的一部分单位填报。

(2)按报送周期长短,可分为:日报、周报、旬报、月报、季报和半年报、年报,均属于定期报表。

(3)按实施范围,可分为国家统计报表、部门统计报表和地方统计报表。

(二)统计报表的特点

统计报表和其他调查方式相比,具有以下特点:

(1)在调查进行前把统计报表布置到基层填报单位,这样便于基层填报单位根据报表的要求,及时建立健全各种原始记录和统计台账,使统计报表的资料来源建立在可靠的基础上。

(2)统计报表的表格形式、指标体系、报送程序和报送时间都是由国家统一规定的,从而能保证所搜集资料的统一性。

(3)通过不同周期报送的统计报表,便于掌握不同发展阶段经济和社会的发展水平。

(4)便于完整地积累资料,对社会经济发展变化情况进行动态分析。

二、统计报表制度

统计报表制度是我国重要的国家管理制度之一,按照《中华人民共和国统计法》的有关规定,执行统计报表制度是各地方、各部门、各单位必须向国家履行的一种义务。统计报表制度的基本内容有:报表内容和指标体系的确定、报表表式的设计、报表的实施范围、报送程序和报送日期,填表说明、统计目录等。

三、统计报表的资料来源

统计报表的资料来源于基层单位的原始记录。从原始记录到统计报表,中间还经过统计台账和企业内部报表。原始记录是基层单位通过一定的表格形式,对生产经营活动的具体内容和状况所进行的最初的数字和文字记载,具有广泛性、群众性、经常性和具体性的特点。如企业的产品产量、工人的出勤和工时记录、库存物资收付记录等。设置原始记录时,应遵循切合实际、统一协调、简明通俗、容易操作的设计原则,这样才能保证原始记录的准确可靠。统计台账是基层单位根据统计报表的要求和基层经营管理的需要,按时间顺序设置的一种系统积累统计资料的表册。设置统计台账便于准确及时地填报统计报表,也便于系统积累统计资料。原始记录、统计台账和统计报表之间联系密切,逐层递进。

四、专门调查

(一)普查

普查是一种为某一特定的目的专门组织的一次性全面调查。一般用来调查属于一定时点状态的重要社会经济现象。如人口普查、工业普查等。普查可以取得某些社会经济现象不宜或不需要通过统计报表去搜集的比较准确的全面统计资料,以搞清一个国家主要的国情国力,作为制定重要政策和长期发展规划的依据。

进行普查的方式有两种:一种是成立专门普查机构,并由这个机构组织普查队伍对调查单位进行直接登记,例如人口普查等;另一种是在各单位的会计统计和业务核算资料、报表资料的基础上,结合实际盘点和实际观察进行调查登记,例如牲畜普查、物资库存普查等。

普查因涉及面广,工作量大,需要动员大量的人力、物力和财力,所以普查不宜经常进行。只有在研究对于国民经济和社会发展具有重大决定意义的问题时,才有可能和必要组织普查。普查的组织原则是:①规定统一的普查时点。②确定统一的普查期限。③统一规定普查的项目和指标便于进行综合汇总。

(二)重点调查

重点调查是在全部调查单位中,只选择一部分重点单位进行调查,借以了解总体基本情况的一种非全面调查。所谓重点单位,是指这样一些单位,其数目在全部单位数中只占很小的比重,但其调查的标志值在总体的标志总量中却占很大的比重,通过对这部分单位进行调查,就能够从数量上反映出总体的基本情况。要了解全国钢铁产量的基本情况,只要对全国少数几个重点钢铁企业如鞍钢、宝钢、首钢、武钢等进行调查,就能及时掌握全国钢铁产量的基本情况。因为这些重点钢铁企业在全国钢铁企业中虽然是少数,但它们的产量却占有很大的比重,足以反映我国钢铁生产的基本情况。可见,采用重点调查要比全面调查节省人力、物力和时间,能及时了解掌握调查对象的基本情况。

正确选择重点单位,是组织重点调查的关键。重点单位不是固定不变的,而是随着调查任务、调查对象、调查时间的不同会有所变化。因此,要随着情况的变化而随时调整重点单位。选择重点单位的一般原则是:选出的重点单位要尽可能少,而它们的指标值在总体指标中所占的比重要尽可能大。其次,要求选中的单位,其管理制度必须健全完善,统计工作扎实,这样才能及时提供详细准确的资料。

(三)典型调查

典型调查就是在调查对象中有意识地选取若干具有典型意义的或有代表性的单位进行非全面调查。其主要特点是:

(1)典型单位是根据调查目的和要求,通过对调查对象的全面分析后,有意识地选定的,因此,能最充分、最有代表性地体现出调查对象的共性,确切反映调查单位的一般情况。

(2)它只对少数典型单位进行调查,其调查范围小,调查单位少,能对典型单位做深入细致的调查,进行具体剖析。

(3)调查的内容具有很大的灵活性。根据需要,调查既可以从事物的数量方面,也可以从事物的质量方面进行研究。搞好典型调查的关键,是正确选择典型单位,保证其有充分的代表性。典型单位的多少,要根据调查对象的特点来确定。调查对象的各单位之间差异较小,发展比较均衡,可选择一个或若干个典型单位进行"解剖麻雀"式的调查;如果调查对象的各单位之间差异较大,发展很不均衡,或者研究的问题比较复杂,可采取"划类选典"式的调查,从各种类型中选取少数典型单位进行调查。

典型调查搜集资料的方法有多种,如开调查会、个别访问、蹲点调查、分发调查表等等。其中,开调查会是最常用的调查方法,其特点是操作简单易行,搜集的资料详细可靠。上述各种方法也可结合应用,互为补充。

(四)抽样调查

抽样调查也是一种非全面调查,它是在全部调查单位中按照随机原则抽取一部分单位进行调查,根据调查的结果推断总体的一种调查方法。例如,我们要检验某种产品的质量,就要从整个产品中随机抽取若干个产品进行检验,看它们的合格率或不合格率是多少,然后以此推断全部产品的合格率或不合格率是多少,还可以推算合格或不合格产品的总量。

抽样调查与其他非全面调查比较,具有两个基本特征:第一是按照随机的原则抽选单位,排除了个人主观意愿的影响;第二是对一小部分单位做深入细致的调查研究,取得数据,并据此从数量上推算总体。

在社会经济现象中,有很多现象,是无法进行全面调查的,故须采用抽样方法调查;即使对可以用全面调查方式的现象来说,有时用抽样调查方式更加节约人力物力并能提高效率。现在世界上许多国家,都广泛采用抽样调查方法。抽样调查方法将在本书第六章详细介绍。

上述各统计调查方式都各有其不同特点和作用,但同时也各有局限性和不足之处,我们应灵活运用。

【小 结】

1.统计调查就是根据统计研究的目的和要求,运用科学的调查方法,有组织、有计划地向客观世界搜集各种原始资料的工作过程。

2.统计调查根据调查对象包括的范围、调查登记的时间是否连续、调查的组织形式、搜集资料的方式分为不同的种类。

3.统计调查方案包括确定调查的任务与目的、确定调查对象与调查单位、确定调查项目和设计调查表、确定调查时间和调查期限和制定调查的组织实施计划五个方面的内容。

4.统计报表是按照国家有关法规的规定,自上而下地统一布置,以一定的原始记录为依据,按照统一的表式、统一的指标项目、统一的报送时间和报送程序,自下而上地逐级定期提供基本统计资料的一种调查方式。

5.普查是一种为某一特定的目的专门组织的一次性全面调查。

6.重点调查是在全部调查单位中,只选择一部分重点单位进行调查,借以了解总体基本情况的一种非全面调查。

7.典型调查就是在调查对象中有意识地选取若干具有典型意义的或有代表性的单位进行非全面调查。

8.抽样调查也是一种非全面调查,它是在全部调查单位中按照随机原则抽取一部分单位进行调查,根据调查的结果推断总体的一种调查方法。

【思考与练习】

1.什么是统计调查?它有哪些种类?

2.试述普查、重点调查、典型调查、抽样调查的异同点。

3.统计调查方案包括哪些内容?应注意哪些问题?

4.试发挥你的想像,针对你感兴趣的问题设计出一个较复杂的调查表或调查问卷。

5.什么是统计报表?它有哪些种类?

第三章

SE 统计资料的整理

第一节 统计整理的意义和步骤

一、统计整理的意义

统计整理是根据统计研究的任务,对统计调查阶段所搜集到的大量原始资料进行加工汇总,使其系统化、条理化、科学化,以得出反映事物总体综合特征的资料的工作过程。

通过统计调查所搜集到的资料,只是一些个别单位的、分散的、不系统的原始资料,所反映的问题常常是事物的表面现象,不能深刻揭示事物的本质,更不能从量的方面反映事物发展变化的规律性,这就有必要对统计调查所获得的原始资料进行科学的整理。统计资料整理就是人们对社会经济现象从感性认识上升到理性认识的过渡阶段,是统计工作中一个十分重要的中间环节,起着承前启后的作用。它既是统计调查阶段的继续和深入,又是统计分析的基础。因此,统计整理的质量不仅直接关系到调查资料能否发挥其应有的作用,而且也直接影响到统计分析和预测能否得出正确的结论。

二、统计整理的步骤

(1)设计和制定统计资料汇总方案。统计汇总方案应明确规定各种统计分组和各项汇总指标。

(2)审核。在汇总整理前,应对原始资料进行认真审核,审核其完整性、及时性、准确性,及时纠正错误。

(3)分类。选择最基本、最能说明问题本质特征的标志对资料进行科学的分类分组。

（4）汇总。按分组要求进行分组汇总，并在此基础上加以全面汇总，计算出综合指标，使之能反映出调查对象的全貌。

（5）编制统计表。将统计整理的结果，用合适的表格简明扼要地表达出来，从而形成了统计表的模式。

三、统计资料的审核

主要检查资料的完整性、及时性和准确性。资料完整性的检查是指检查被调查单位和项目有无遗漏，是否齐全。资料及时性的检查是检查资料是否按规定项目和时间报送以及未能上报的原因。资料准确性的检查是审核工作的重点，主要检查调查资料的正确与否。一般有两种方法进行检查：计算检查和逻辑检查。计算检查就是通过简单计算的方法检查各项数值的计算结果有无差错。逻辑检查就是从逻辑道理上检查资料的内容是否合理，各调查项目之间有无矛盾，是否符合实际。

第二节　统计分组与资料汇总

一、统计分组

（一）统计分组的概念

统计分组就是根据统计研究的需要，将统计总体按照一定的标志区分为若干个组成部分的一种统计方法。其目的就是把同质总体中具有不同性质的单位分开，把性质相同的单位合在一起，保持各组内统计资料的一致性和组与组之间资料的差异性，以便进一步运用各种统计方法，研究现象的数量表现和数量关系，从而正确地认识事物的本质及其规律性。例如，人口按性别、年龄、民族、文化程度、职业等标志就划分出各种各样的组。

（二）统计分组的作用

1.划分现象类型

社会经济现象存在着复杂多样的类型，各种不同的类型有着不同的特点以及不同的发展规律。在整理大量统计资料时，有必要运用统计分组法将所研究的现象总体划分为不同的类型组来进行研究。举例见表3-1。

表3-1　2008年中国各产业就业人员比重　　　单位:万人

产业从业人员	人数	比重/%
第一产业	30 654	39.6
第二产业	21 109	27.2
第三产业	25 717	33.2

资料来源:《2009年中国统计年鉴》

2.揭示现象内部结构

在对现象总体进行科学分组的基础上,计算各组单位数或分组指标量在总体总量中所占比重,形成了总体的结构分布状况。各组所占比重数大小不同,说明它们在总体中所处地位不同,对总体分布特征的影响也不同,其中比重数相对大的部分,决定着总体的性质或结构类型。借助于总体各部分的比重在量上的差别和联系,用以研究总体内部各部分之间存在的差别和相互联系。将总体的结构分组资料按时间的移动联系起来进行分析,可以反映由于各组比重变化及速度不同而引起各组地位改变的状况,分析各组变动的内在原因,从而认识总体由量变到质变的转化过程及其发展变化的规律性。

下面所举例子(见表3-2所示),大致可看出我国能源消费结构中,煤炭比重下降,水电、核电、风电等新能源比重不断提高,逐步向优质、高效、环保方向发展。

表3-2　我国能源消费总量及构成

年　份	能源消费总量/万吨标准煤	占能源消费总量的比重/%			
		煤炭	原油	天然气	水电、核电、风电
1980	60 275	72.2	20.7	3.1	4.0
1990	98 703	76.2	16.6	2.1	5.1
2000	138 553	67.8	23.2	2.4	6.7
2005	224 682	69.1	21.0	2.8	7.1
2008	285 000	68.7	18.7	3.8	8.9

资料来源:《2009年中国统计年鉴》

3.分析现象之间的依存关系

一切社会经济现象之间,都存在相互联系、相互依存、相互制约的关系,如商业企业中商品销售额与流通费用的关系。统计中运用分组法研究这种依存关系时,是将总体单位中的一个标志作为分组标志进行分组,观察其他标志与分组标志的联系情况。如表 3-3 所示。

表 3-3　某市百货商店的年销售额与流通费用情况

按销售额分组/万元	商店数/个	每百元销售额中的流通费/元
50 以下	25	11.2
50 ~ 200	70	10.4
200 ~ 400	130	9.9
400 以上	75	6.7

由表 3-3 的分组资料可见,销售额与流通费用具有明显的依存关系,即销售额越大,每百元销售额中的流通费用越少。

(三)统计分组的种类

1.按照分组标志的多少,可分为简单分组、复合分组和分组体系

简单分组就是对被研究现象总体只按一个标志进行的分组。如人口按性别分组、人口按年龄分组等。

复合分组就是对同一总体选择两个或两个以上标志层叠起来进行的分组。即在按某一标志分组的基础上再按另一标志进一步分组。例如,为了认识我国高校学生的构成,我们可以同时采用学科、学制、性别等三个标志进行分组:

理科	文科
本科	本科
男	男
女	女
专科	专科
男	男
女	女

这样分组的结果就形成几层重叠的组别。它的特点是:可以从几个不同的角度了解总体内部的差别和关系,比简单分组能更全面、更深入地研究问题;复合分组的组数随着分组标志的增加而成倍增加,如果组数太多,反而不易揭示问题的实质。

社会现象是复杂的,需要从各个方面进行观察和研究,以获得对事物全貌的认识,这就需要采用相互联系、相互补充的多个分组标志对总体进行多种分组,即形成分组体系。例如对人口总体进行统计研究,必须通过按性别、按年龄、按民族、按婚姻状况等多种分组形成的分组体系,才能对人口总体的自然构成有较深刻的认识。

2. 按照分组标志的性质可分为品质分组和数量分组

品质分组就是用反映事物的属性、性质的标志分组。按品质标志进行分组,情况也不同,有的比较简单,比如,人口按性别分组;有的则比较复杂,比如,人口按职业分组。在统计实践中为了便于统计的名称、范围和计量单位的统一,国家制定有统一的分类目录,如:《国民经济行业分类和代码》、《全国工农业产品(商品、物资)分类与代码》、《大中小型工业企业划分标准》、《行业划分标准》、《关于统计上划分城乡的规定》等。

按数量标志分组就是选择反映事物数量差异的标志分组。在数量标志变异的范围内,划分各组的数量界限,将总体区分为若干个组。例如,企业按产值分组,学生按成绩分组。

(四)选择分组标志的原则

1. 根据研究目的与任务选择分组标志

任何一个总体现象,都有许许多多个标志。有些标志对某一问题是至关重要的,而对另一个问题则是无关紧要的。因此分组标志的确定,应根据统计认识的具体目的、任务不同而有所不同。例如,国民经济的所有制性质,部门(行业)、城乡等分组固然都是重要的分组,但是,随着研究目的的不同,实际选择的分组标志也不同。如果要研究国民经济发展速度,比例关系、平衡关系,按部门分类是最基本的分组;如果要研究人民的生活水平,由于生活水平的高低是由收入情况决定的,则按不同的社会阶层(如工人、农民等)分组,按城乡分组,就是比较重要的分组。

2. 选用能反映事物本质或主要特征的标志

在总体的若干标志中,有些是根本性的、本质的或主要的标志,有些则是非本质的、次要的标志,要根据研究问题的需要,选择最本质的标志来进行统计分组。比如:在研究商业企业的规模时,营业面积、仓储能力、职工人数、商品销售额、流动资金等都是反映商业企业规模的标志。

3. 根据现象所处的历史条件及经济条件来选择标志

社会是不断发展的,在不同的历史条件和经济条件下,选择的分组标志也不一样,要根据情况的变化而变化。例如,企业按规模分组。反映企业规模的标志很多,如职工人数、产品产量、产值、生产能力、固定资产价值等。选择哪一个作为分组标志,就必须结合企业所处的具体条件来确定。在劳动密集型或技术不发达的条件下,宜选职工人数作为分组标志;在技术密集型或技术装备比较先进的条件下,宜采用生产能力或固定资产价值作为分组标志,这样才能确切地反映现象的本质特征。

二、统计资料汇总

（一）统计资料汇总的组织形式

（1）逐级汇总。逐级汇总是按照一定的统计管理系统，由各级统计机构自下而上地逐级将调查资料汇总上报。如，我国的定期统计报表。它的特点是便于就地审核与改正原始资料的差错，能满足地区和部门的需要，但较费时费力。

（2）集中汇总。集中汇总是把统计调查资料集中在组织调查的最高机关或由它指定的机构进行汇总。它的特点是不经中间环节，可以大大缩短汇总时间，便于贯彻统一的汇总纲要，并可使用现代化的汇总手段来提高汇总效率和质量。

（二）统计资料汇总的方法

（1）手工汇总。就是用算盘和小型计算器进行的汇总。具体的手工汇总方法有划记法、过录法、折叠法和卡片法等。划记法，就是用点、线等符号计算各组和总体单位数的方法。过录法，是将调查资料过录到事先准备好的整理表上，然后再计算加总，编制出统计表。折叠法，是将调查表中需要汇总的同一横行或纵栏预先折好，按顺序一一叠在一起，进行汇总计算，再填制统计表。卡片法，是按分组汇总的要求，将调查表中的资料摘录到卡片上，然后，根据卡片进行分组和汇总计算。

（2）计算机汇总。广泛使用电子计算技术是我国统计工作现代化的重要标志之一。计算机数据处理包括对原始数据的加工、存储、合并、分类、逻辑检查、运算以及打印出汇总表或图形等。计算机数据处理的全部过程大体上分为五个步骤：①编程序。②编码。③数据录入。④逻辑检查。⑤制表打印。

第三节　分配数列

一、分配数列的意义

在统计分组的基础上，将总体的所有单位按组归类整理，并按一定顺序排列，形成总体中各个单位在各组间的分布，称为次数分配或分配数列。分布在各组的个体单位数叫次数，又称频数；各组次数与总次数之比叫比率，又称频率。

分配数列是统计资料整理的结果,是进行统计描述和统计分析的重要方式。它可以表明总体的分布特征及内部结构情况,并可据此研究总体某一标志的平均水平及其变动的规律性。

二、分配数列的种类

(一)品质数列

按品质标志分组所编制的分配数列叫品质数列。它由分组的名称和次数两个要素构成。对于品质数列,如果分组标志选择得好,分组标准定得恰当,那么事物性质的差异表现得也比较明确,总体中各组的划分也就容易解决,从而能准确地反映总体的分布特征。

(二)变量数列

按数量标志分组形成的分配数列称为变量数列。变量数列按照变量类型的不同,可分为离散型变量数列和连续型变量数列。离散型变量其变量值只能取整数,不可能有小数。如职工人数、企业数、机器台数等都是离散型变量。连续型变量是指变量的取值是连续不断的,相邻两值之间可作无限分割,变量值可以用小数表示。如产值、工资、利润等。变量数列按形式不同,分为单项数列和组距式数列。单项数列中每一组可变量值只有一个,即每组由一个变量值来代表,如表3-4所示。组距数列中每一组数值是由两个变量值所确定的一个数值范围来表示的,如见表3-5所示。

表3-4 2008年妇女生育孩次分布

孩　次	比重/%
1	67.5
2	28.8
3	3.7

资料来源:2009年中国人口和就业统
　　　　计年鉴

表3-5 全国各年龄组人口构成

岁　数	比　重/%
0~14	22.89
15~64	70.15
65岁及以上	6.96

资料来源:第五次全国人口普查

三、变量数列的编制

对于离散型变量,若变量值个数少,变动幅度小,只要编制单项数列。变量值个数即为组数,如表3-4所示。对于连续型变量,如果变量值个数多,变动幅度大,就有必要编制组距数列。下面简要介绍一下有关组距数列的几个概念。

（一）确定组数与组距

总体中最大变量值与最小变量值之差称为全距（R）。在组距数列中，同一组内的最大变量值称为上限，最小变量值称为下限，上限与下限之差称为组距（i）。例如，某班 36 名同学《统计学基础》考试成绩如下：（单位：分）

56	79	80	86	86	80	64	65	81	87	87	82	67	68	83	88
90	84	71	73	84	92	74	85	92	93	85	76	76	85	94	79
97	86	56	86

若将上述资料，先按数值大小排列如下：

56	56	64	65	67	68	71	73	74	76	76	79	79	80	80	81
82	83	84	84	85	85	85	86	86	86	86	87	87	88	90	92
92	93	94	97

经初步加工，大致可看出资料的集中趋势，资料的最小值为 56 分，最大值为 97 分，则全距 = 97 分 – 56 分 = 41 分。根据常规，将组距定为 10，把总体分为 5 组。第一组为 50～60，第二组为 60～70，依此类推。对考分资料加以整理，所得结果如表 3-6。从表 3-6，可看出学生考分的分布特征。

表 3-6　某班学生《统计学基础》考试成绩表

考　分	人数/人	频率/%
50～60	2	5.6
60～70	4	11.1
70～80	7	19.4
80～90	17	47.2
90～100	6	16.7
合计	36	100

如在表 3-6 中，第三组的上限为 80 分，下限为 70 分，组距（i）= 80 – 70 = 10（分）。各组组距相等，就称为等距数列。各组组距不完全相等，即在一个组距数列中存在两个及两个以上的组距，就称为异距数列。组数是指分组的个数，以 n 表示。编制等距数列时，可以 $i = \dfrac{R}{n}$ 确定组数。为方便计算，i 取 5 或 10 的整数倍为宜。

（二）确定组限和组中值

组距两端的数值称组限。组距的上限、下限都齐全的叫闭口组；有上限缺下限，或有下限缺上限的叫开口组。在划分连续型变量的组限时，相邻组的组限应该重叠。对于处在组限上的变量值的归属问题，在统计实践中，习惯上按"上限不在组内"的办法处理。如上例 70～80 分，满了 80 分，应计入下一组 80～90 分。

在编制组距数列时，分布在各组的实际变量值已被变量变动的范围所取代。因此，统计计算和分析，往往用组中值来反映各组实际变量值的一般水平，即取各组变量变化范围的中间数值，称为组中值，其计算公式为：

$$组中值 = \frac{上限 + 下限}{2} \tag{3-1}$$

对于开口组组中值的确定，一般以其相邻组的组距的一半来调整。

$$缺下限的开口组组中值 = 上限 - \frac{邻组组距}{2} \tag{3-2}$$

$$缺上限的开口组组中值 = 下限 + \frac{邻组组距}{2} \tag{3-3}$$

（三）累计次数分布

在进行统计分析时，还可以在分配数列的基础上进一步加工，研究频数、频率的分布状况。这就需要编制累计次数表，分别就频数和频率加以累计，也就是说，将变量数列各组的次数和比率逐组累计相加而成累计次数分布，它表明总体在某一标志值的某一水平上下总共包含的总体次数和比率。累计次数有以下两种计算方法：

（1）向上累计。它是将各组次数和比率，由变量值低的组向变量值高的组逐组累计。

（2）向下累计。它是将各组次数和比率，由变量值高的组向变量值低的组逐组累计。

表 3-7 某班学生《统计学基础》成绩累计分布表

考　分	频数与频率		向上累计		向下累计	
	人数/人	频率/%	人数/人	频率/%	人数/人	频率/%
50～60	2	5.6	2	5.6	36	100.0
60～70	4	11.1	6	16.7	34	94.4
70～80	7	19.4	13	36.1	30	83.3
80～90	17	47.2	30	83.3	23	63.9
90～100	6	16.7	36	100.0	6	16.7
合计	36	100.0				

由表3-7可见,将频数、频率依次累计,可反映截止到某一组的次数总数,简便地概括总体各单位的分布特征。

第四节 统计表和统计图

一、统计表的意义及结构

(一)统计表的意义

统计表就是以纵横交叉的线条所绘制的表格来表现统计资料的一种形式。统计表能够将大量统计资料加以合理组织安排,使资料表述得更加紧凑、简明、醒目、有条理,便于人们阅读、对照比较,从而发现现象之间的规律性。利用统计表还便于资料的汇总和审查,便于计算和分析。

(二)统计表的结构

从形式上看,统计表是由总标题、横行标题、纵栏标题和指标数值四部分构成。总标题是统计表的名称,用来简明扼要地说明全表的内容,一般写在表的上端中部;横行标题是统计表横行的名称,在统计表中通常用来表示各组的名称,它代表统计表所要说明的对象,一般写在表的左方;纵栏标题是统计表纵栏的名称,在统计表中通常用来表示统计指标的名称,一般写在表的上方。在各横行标题与各纵栏标题交叉处是指标数值。统计表中的任何一个数字的含义都由横行标题和纵栏标题共同说明。如表3-8所示。

表3-8 2008年全国规模以上工业总产值

横行标题	按经济类型分组	工业总产值(万元)	比重/%
	大型企业	169 304	33.36
	中型企业	149 810	29.52
	小型企业	188 334	37.12
	合计	507 448	100%

→总标题
纵栏标题
指标数值
主词　　宾词

资料来源:《2009年中国统计年鉴》

从内容考察,统计表由主词和宾词两部分构成。主词是统计表所要说明的总体及其各个组成部分,通常在表的左方,即横行标题的位置上。宾词是指用来说明总体数量特征的各个统计指标,通常在表的上方,即纵栏标题的位置上。主词和宾词是统计表的两个组成内容,缺一不可。如表3-8所示。

二、统计表的种类

(一)按主词加工方法不同分类

1. 简单表

表的主词未经任何分组的统计表称为简单表。它的主词一般按时间顺序排列,或按总体各单位名称排列。如表3-9所示。

2. 分组表

表的主词按照某一标志进行分组的统计表称为分组表。利用分组表可以揭示不同类型现象的特征,说明现象内部的结构,分析现象之间的相互关系等。如表3-10所示。

表3-9　2008年我国直辖市人口情况

	人口数/万人
北京市	1 695
天津市	1 176
上海市	1 888
重庆市	2 839

资料来源:《2009年中国统计年鉴》

表3-10　2008年我国国内生产总值构成

项目	绝对值/亿元	比重/%
第一产业	34 000.0	11.3
第二产业	146 183.4	48.6
第三产业	120 486.6	40.1
合　计	300 670.0	100%

资料来源:《2009年中国统计年鉴》

3. 复合表

表的主词按照两个或两个以上标志进行复合分组的统计表称为复合表。如表3-11所示。

表3-11　2008年全国人口数及构成

		人口数/万人	比重/%
按性别分	男	68 357	51.47
	女	64 445	48.53
按城乡分	市镇	60 667	45.68
	乡村	72 135	54.32

资料来源:《2009年中国统计年鉴》

（二）按宾词指标设计的不同分类

1.宾词不分组设计

即宾词各指标根据说明问题的主次先后顺序排列,保持各指标之间的一定逻辑关系。如表3-12 所示。

表3-12　1997 年全国部分省市旅游涉外饭店基本情况

地区	饭店数/座	营业收入/万元	利润总额/万元	客房出租率/%
北京	338	1 447 905.72	175 132.68	59.37
上海	127	699 143.86	68 592.28	62.58
云南	190	102 884.37	1 044.09	55.19

资料来源:《中国旅游统计年鉴(1998)》

2.宾词简单分组设计

即统计指标从不同角度分别按某一标志分组,各种分组平行排列。如表3-13 所示。

表3-13　某企业职工性别文化水平情况

	职工总人数/人	性　别		文化程度		
		男	女	小学	中学	大学
一线人员	638	290	348	254	308	76
二线人员	334	108	226	118	176	40
合　计	972	398	574	372	484	116

3.宾词复合分组设计

即统计指标同时有层次地按两个或两个以上标志分组,各种分组重叠在一起。如表3-14 所示。

表3-14　某企业职工性别文化水平情况

	职工人数		小　学			中　学			大　学		
	男	女	男	女	小计	男	女	小计	男	女	小计
一线人数	290	348	110	144	254	138	170	308	42	34	76
二线人数	108	226	28	90	118	64	112	176	16	24	40
合计	398	574	138	234	372	202	282	484	58	58	116

三、统计表制表规则

统计表表述资料应力求做到科学、实用、简练、美观,便于阅读、比较和分析。制表时应注意以下原则:

(1)统计表的总标题应简明、确切,概括地反映出表的基本内容,以及资料所属的空间和时间范围。

(2)统计表各主词之间或宾词之间的顺序应根据诸如时间的先后、数量的大小、空间的位置等自然顺序合理编排。

(3)统计表中的指标数值都有一定的计量单位,当全表只有一种计量单位时就写在表的右上方。若有多种计量单位时,横行的计量单位,可以专设"计量单位"一栏;纵栏的计量单位,要与纵栏标目写在一起,用小字标写。

(4)表中数字上下位置要对齐。遇有相同数字应照写,不能用"同上"、"同左"字样。无数字的空格,用符号"—"表示;当缺乏某项资料时,用符号"……"表示,以免使人误为漏项,表内还应列出合计数,便于核对和运用。

(5)统计表的表式,一般是开口式,即表的左右两端不画纵线,表的上下通常用粗线封口。对于栏数较多的统计表,通常加以编号。主词栏和计量单位栏用甲、乙等文字标明;宾词栏各栏用(1),(2),(3)等标明栏号。

(6)必要时,统计表应加以注解,连同数字的资料来源等一般都写在表的下端。

(7)制表完毕,经审核无误后,制表人和主管负责人应签名,并加盖单位公章,以示负责。

四、统计图

统计图是在统计表的基础上,用几何图形或具体形象来表述统计资料的一种方式。它和统计表相比有其自己的特点,它不仅给人以直观形象,鲜明醒目,见图知意,特别在大量数据不那么令人容易理解时,统计图更有其独特的作用。

常用的统计图有条形图、曲线图、面积图等,它们通常在统计实践中的运用如下:

(一)百分比的显示——圆形结构图、条形结构图

圆形结构图以圆形面积为100%,以其中大小不一的扇形面积来反应总体内部结构的一种图形。它的制作方法是根据总体各构成部分所占比例,乘以360°,得所占圆心角的度数,并依此确定各组扇形面积。如图3-1所示,是根据我国2008年三大产业产值情况所绘制的结构圆形图。

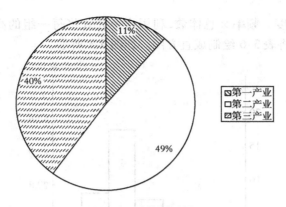

图 3-1 结构圆形图

结构条形图是以长方形面积为 100%，再以其中大小不等的条形为总体构成的一种图形。结构条形图不但能够反映事物在某一年份的构成状况，而且能够进行不同年份或地区的比较。如图 3-2 是根据我国 2006、2007、2008 年三大产业产值比重绘制的结构条形图。

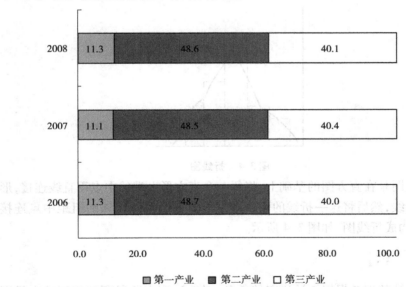

图 3-2 条形结构图

（二）次数分配的显示——直方图、折线图

直方图是以长方形的面积表示频数的一种图形。绘制直方图之前，先将组距标示于横轴上，然后在每一个区间中，绘出一个垂直的长方形，其面积代表频率，也就是观察值出现于该组的比例。所有长方形面积之和等于频率之和,即为1。高度=频率×总体数,利用这一公式将每一组的高度求出,便可绘制直方图。将表3-6绘制成直方图。如图3-3所示。

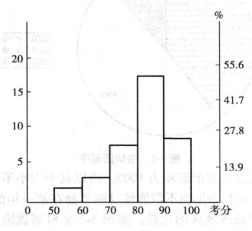

图 3-3　直方图

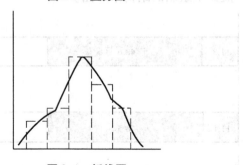

图 3-4　折线图

折线图是在直方图的基础上,将每一个直方形上端的中点用直线连接,形成一条折线,然后将这一折线的两个端点与直方图两侧相邻的组距中点连接起来,便构成折线图,如图3-4所示。

【小　结】

1.统计整理是根据统计研究的任务,对统计调查阶段所搜集到的大量原始资料进行加工汇总,使其系统化、条理化、科学化,以得出反映事物总体综合特征的资料的工作过程。

2.统计分组就是根据统计研究的需要,将统计总体按照一定的标志区分为若干个组成部分的一种统计方法。其作用主要有3个:划分现象类型、揭示现象内部结构和分析现象之间的依存关系。

3.统计资料汇总的组织形式分为逐级汇总和集中汇总,统计资料的汇总方法分为手工汇总和计算机汇总。

4.分配数列是指在统计分组的基础上,将总体的所有单位按组归类整理,并按一定顺序排列,形成总体中各个单位在各组间的分布,称为次数分配或分配数列。分配数列有品质数列和变量数列两种形式。

5.统计表就是以纵横交叉的线条所绘制的表格来表现统计资料的一种形式,它主要由总标题、横行标题、纵栏标题和指标数值4部分构成。

6.统计图是在统计表的基础上,用几何图形或具体形象来描述统计资料的一种方式。

【思考与练习】

1.什么是统计分组?其作用是什么?

2.统计分组的种类有哪些?怎样选择分组标志?

3.试根据所学习过的内容,分别编制一张简单表、分组表和复合表。

4.某灯泡厂从一批灯泡中抽取100只进行检查,测得每只灯泡耐用时间如下(耐用时间单位:小时):

851	901	800	914	991	827	909	904	891	996
886	928	999	946	950	864	1 049	927	949	852
948	991	948	867	988	849	958	934	1 000	878
1 027	928	978	816	1 001	918	1 040	854	1 098	900
936	938	869	949	890	1 038	927	878	1 050	924
866	1 021	905	954	890	1 006	926	900	999	886
896	977	907	956	900	963	838	961	948	950
893	900	800	937	864	919	836	981	916	878
903	891	910	870	986	913	850	911	886	950
946	926	895	967	921	978	821	924	951	850

试将以上数据整理成组距数列,并绘制次数分布直方图和次数分配曲线图(以50小时为组距)。

5.某学院某系毕业班学生共有30人,他们的情况如下表:

学员编号	性　别	年　龄	分配工作单位	学员编号	性　别	年　龄	分配工作单位
1	男	24	工业企业	16	女	20	交通企业
2	男	21	工业企业	17	男	23	交通企业
3	女	22	工业企业	18	女	23	商业企业
4	女	23	商业企业	19	女	20	工业企业
5	男	21	商业企业	20	男	19	工业企业
6	男	21	交通企业	21	男	19	商业企业
7	女	22	商业企业	22	女	20	商业企业
8	女	20	工业企业	23	女	20	交通企业
9	女	23	工业企业	24	女	21	交通企业
10	男	23	交通企业	25	女	23	工业企业
11	女	24	交通企业	26	男	24	商业企业
12	女	21	工业企业	27	女	19	商业企业
13	女	23	商业企业	28	男	20	工业企业
14	男	20	商业企业	29	女	20	交通企业
15	女	20	工业企业	30	男	21	交通企业

利用所给资料编制如下统计表：

（1）主词用一个品质标志分组，宾词用一个品质标志和一个数量标志分三组的宾词简单设计表；

（2）主词用一个品质标志分组，宾词用一个品质标志和一个数量标志分三组的宾词复合设计表。

第四章 综合指标（一）——总量指标与相对指标

统计分析是统计工作的重要环节。所谓统计分析是指根据已经整理汇总的统计资料,运用科学的统计方法,对所研究的社会经济现象进行对比、分析和综合研究,以揭示其本质和规律的一项工作。要准确、科学地进行统计分析就离不开综合指标。综合指标是通过统计调查,搜集到大量说明总体单位特征的统计资料,经过整理、综合、计算之后,得到的反映社会经济现象的总体数量特征的统计指标。综合指标有三种,即总量指标、相对指标和平均指标。

第一节 总量指标

一、总量指标的概念和作用

(一) 总量指标的概念

总量指标是反映社会经济现象在一定的时间、地点、条件下的总规模、总水平或工作总量的指标。总量指标都是以绝对数表示的,所以也称绝对指标。例如,一个国家或地区某一时点的人口数,某一时期的国民生产总值、国民收入,一个企业的销售收入等。

应该明确,社会经济现象总体在不同时间、地点、条件下,总量指标数值的大小,随着统计范围的大小而发生增减变动。同时,社会经济现象总体在数量增减变化上的绝对数,也是总量指标。例如,我国东部人口与西部人口的差值,今年某季度比去年同期国民生产总值的增加额等。

(二)总量指标的作用

总量指标是社会经济统计中最常用最基本的指标,在社会经济研究和管理中具有非常重要的作用。

(1)总量指标是人们认识社会经济现象的起点,是反映一个国家的国情与国力,一个地区、一个部门或一个企业的人力、物力、财力的基本数据。

(2)总量指标是加强社会经济管理、平衡供求关系、保证国民经济协调发展、全面反映社会经济科技文化水平的重要工具,也是进行国民经济核算和企业经济核算的基础。

(3)总量指标是计算相对指标和平均指标的基础。因为后两个指标是总量指标的派生指标,总量指标科学正确与否将直接影响相对指标和平均指标的准确性。

二、总量指标的种类

总量指标按其反映的内容不同,反映的时间状态不同和表现的形态不同,可分为如下种类:

(一)总体单位总量和总体标志总量

总量指标按其反映的总体内容不同,可以分为总体单位总量和总体标志总量。总体单位总量表明总体本身规模的大小,反映总体中总体单位数量的多少。例如,要了解某地区商业零售网点的基本情况,则该地区商业零售网点数就是总体单位总量;要了解某工业企业职工的情况,则该企业职工总人数就是总体单位总量。

总体标志总量是表明总体中各单位某一数量标志值总和的总量指标,它反映所研究现象的总水平。例如,某地区商业零售网点的零售总额,某企业职工工资总额等,均为总体标志总量。

在统计分析当中,由于研究的目的和对象不同,总体单位总量和总体标志总量并不是固定不变的,即这种总体指标的分类方法具有相对性。例如,职工人数指标,在研究职工基本情况时是总体单位总量,但若研究的总体是工业企业,则职工人数就变成总体标志总量了。因此,明确总体单位总量和总体标志总量的含义与差别,对于正确的统计计算具有重要意义。

(二)时期指标和时点指标

总量指标按其反映的时间状态不同,可以分为时期指标和时点指标。时期指标是指反映某种社会经济现象在一段时间内发展变化的总量指标。如工业总产值、国民生产总值、贸易总额、基本建设投资额、人口出生数等等。时点指标是指反映社会经济现象在某一时间（瞬间）状况上的总量指标。如土地面积、工厂数、商品库存额、银行存款余额、人口数等。

时期指标与时点指标各具特点。时期指标特点：①时期指标的数值可以连续计数，它的每一个数据都可视为社会经济现象在这段时期内发生的总量。②作为时期指标，各个时期的数值可以累加，累加结果即是较长时期社会经济现象总体发生的总量。③一般来讲，时期指标数值的大小与其所包括的时期长短有直接关系，时期越长，指标数值也就越大，反之指标数值就越小。而时点指标特点：①作为时点指标只能间断计数，每个数据表明社会经济现象总体发展到某一时点上所达到的水平。②时点指标一般是通过一次性登记取得指标数值。③时点指标的数值大小与时间间隔长短没有直接关系。

（三）实物指标和价值指标

总量指标根据其表现形式的不同，可以分为实物指标和价值指标。实物指标是反映事物使用价值的总量指标，而价值指标则是表明社会经济现象价值量的总量指标。

三、总量指标的计量单位

总量指标反映社会经济总体现象的具体数值，因此必须要有相应的计量单位。总量指标的计量单位一般采用实物单位、价值单位和劳动单位三种形式。

实物单位与实物指标相对应，是指根据事物的自然属性和特点而采用的计量单位，有自然单位、度量衡单位和标准实物单位三种。

自然单位是按照被研究的社会经济现象自然属性来度量其数量的计量单位。例如，人口以"人"为单位，汽车以"辆"为单位，牲畜以"头"为单位等等。

度量衡单位是按照统一的度量衡规定来度量事物数量的一种计量单位。例如，钢材以吨、木材以立方米、建筑面积以平方米等计量。

标准实物单位是按照统一折算的标准来度量被研究现象数量的一种计量单位。因为利用实物单位计算产品产量时，对于同一类产品，由于品种、规格、能力或化学成分不同，其使用价值也就不同，所以产品简单相加往往不能确切地反映生产成果，为此对一些产品要求按一定折合标准，折算为一种标准规格或标准含量的产品。例如，各种含氮量不同的化肥，可以折合为含氮量100%计算，燃烧值不同的煤可以折合为每千克7 000大卡（1大卡＝4.187千焦）标准煤计算。

价值单位与价值指标相对应，是为体现社会经济现象和过程的社会属性而采用的计量单位。例如，国民收入、商品销售总额、产品成本等等。价值单位的优点在于把不能直接加总的事物变成可以直接加总,因此具有最广泛的综合能力和概括能力,用途非常广泛。但它也有局限性,就是脱离了实际物质内容,比较抽象,有时不能准确反映实际状况,在实际工作中,要充分注意这一点。

劳动单位是反映劳动力资源劳动时间的计量单位,通常在企业内部核算时采用,如工时、工日、工年等。借助劳动单位计算的劳动总消耗量指标来确定劳动规模,并作为评价劳动时间利用程度和计算劳动生产率的依据。

计量单位可以单独使用,也可以结合起来使用。有些事物或现象用一种计量单位难以反映其本质,此时可把两种或两种以上的单位结合起来运用,称为复合单位。例如计算货物运输量,只用载重量或只用运输距离都不能反映运输成果,因此就采用载重量乘运输距离的方法,即"吨千米"来计量。

第二节　相对指标

一、相对指标的概念和作用

(一)相对指标的概念

我们知道,统计分析中的各种社会经济现象之间总是相互联系、相互依存的。因此,要分析一种社会经济现象,仅仅利用总量指标是远远不够的。如果要对事物做深入的了解,就需要对总体的组成和其各部分之间的数量关系进行分析、比较,这就必须计算相对指标。

相对指标是用两个有联系的指标进行对比的比值来反映社会经济现象数量特征和数量关系的综合指标。相对指标也称作相对数,其数值有两种表现形式:无名数和复名数。无名数是一种抽象化的数值,多以系数、倍数、成数、百分数或千分数表示。复名数主要用来表示强度的相对指标,以表明事物的密度、强度和普遍程度等。例如,人均粮食产量用"千克/人"表示,人口密度用"人/平方千米"表示等。

(二)相对指标的作用

(1)相对指标通过数量之间的对比,可以表明事物关联程度、发展程度,它可以弥补总量指标的不足,使人们清楚了解现象的相对水平和普遍程度。例如,某企业去年实现利润 50 万元,今年实现 55 万元,则今年利润增长了

10%,这是总量指标不能说明的。

(2)把现象的绝对差异抽象化,使原来无法直接对比的指标变为可比。不同的企业由于生产规模条件不同,直接用总产值、利润比较评价意义不大,但如果采用一些相对指标,如资金利润率、资金产值率等进行比较,便可对企业生产经营成果做出合理评价。

(3)说明总体内在的结构特征,为深入分析事物的性质提供依据。例如计算一个地区不同经济类型的结构,可以说明该地区经济的性质。又如计算一个地区的第一、二、三产业的比例,可以说明该地区社会经济现代化程度等。

二、相对指标的种类

根据研究目的和对比基础的不同,相对指标可以分为计划完成程度相对指标、结构相对指标、比例相对指标、比较相对指标、强度相对指标和动态相对指标六种。

(一)计划完成程度相对指标

计划完成程度相对指标是社会经济现象在某时期内实际完成数值与计划任务数值对比的结果,一般用百分数表示。基本计算公式为:

$$计划完成程度相对指标/\% = \frac{实际完成数}{计划任务数} \times 100\% \qquad (4-1)$$

由于计划数在实际计算中可以表现为绝对数、相对数、平均数等多种形式,因此计算计划完成程度相对指标的方法也不相同。

1. 计划数为绝对数和平均数时

使用绝对数和平均数计算计划完成程度相对指标时,可直接用上述计算公式。

[例4-1] 某企业2010年计划产品产量1 000件,实际完成1 120件,则产量计划完成程度为:

$$计划完成程度相对指标/\% = \frac{1\ 120}{100} \times 100\% = 112\%$$

计算结果表明,该企业超额12%完成产量计划,实际产量比计划产量增加了120件。

[例4-2] 某企业劳动生产率计划达到8 000元/人,某种产品计划单位成本为100元,该企业实际劳动生产率达到9 200元/人,该产品实际单位成本为90元,其计划完成程度指标为:

$$劳动生产率计划完成程度相对指标/\% = \frac{9\ 200}{8\ 000} \times 100\% = 115\%$$

单位成本计划完成程度相对指标$/\% = \dfrac{90}{100} \times 100\% = 90\%$

计算结果表明,该企业劳动生产率实际比计划提高了15%,而某产品单位成本实际比计划降低了10%。这里劳动生产率为正指标,单位成本为逆指标。

在检查中长期计划的完成情况时,根据计划指标的性质不同,计算可分为水平法和累计法。

(1)水平法。用水平法检查计划完成程度就是根据计划末期(最后一年)实际达到的水平与计划规定的同期应达到的水平相比较,来确定全期是否完成计划。其计算公式如下:

$$计划完成程度相对指标/\% = \dfrac{中长期计划末期实际达到的水平}{中长期计划末期计划达到的水平} \times 100\%$$

(4-2)

[例4-3] 某企业按五年计划规定的最后一年的产量应达到720万件,实际执行情况如表4-1所示。

表4-1 某企业五年计划完成情况   万件

年份	第一年	第二年	第三年	第四年				第五年			
				第一季度	第二季度	第三季度	第四季度	第一季度	第二季度	第三季度	第四季度
产量	300	410	530	150	160	170	170	190	190	210	210

则该企业产量五年计划完成程度相对指标为:

$$计划完成程度相对指标/\% = \dfrac{190 + 190 + 210 + 210}{720} \times 100\% = 111.11\%$$

计算结果表明,该企业超额11.11%完成产量五年计划。

采用水平法计算,只要有连续一年时间(可以跨年度)实际完成水平达到最后一年计划水平,就算完成了五年计划,余下的时间就是提前完成计划时间。在例4-3中,该企业实际从五年计划的第四年第三季度到第五年第二季度连续一年时间的产量达到了计划期最后一年计划产量720万件水平,完成了五年计划,那么第五年下半年这半年时间就是提前完成计划的时间。

(2)累计法。累计法就是整个计划期间实际完成的累计数与同期计划数相比较,来确定计划完成程度。计算公式如下:

$$计划完成程度相对指标/\% = \frac{中长期计划期间实际累计完成量}{中长期计划期间计划累计量} \times 100\%$$

$$(4-3)$$

[**例4-4**] 某地区"十一五"期间计划五年固定资产投资总额150亿元,实际各年投资情况如下表:

表4-2 某地区"十一五"固定资产投资完成情况 单位:亿元

年 份	2006	2007	2008	2009	2010
固定资产实际投资额	29.4	32.6	39.1	48.9	60

则该地区"十一五"期间固定资产投资的计划完成程度相对指标为:

$$计划完成程度相对指标 = \frac{29.4 + 32.6 + 39.1 + 48.9 + 60}{150} \times 100\% = 140\%$$

计算结果表明,该地区超额40%完成"十一五"固定资产投资计划。

采用累计法计算,只要从中长期计划开始至某一时期止,所累计完成数达到计划数,就是完成了计划。例4-4中,前四年投资额已完成五年计划,比计划时间提前一年。

2. 计划数为相对数时

计划数为相对数时计划完成程度计算公式为:

$$计划完成程度相对指标/\% = \frac{实际达到的百分数}{计划规定的百分数} \times 100\% \quad (4-4)$$

[**例4-5**] 某企业某产品产量计划要求增长10%,同时该种产品单位成本计划要求下降5%,而实际产量增长了12%,实际单位成本下降了8%,则计划完成程度指标为:

$$产量计划完成程度相对指标 = \frac{100\% + 12\%}{100\% + 10\%} \times 100\% = 101.82\%$$

$$单位成本降低计划完成程度相对指标 = \frac{100\% - 8\%}{100\% - 5\%} \times 100\% = 96.84\%$$

计算结果表明,产量计划完成程度大于100%,说明超额完成计划。而单位成本计划完成程度小于100%,说明实际成本比计划成本有所降低,也超额完成了成本降低计划。

(二)结构相对指标

结构相对指标是指社会经济现象总体内某一部分数值与总体全部数值的比值,反映总体内部数量和类型结构。通常用百分数表示,总体内各部分占总体的比重之和应等于100%或1,其计算公式如下:

$$结构相对指标/\% = \frac{总体中某部分数值}{总体全部数值} \times 100\% \qquad (4-5)$$

[例4-6] 2008年我国规模以上工业企业工业增加值为507 448亿元,其中轻工业增加值为145 429亿元,重工业增加值362 019亿元,计算结构相对指标为:

$$轻工业增加值所占比重 = \frac{145\ 429}{507\ 448} \times 100\% = 28.7\%$$

$$重工业增加值所占比重 = \frac{362\ 019}{507\ 448} \times 100\% = 71.3\%$$

轻重工业总产值占全部工业总产值的比重之和为:28.7% +71.3% =100%。

(三)比例相对指标

比例相对指标是指将总体内部某一部分的数值与另一部分的数值对比所得到的相对指标。比例相对指标可以用百分数表示,也可用系数形式表示。计算公式为:

$$比例相对指标/\% = \frac{总体中某一部分数值}{总体中另一部分数值} \times 100\% \qquad (4-6)$$

[例4-7] 某大专院校2008年招收新生中,男生1 286人,女生1 037人,则男女生性别比例相对指标为:

$$比例相对指标 = \frac{1\ 286}{1\ 037} \times 100\% = 124.01\%$$

或:男生与女生的比例为1 286:1 037 =1:0.81

计算表明新生中男生数相当于女生数的124.01%,或男女生比例为1:0.81。

(四)比较相对指标

比较相对指标是把同一时间内同类指标在不同空间状态下的数值对比构成的相对指标。它可以反映同类事物在不同国家、不同地区或不同单位之间的差异程度,一般用百分数或倍数表示。计算公式为:

$$比较相对指标/\% = \frac{某一地区(单位)的某指标数值}{另一地区(单位)的同指标数值} \times 100\% \qquad (4-7)$$

[例4-8] 2008年我国人均国民收入是2 940美元,同年美国人均国民收入是47 580美元。计算比较相对指标为:

$$比较相对指标 = \frac{2\ 940}{47\ 580} \times 100\% = 6.18\%$$

$$比较相对指标 = \frac{355}{55} = 16.18$$

计算表明，该年度我国人均国民生产总值仅为美国人均国民生产总值的 6.18%，或该年度美国人均国民生产总值为我国人均国民生产总值的 16.18 倍。

（五）强度相对指标

强度相对指标是指两个性质不同，但有一定联系的总量指标对比得到的相对指标。它反映现象的强度、密度和普及程度。强度相对指标由于形式特殊，一般采取复名数表示，如人均国民生产总值为"元/人"，人均占有耕地面积"亩/人"（15 亩 = 1 公顷）等。计算公式为：

$$强度相对指标 = \frac{某一现象的总量指标}{另一有联系的总量指标} \qquad (4-8)$$

[**例 4-9**]　某地区有零售商业网点 5 万个，该地区人口为 1 000 万人，则计算强度相对指标为：

$$强度相对指标（正指标） = \frac{商业网点数}{人口数} = \frac{50\ 000\ 个}{1\ 000\ 万人} = 50\ 个／万人$$

$$强度相对指标（逆指标） = \frac{人口数}{商业网点数} = \frac{1\ 000\ 万人}{5\ 万个} = 200\ 人／个$$

计算结果正指标表明，该地区每万人拥有 50 个商业网点，指标数值越大，说明商业网点越多，生活更方便；逆指标表明，平均每个商业网点服务 200 人，指标数值越小，说明网点密度越大，购物更方便。

（六）动态相对指标

动态相对指标是指某一指标在不同时间上的数值对比而得到的相对指标。它反映了同类事物在不同时间状态上的对比关系，对分析社会经济的发展变化过程具有重要意义。动态相对指标一般用百分数或倍数表示。通常把作为比较基础的时期称为基期，所研究的与基期作对比的时期称为报告期。计算公式如下：

$$动态相对指标／\% = \frac{报告期数值}{基期数值} \times 100\% \qquad (4-9)$$

[**例 4-10**]　2008 年我国国内生产总值是 300 670 亿元，而 2007 年我国国内生产总值仅为 257 305.6 亿元，则动态相对指标为：

$$动态相对指标／\% = \frac{300\ 670}{257\ 305.6} \times 100\% = 116.85\%$$

计算表明报告期我国国内生产总值为基期的116.85%。

第三节　总量指标与相对指标的运用原则

一、总量指标的运用原则

(一)对总量指标的含义、实质、范围做严格界定

总量指标的计算,并非简单的汇总问题,要对社会经济现象有正确的理解。有一些总量指标,例如人口数、工业企业数、第三产业数等,看似简单,但首先要对"人口"、"工业企业"、"第三产业"含义加以确切界定,划清范围,才能进行正确统计。

(二)计算实物总量指标时,要注意产品的同类性

对于物质产品在统计过程中多使用实物指标,对于具有同样使用价值和经济内容的同类产品,是可以直接汇总的。而对于不同类产品,例如钢铁、煤炭、粮食则不能简单相加汇总,因为直接总和是毫无意义的。

(三)要使用统一的计量单位

在计算实物指标总量时,对不同的实物应采用相应的计量单位,但由于历史或习惯的原因可能出现不同的计量单位。如果出现计量单位不统一,极易造成统计工作的混乱和差错,所以,总量指标中的实物指标,应按照全国统一规定的计量单位计量。

二、相对指标的运用原则

(一)可比性原则

相对指标是把相互联系的事物进行比较,反映事物之间关系的综合指标。所以,进行对比的事物是否具有可比性,对于计算相对指标至关重要。如果把不可比的事物加以比较,势必会导致事实的歪曲和认识上的错误。相对指标可比性原则包括:

1.指标范围的可比

它又可分为两个方面:①是总体范围要可比。例如,在新的一年里,某企业兼并了另一独立的企业,企业规模扩大了,计算产量动态相对指标,由于总体范围的变更,因而不可比。②是对比的两事物范围上要相互统一。例如,比

较两企业劳动生产率水平,如果一个企业的产量与全体人员数相比,另一个企业的产量与全体工人数相比,那么这两个企业的劳动生产率就不可比。

2.总体结构的可比

对同一种社会经济现象计算相对指标,在不同地区或不同时间进行比较时,要特别注意这个问题。例如,某公司下属两企业生产任务完成情况如表4-3所示。从表中可以看到,不论上半年还是下半年,生产计划完成程度都是甲企业低于乙企业,而全年计划完成程度,则甲企业高于乙企业。之所以出现这种现象是由于计划量的构成不同产生的结果。因此要对两企业计划完成程度进行对比,应该看其总体水平。

表4-3　两企业计划完成情况

	甲企业			乙企业		
	计划量/万件	完成量/万件	完成程度/%	计划量/万件	完成量/万件	完成程度/%
上半年	30	24.9	83	60	51	85
下半年	70	65.1	93	40	38	95
合　计	100	90	90	100	89	89

3.计算方法的可比

在相对指标计算过程中,这也是一个值得注意的问题。例如,在比较价值指标时,强调用可比价格计算,使用统一的、标准的计量单位。

(二)相对指标与总量指标相结合的原则

在统计分析中运用相对指标,使总量指标的局限性得到弥补,可以揭示经济现象之间数量联系程度和对比关系,对事物认识进一步深化。但只运用相对指标又不易表明现象之间实际差别,所以,只有把相对指标与总量指标结合起来运用,才能既全面又具体地分析和认识事物。

(三)多项相对指标结合运用的原则

为了全面认识和分析社会经济现象,不仅要把相对指标和总量指标结合起来运用,而且还要把多种相对指标结合起来运用。前面所讲6个不同的相对指标,在统计分析中各有其特点和作用,它们从不同角度反映事物的本质。在分析事物过程中,利用多种相对指标的结合,一定会使分析结果更准确、更全面、更有说服力,有效避免了盲目性和片面性。

【小 结】

1. 总量指标是反映社会经济现象在一定的时间、地点、条件下的总规模、总水平或工作总量的指标。总量指标按其反映的内容不同可分为总体单位总量和总体标志总量;按其反映的时间状况分为时点指标和时期指标;按其表现形式的不同,可以分为实物指标和价值指标。

2. 相对指标是用两个有联系的指标进行对比的比值来反映社会经济现象数量特征和数量关系的综合指标,包括计划完成程度相对指标、结构相对指标、比例相对指标、比较相对指标、强度相对指标和动态相对指标 6 种。

3. 计划完成程度相对指标是社会经济现象在某时期内实际完成数值与计划任务数值的对比结果,一般用百分数表示。

4. 结构相对指标是指社会经济现象总体内某一部分数值与总体全部数值的比值,反映总体内部结构。

5. 比例相对指标是指将总体内部某一部分的数值与另一部分的数值对比所得到的相对指标。

6. 比较相对指标是把同一时间内同类指标在不同空间状态下的数值对比构成的相对指标。

7. 强度相对指标是指两个性质不同,但有一定联系的总量指标对比得到的相对指标。它反映现象的强度、密度和普及程度。

8. 动态相对指标是指某一指标在不同时间上的数值对比而得到的相对指标。它反映了同类事物在不同时间状态下的对比关系。

【思考与练习】

1. 什么是总量指标? 其作用是什么?

2. 总量指标是如何分类的?

3. 什么是相对指标? 其作用是什么?

4. 相对指标可分为哪 6 种? 各有什么作用和特点?

5. 总量指标和相对指标的运用原则各是什么?

6. 某企业 2004 年计划产值 1 080 万元,计划完成 110%,2004 年产值计划比 2003 年增长 8%,试计算实际产值 2004 年比 2003 年增长百分之几?

7. 某企业产值计划完成 103%,比上年增长 5%,试问计划规定比上年增加多少? 又该企业甲产品每台成本应在去年 699 元的水平上降低 12 元,实际今年成本 672 元,试确定降低成本计划完成情况指标?

8. 某企业劳动生产率 2004 年比 2003 年增长 7%,超额完成计划 2%,试确定劳动生产率增长计划数?

9. 根据下列资料计算正逆强度相对数指标。

年 份	2003	2004
专业卫生人员/万人	246	264.2
医院病床数/万张	185	193.3
全部人口数/万人	95 809	97 092

第五章

SE 综合指标(二)——集中趋势与离中趋势

统计数据分布的特征,可以从三个方面进行测度和描述:一是分布的集中趋势,反映各数据向其中心值靠拢或聚集的程度,如算术平均数;二是分布的离中趋势,反映各数据远离其中心值的程度,如标准差;三是分布的偏态和峰度,反映数据分布的形状。这三个方面分别反映了数据分布特征的不同侧面,第一、二方面是主要的。本章将重点讨论这些代表值的计算方法、特点及其应用场合。

第一节　平均指标的意义

平均指标按照对客观现象平均的时间状况不同,可以分为静态平均指标和动态平均指标。这一章仅介绍静态平均指标。

一、平均指标的概念

平均指标指同质总体某一标志值在一定的时间、地点、条件下所达到的一般水平,是总体的代表值,反映了总体分布的集中趋势。所以,有的教材中称这部分内容为"集中趋势的测定",它和本章第七节标志变异指标(有的教材中也称为"离中趋势的测定")一起分别反映了总体的两种相反的趋势。

所谓"平均",实质上是对总体分布(变量数列)的均匀化。最基本的解释是,对总体内的全部标志值进行"截长补短",使得总体各单位拥有同一水平的数量表现。

平均指标是总体分布的特征值之一。它是总体某一变量数列的代表值，是事物发展变化在数量上的共同表现，反映了总体分布的集中趋势。它依赖于总体各单位的实际数量水平，是对各数量标志值进行抽象概括的结果。

二、平均指标的特点

（一）总体同质性

平均指标只能就同类现象计算，也就是平均指标的各个单位必须具有同类性质，这是计算平均指标的基本前提。如果把不同类现象混同起来计算平均数，就会掩盖现象间本质的差别，所得出的结论，必然不符合客观实际的真实情况。例如，在研究全国职工工资收入时，不能把农民收入和个体经营者收入包括在内加以计算，否则就会夸大或缩小全国职工工资收入水平，以致做出错误的判断和结论。

（二）一般代表性

平均指标以一般水平代表总体各单位数量标志值的具体表现，是反映总体某一数量标志的典型水平或代表性水平。

（三）数量抽象性

统计平均指标将总体各单位某一数量标志的各个差异数值进行抽象，概括地反映这一数量标志在具体时间、地点、条件下达到的一般水平，使人们看不到先进与落后的差别。因此，我们应当一分为二地看待和运用平均指标，要用组平均指标和绝对指标作为补充来说明问题。

三、平均指标的作用

（一）利用平均指标可以将同类现象的一般水平在不同的空间和时间上进行比较

例如，比较生产同类产品的几个不同企业的产品成本水平，若选择总成本对比，显然不尽合理，因为它受企业的生产规模、产品产量的影响，而采用平均单位成本对比，不仅能反映企业生产水平的高低，更能综合表明企业各项工作的成绩。

平均指标用于同类现象在不同时间的对比，可以反映现象在时间上发展变化的规律性。例如，将历年来职工的平均工资排列对比，可以明显地看出职工收入水平呈不断增长的趋势。

（二）利用平均指标可以分析现象之间的依存关系

事物都是在一定的条件下或一定的环境中相互依存的。为了研究事物之间相互依存的数量表现,也常常需要运用平均指标。例如,收入水平与劳动生产率之间、费用水平与商品流转规模之间、农作物的施肥量与产量之间,都存在着一定的依存关系。在分析这种关系时,就不能不使用平均指标。

(三)平均指标是统计推断的一个重要参数

平均指标是统计推断最常用的参数。例如,在利用样本资料来推算总体的指标时,就常用样本平均数来推断总体平均数这一总体指标。在统计预测中有时也使用平均指标来预测未来。

四、平均指标的种类

平均指标有多种不同的计算方法,因而也有不同的类别,主要有算术平均指标、调和平均指标、几何平均指标、中位数和众数。其中前三种平均指标都是根据各单位标志值计算求得的,因而称为数值平均数;而中位数和众数是根据标志值所在的位置来确定的,所以称为位置平均数。

第二节　算术平均指标

一、算术平均指标的基本计算公式

算术平均指标也叫算术平均数,是统计中最基本最常用的一种综合指标。它是将总体各单位的标志值相加求其算术总和,然后除以总体单位个数而得。其基本公式:

$$算术平均数 = \frac{总体标志总量}{总体单位总量} \qquad (5\text{-}1)$$

这里需要指出的是,上式的分子和分母存在着密切的关系:其分子(总体标志总量)是由分母中总体单位本身所具有的某种标志值加总而得到的,这是平均指标与强度相对指标最本质的区别。

若具备总体标志总量与总体单位总量时,可直接利用上面的公式计算;在不具备上述条件时,可根据具体情况而定,通常可分为简单算术平均数和加权算术平均数两种情况。

二、简单算术平均数

在计算算术平均数时,若掌握的资料是总体各单位的标志值,那么就可以将总体各单位的标志值简单相加求得标志总量,然后除以总体单位总量,即得算术平均数。这种方法通常称为简单算术平均法。

用公式表示:

$$\bar{x} = \frac{x_1 + x_2 + x_3 + \cdots + x_n}{n} = \frac{\sum x_i}{n}$$ (5-2)

式中:$\bar{x}$ 代表算术平均数;x_i 代表各单位标志值;n 代表总体单位数;$\sum$ 代表求和的符号。

［例5-1］　某生产小组有12名工人,每个工人日产某种产品件数为:17,15,18,16,17,16,14,17,16,15,18,16,则该班组平均工人日产量为:

$$\bar{x} = \frac{17 + 15 + 18 + 16 + 17 + 16 + 14 + 17 + 16 + 15 + 18 + 16}{12} 件 =$$

$$\frac{195}{12} 件 = 16.25 件$$

三、加权算术平均数

加权算术平均数一般用来计算分组资料的算术平均数,它是用标志值乘以相应的各组单位数求出各组的标志总量,并加总求得总体标志总量,再除以总体单位总数即得。

设有 n 个标志值 $x_1, x_2, x_3, \cdots, x_n$,如果以 $f_1, f_2, f_3, \cdots, f_n$ 为各标志值的权数或次数,则 x 的加权算术平均数为:

$$\bar{x} = \frac{x_1 f_1 + x_2 f_2 + x_3 f_3 + \cdots + x_n f_n}{f_1 + f_2 + f_3 + \cdots + f_n} = \frac{\sum xf}{\sum f}$$ (5-3)

式中:f 代表分组资料中各组的次数。

［例5-2］　某车间有工人120人,将他们每人每日生产某种零件数编制成单项数列,如表5-1所示。

工人平均日产量:

$$\bar{x} = \frac{\sum xf}{\sum f} = \frac{3194}{120} 件 = 26.6 件$$

从以上的例题中可以看到,加权算术平均数同时受到标志值与权数的影响。其中权数起着权衡标志值对平均数影响程度的作用。一般说来,在分组资料中,标志值小的组拥有较多的次数时,平均数倾向于标志值小的一方;当标志值大的组拥有较多的次数时,平均数倾向于标志值大的一方。这里所谓权数的大小,并不是以权数本身值的大小而言的,而是指各组单位数占总体单位数的比重,即权重系数。权重系数亦称为频率,是一种结构相对数。用频率为权数的加权算术平均数等于各组变量值乘以相应的频率之和。即:

表 5-1 加权算术平均数计算举例

工人日产零件量 x/(件·人$^{-1}$)	工人数 f/人	日总产量 xf/件
20	10	200
22	12	264
24	25	600
26	30	780
30	18	540
32	15	480
33	10	330
合　　计	120	3 194

$$\bar{x} = \frac{\sum xf}{\sum f} = x_1 \frac{f_1}{\sum f} + x_2 \frac{f_2}{\sum f} + \cdots + x_n \frac{f_n}{\sum f} = \sum x \frac{f}{\sum f} \quad (5\text{-}4)$$

式中:$\dfrac{f}{\sum f}$ 代表各组次数占总体次数的比重。

需要说明的是,根据组距数列计算算术平均数时,应取各组的组中值作为该组的标志值。此时,假定各组内的标志值是均匀分布的,其结果是平均数的近似值。

[例 5-3] 一批零件的测量误差分组资料如表 5-2 所示,求这批零件的平均测量误差。

表 5-2 加权算术平均数计算举例

测量误差 /厘米	组中值 x /厘米	权数 f	权重系数 $\dfrac{f}{\sum f}$	组中值×权重系数/厘米 $\left(x \cdot \dfrac{f}{\sum f}\right)$
0~15	7.5	15	0.375	2.81
15~30	22.5	13	0.325	7.31
30~45	37.5	8	0.200	7.50
45~60	52.5	4	0.100	5.25
合　　计	—	40	1.000	22.87

解 表 5-2 中的第二列计算了各组的组中值,第四列计算了各组的权重

系数。从计算结果可以看出,用权重系数计算加权算术平均数,其结果完全一样。

$$\bar{x} = \frac{\sum xf}{\sum f} = \frac{7.5 \times 15 + 22.5 \times 13 + 37.5 \times 8 + 52.5 \times 4}{40} \text{厘米} =$$

22.87 厘米

四、算术平均数的数学性质

(1)各标志值与算术平均数离差之和等于零。即:

$$\sum (x - \bar{x}) = 0$$

$$\sum (x - \bar{x})f = 0$$

算术平均数的这一性质也可以表述为:总体标志总量等于算术平均数与总体单位数的乘积。即:

$$\sum x = \bar{x} \cdot f$$

$$\sum xf = \bar{x} \cdot \sum f$$

(2)各标志值与算术平均数的离差平方和为最小,即小于各标志值与任意常数的离差平方和。即:

$$\sum (x - \bar{x})^2 = \min$$

$$\sum (x - \bar{x})^2 < \sum (x - x_0)^2$$

$$\sum (x - \bar{x})^2 f < \sum (x - x_0)^2 f$$

式中:x_0 代表不等于 $\bar{x}$ 的任意常数。

(3)各标志值加或减一个任意常数 A,则算术平均数也加或减 A。即:

$$\frac{\sum (x \pm A)}{n} = \bar{x} \pm A \tag{5-5}$$

$$\frac{\sum (x \pm A)f}{\sum f} = \bar{x} \pm A \tag{5-6}$$

(4)每个标志值乘以或除以一个任意常数 A,则算术平均数也乘以或除以 A。即:

$$\left.\begin{array}{l} \dfrac{\sum xA}{n} = A\bar{x} \\[3mm] \dfrac{\sum (xA)f}{\sum f} = A\bar{x} \end{array}\right\} \tag{5-7}$$

$$\left.\begin{array}{l} \dfrac{\sum \dfrac{x}{A}}{n} = \dfrac{\bar{x}}{A} \\[5mm] \dfrac{\sum \left(\dfrac{x}{A}\right)f}{\sum f} = \dfrac{\bar{x}}{A} \end{array}\right\} \tag{5-8}$$

算术平均数的这四个性质非常重要,其中在前两个性质的基础上可以引申出标志变异指标的测定方法,并且是建立回归模型的数理基础;后两个性质是算术平均数简捷计算法的数理基础。

五、算术平均数的简捷计算

(1)根据算术平均数的性质(3),可得加权算术平均数的简捷计算公式:

$$\bar{x} = \frac{\sum (x \mp A)f}{\sum f} \pm A \tag{5-9}$$

式中,A 为假定的平均数,一般以接近于实际平均数的整数为好,这样可以降低整个数量的标志值,达到简化计算的目的。

[例5-4] 仍用表5-1的例子,假定平均数为 26 件,即 $A = 26$ 件,用简捷法计算如表5-3 所示。

表 5-3 算术平均数的简捷计算法

工人日产零件量 x/(件·人$^{-1}$)	工人数 f/人	$x - A$	$(x-A)f$
20	10	-6	-60
22	12	-4	-48
24	25	-2	-50
26	30	0	0
30	18	4	72
32	15	6	90
33	10	7	70
合　　计	120	—	74

$$\bar{x} = \frac{\sum (x - A)f}{\sum f} + A = \left(\frac{74}{120} + 26 \right) 件 = 26.6 件$$

(2)根据算术平均数的后两个性质,可得简捷公式

$$\bar{x} = \frac{\sum \left(\dfrac{x - A}{\Delta} \right) f}{\sum f} \cdot \Delta + A \qquad (5\text{-}10)$$

这里的 Δ 是等距分组情况下,各组组距。

[例5-5] 某市职工生活费支出和人数如表5-4所示。

表5-4 算术平均数的简捷计算法

职工生活 费支出/元	组中值 x/元	职工人数 f/人	$\dfrac{x-A}{\Delta}$	$\left(\dfrac{x-A}{\Delta} \right) f$
不满150	145	11 783	-3	-35 349
150～160	155	11 925	-2	-23 850
160～170	165	12 033	-1	-12 033
170～180	175	24 894	0	0
180～190	185	13 267	1	13 267
190～200	195	12 042	2	24 084
200以上	205	11 856	3	35 568
合　计	—	97 800	—	1 687

注:$A = 175$;$\Delta = 10$

$$\bar{x} = \frac{\sum \left(\dfrac{x - A}{\Delta} \right) f}{\sum f} \cdot \Delta + A = \left(\frac{1\ 687}{97\ 800} \times 10 + 175 \right) 元 = 175.17 元$$

第三节   调和平均指标

调和平均指标也叫调和平均数,它是标志值倒数的算术平均数的倒数,所以又称为倒数平均数。它可以分为简单调和平均数和加权调和平均数两种。

一、简单调和平均数

简单调和平均数是各单位标志值倒数的简单算术平均数的倒数,下面结合实例加以说明。

[例5.6]　设市场上某种蔬菜早市每千克0.50元,中午每千克0.40元,晚市每千克0.25元,若早、中、晚各买1元,问平均价格是多少?

从以下几个方面加以分析:

(1)早、中、晚各买1元,共买了3元;

(2)早上1元买了$\dfrac{1\ 元}{0.50\ 元/千克}=2$ 千克,中午1元买$\dfrac{1\ 元}{0.40\ 元/千克}=2.5$ 千克,晚上1元买了$\dfrac{1\ 元}{0.25\ 元/千克}=4$ 千克,一天共买了2 千克 + 2.5 千克 + 4 千克 = 8.5 千克;

(3)平均每元可以买蔬菜$\dfrac{2+2.5+4}{3}$千克 = 2.833 千克;

(4)平均价格为:$\dfrac{标志总量}{总体总量}=\dfrac{3\ 元}{8.5\ 千克}=0.353$ 元/千克,或为$\dfrac{1\ 元}{2.833\ 千克}=$ 0.353 元/千克。

把以上过程联系起来,平均价格是这样一个计算过程:

$$平均价格 = \frac{1+1+1}{\dfrac{1}{0.5}+\dfrac{1}{0.4}+\dfrac{1}{0.25}}元/千克 = \frac{1}{\dfrac{\dfrac{1}{0.5}+\dfrac{1}{0.4}+\dfrac{1}{0.25}}{3}}元/千克 = 0.353$$

元/千克

根据上述计算,可以得出简单调和平均数的计算公式:

$$H = \frac{n}{\dfrac{1}{x_1}+\dfrac{1}{x_2}+\cdots+\dfrac{1}{x_n}} = \frac{n}{\sum \dfrac{1}{n}} \tag{5-11}$$

式中:H代表调和平均数;x代表各标志值;n代表变量值的个数。

二、加权调和平均数

[例5-7]　例5-6中,早、中、晚各买1元钱的蔬菜,现在假设早、中、晚各购买不同金额的蔬菜如表5-5所示,则:

平均价格为:

$$H = \frac{4+5+6}{\dfrac{4}{0.50}+\dfrac{5}{0.40}+\dfrac{6}{0.25}}元/千克 = \frac{15}{44.5}元/千克 = 0.337 元/千克$$

这里是以采购金额为权数计算的加权调和平均数。

用公式表示:

表5-5　加权调和平均数的计算

| | 价格/(元·千克$^{-1}$) | 采购金额/元 | 采购量/千克 |
	x	m	m/x
早　市	0.50	4	8
中　午	0.40	5	12.5
晚　市	0.25	6	24
合　计	—	15	44.5

$$H = \frac{m_1 + m_2 + \cdots + m_n}{\dfrac{m_1}{x_1} + \dfrac{m_2}{x_2} + \cdots + \dfrac{m_n}{x_n}} = \frac{\sum m}{\sum \dfrac{m}{x}} \tag{5-12}$$

从形式上说，算术平均数与调和平均数的原式存在两点区别：一是算术平均数以 x 为变量，调和平均数则以 $1/x$ 为变量；二是算术平均数的权数是 f，代表次数（单位数），而调和平均数的权数是 xf，代表标志总量，但两者实质上都是标志总量与总体单位数之比。调和平均数可以称为算术平均数的变形。

三、运用调和平均数应注意的问题

（1）当变量数列有一变量 x 为零时，调和平均数公式的分母将等于无穷大，因而无法求出一确定的平均值。

（2）调和平均数和算术平均数一样，易受极端变量值的影响，当数列存在极端大的数值时，调和平均数增大；当存在极端小的数值时，调和平均数减小。

（3）要注意区分调和平均数和算术平均数的使用条件，灵活运用。

第四节　几何平均指标

几何平均指标也叫几何平均数，是计算平均比率和平均速度最适用的一种方法。它也有简单几何平均数和加权几何平均数之分。它适用于各变量值之间存在环比关系的时候，例如，各年发展速度之间，流水生产线各车间的产品合格率之间，各年银行存款利率之间等都存在这种关系。

一、简单几何平均数

简单几何平均数是 n 个标志值连乘积的 n 次方根，其计算公式为：

$$G = \sqrt[n]{x_1 \cdot x_2 \cdot x_3 \cdots x_n} = \sqrt[n]{\prod x} \qquad (5\text{-}13)$$

式中：G 代表几何平均数；x 代表标志值；n 代表标志值的个数；$\prod$ 代表连乘的符号。

[例 5-8] 某机械厂设有毛坯车间、粗加工车间、精加工车间、组装车间 4个流水作业车间，某月份各车间的产品合格率分别为 96%，95%，92%，94%，求各车间产品的平均合格率。即：

$$G = \sqrt[4]{96\% \times 95\% \times 92\% \times 94\%} = 94.23\%$$

二、加权几何平均数

对于分组资料 $x_1, x_2, x_3, \cdots, x_n$，若其相应的次数为 $f_1, f_2, f_3, \cdots, f_n$，则必须以指数形式给各变量值加权，然后求其平均数。其计算公式为：

$$G = \sqrt[(f_1 + f_2 + \cdots + f_n)]{x_1^{f_1} \cdot x_n^{f_2} \cdots x_n^{f_n}} = \sqrt[\sum f_i]{\prod x_i^{f_i}} \qquad (5\text{-}14)$$

[例 5-9] 某商业银行从 1987—1999 年，12 年的银行存款利率分配如表5-6 所示，求年平均利率。

解 先要对各年的利率加上 100%，求出平均年本利率，再减去 100%，即为年平均利率。

表 5-6　加权几何平均数计算举例

利率 x/%	3	5	8	10	15
年数 f/年	4	2	2	3	1
年本利率 $(1+x)$/%	103	105	108	110	115
$(1+x)^f$	1.125 5	1.102 5	1.166 4	1.331 0	1.150 0
$\prod (1+x)^f$	1.125 5	1.240 9	1.447 3	1.926 4	2.215 4

根据上表的计算结果，可得平均年本利率为：

$$G = \sqrt[(4+2+2+3+1)]{1.125\ 5 \times 1.102\ 5 \times 1.166\ 4 \times 1.331\ 0 \times 1.150\ 0} = \sqrt[12]{2.215\ 4} = 1.068\ 2$$

所以，年平均利率为 $G - 1 = 106.82\% - 100\% = 6.82\%$

三、运用几何平均数应注意的问题

由于几何平均数是一种特殊的平均数，所以，在运用几何平均数时应注意以下问题：

（1）在数列的标志中，若有一个变量数值为0，则几何平均数等于0；

（2）用等比数列计算几何平均数不会受极端值的影响，而用环比数列计算几何平均数，则受最初水平和最末水平的影响；

（3）在我国统计实务中，几何平均数主要用于计算平均发展速度，属于动态平均数，而计算静态数列时，使用较少。

第五节　中位数与众数

一、位置平均数的意义

中位数与众数合称为位置平均数，它是一种特殊的平均数。前面介绍的几种平均数都是根据总体各单位的标志值（即变量值）来计算的，各标志值的次数（f）分布仅仅起着权数的作用。而中位数和众数不同，它们是根据各个变量在数列中的位置来确定的，所以才叫位置平均数，它不会受极端变量值的影响。当总体单位数目很大，总体分布趋于对称分布时，算术平均数、调和平均数和几何平均数位于分布中心轴上，并且大部分单位的标志值集中在平均数周围。当数列分布很不对称，且数列极端变量值影响很大时，一般平均数就会失去代表值的意义，这时用众数和中位数就更具有代表性。如常用人口年龄的中位数来说明人口年龄类型，常用价格众数代表某种商品的市价。再例如，服装厂和鞋帽厂在确定产品的生产规格时，也不能用算术平均数、调和平均数等，而只能用众数来确定。

二、中位数

（一）中位数的概念

中位数（Me）是指位于总体分布中点位置上的标志值。所谓分布中点，意味着有一半单位的标志值小于该点的标志值，而另一半单位的标志值必定大于该点的标志值。由此可见，中位数的大小不受两端值的影响，也不受各变量变动大小的影响，仅受所处位置的影响。由于许多事物的分布均呈正态分布或近似正态分布，因此，中位数可以从另一侧面反映次数分布的集中趋势。

（二）中位数的确定方法

1. 根据未分组资料确定中位数

对于未分组的资料 $x_1, x_2, x_3, \cdots, x_n$ 进行排序, 若 n 为奇数, 则第 $\frac{n+1}{2}$ 项的标志值就是中位数; 若 n 为偶数, 则中位数等于第 $\frac{n}{2}$ 项的标志值与第 $\frac{n}{2}+1$ 项的标志值的简单算术平均数。即:

$$Me = \begin{cases} x_{\frac{n+1}{2}} & \text{当 } n \text{ 为奇数} \\ \dfrac{x_{\frac{n}{2}} + x_{\frac{n}{2}+1}}{2} & \text{当 } n \text{ 为偶数} \end{cases} \qquad (5-15)$$

[例 5-10] 求数列 5,6,7,9,12,16,20 的中位数。这个数列共有 7 项, 所以第 4 项的标志值就是中位数, 即:

$$Me = x_4 = 9$$

[例 5-11] 某班战士 10 人身高分别为 1.65 米、1.67 米、1.68 米、1.70 米、1.72 米、1.74 米、1.75 米、1.76 米、1.77 米、1.78 米, 求中位数。

解 由于 $n = 10$ 为偶数, 故:

$$x_{\frac{n}{2}} = x_{\frac{10}{2}} = x_5 = 1.72 \text{ 米}; \quad x_{\frac{n}{2}+1} = x_{\frac{10}{2}+1} = x_6 = 1.74 \text{ 米}$$

$$Me = \frac{1.72 + 1.74}{2} \text{ 米} = 1.73 \text{ 米}$$

2. 根据分组资料确定中位数

分组资料可以分为单项式变量数列和组距式变量数列。

(1) 对于单项式变量数列

首先, 要确定中位点 $\left(\dfrac{\sum f}{2}\right)$ 所在的组, 即累计次数的半值;

其次, 找出中位数所在的组, 即含累计次数半值的组, 该组的变量值就是中位数。

[例 5-12] 某生产车间 120 名工人生产某种零件的日产量分组资料如表 5-7 所示, 确定该车间工人日产量的中位数。

中位点 $\dfrac{\sum f}{2} = \dfrac{120}{2} = 60$, 累计次数 $\sum f$ 中含有 $\dfrac{\sum f}{2}$ 的累计次数为 77 (向上累计) 或 73 (向下累计), 该组即为中位数组, 由此可以确定中位数为 26 件。

(2) 对于组距式变量数列

由组距数列确定中位数, 同样要先按中位点的公式 $\left(\dfrac{\sum f}{2}\right)$ 确定中位数所在的组, 然后按照下限公式或上限公式来计算中位数。

表 5-7 某生产车间工人日产量分组资料

日产量/(件·人⁻¹)	工人数/人	累计次数 ∑f	
x	f	向上累计	向下累计
20	10	10	120
22	12	22	110
24	25	47	98
26	30	77	73
30	18	95	43
32	15	110	25
33	10	120	10
合　计	120	—	—

下限公式:

$$Me = L + \frac{\frac{\sum f}{2} - S_{m-1}}{f_m} \times i \qquad (5-16)$$

式中:L 代表中位数所在组的下降;S_{m-1} 代表中位数所在组前一组的累计次数(其累计次数按向上累计计算);f_m 代表中位数所在组的次数;i 代表中位数所在组的组距。

上限公式:

$$Me = U - \frac{\frac{\sum f}{2} - S_{m+1}}{f_m} \times i \qquad (5-17)$$

式中:U 代表中位数所在组的上限;S_{m+1} 代表中位数组前一组的累计次数(累计次数按向下累计计算)。

[例5-13] 某市 2004 年对国有企业职工月收入进行抽样调查,资料见表 5-8,试确定职工收入的中位数。

中位数位次 $= \frac{\sum f}{2} = \frac{500}{2} = 250$

根据下限公式计算:

第 4 组累计次数为 345,包含 250,故该组为中位数所在的组。

$$Me = 1\ 100\ 元 + \frac{\frac{500}{2} - 240}{105} \times 300\ 元 = 1\ 128.57\ 元$$

根据上限公式计算：

第4组累计次数为260,包含250,故该组为中位数所在的组。

$$Me = 1\ 400\ 元 - \frac{\frac{500}{2} - 155}{105} \times 300\ 元 = 1\ 128.57\ 元$$

表5-8　某市2004年国有企业职工月收入抽样调查资料

月收入额/元 x	工人数/人 f	累计次数 $\sum f$	
		向上累计	向下累计
500 以下	40	40	500
500 ~ 800	90	130	460
800 ~ 1 100	110	240	370
1 100 ~ 1 400	105	345	260
1 400 ~ 1 700	70	415	155
1 700 ~ 2 000	50	465	85
2 000 以上	35	500	35
合　计	500	—	—

三、众数

(一)众数的概念

众数是指总体中出现次数最多的标志值,它能够鲜明地反映数据分布的集中趋势。它既不受极端变量值大小的影响,也不受极端变量值位置的影响。在总体单位数多且有明显集中趋势时,确定众数既方便又意义明确。如果总体单位数较少,或虽多但无明显集中趋势,就不存在众数。变量数列中有两个或几个变量值的次数都比较集中时,就可能有两个或几个众数,这时称为复众数,在实际工作中应用较为普遍,如服装鞋帽的尺码。

(二)众数的确定

1. 单项式数列确定众数

对于单项式数列,可以根据定义直接求出,如例5-12的众数为26。

2. 组距式数列确定众数

对于组距式数列,应先根据定义确定众数所在的组,然后用众数的上下限公式求出众数的具体位置。

(1)上限公式：

$$Mo = U - \frac{\Delta_2}{\Delta_1 + \Delta_2} \cdot i \qquad (5-18)$$

式中：U 代表众数所在组的上限；Δ_1 代表众数所在组次数与下一组次数之差；Δ_2 代表众数所在组次数与上一组次数之差；i 代表组距。

（2）下限公式：

$$Mo = L + \frac{\Delta_1}{\Delta_1 + \Delta_2} \cdot i \qquad (5-19)$$

式中：L 代表众数所在组的下限。

从公式中可以看出，当众数组确定以后，众数具体数值的大小取决于相邻两组次数的大小，若相邻两组的次数相等，则众数组的组中值就是众数；如果众数组的下一组的次数比上一组多，则众数靠近下限，否则靠近上限。

[**例 5-14**]　数据资料同例 5-13。由表 5-8 可知，众数组为 800 ~ 1 100 组，并且 $L = 800$；$U = 1\,100$；$\Delta_1 = 110 - 90 = 20$；$\Delta_2 = 110 - 115 = 5$。

根据下限公式计算：

$$Mo = 800 \text{ 元} + \frac{20}{20 + 5} \times 300 \text{ 元} = 1\,040 \text{ 元}$$

根据上限公式计算：

$$Mo = 1\,100 \text{ 元} - \frac{5}{20 + 5} \times 300 \text{ 元} = 1\,040 \text{ 元}$$

四、算术平均数、中位数、众数之间的关系

众数、中位数与算术平均数之间存在着一定的数量关系，这种关系取决于总体内部的分布情况。如果次数分布是对称的钟型分布，则三者相同，即 $\bar{x} = Me = Mo$，如图 5-1 所示。

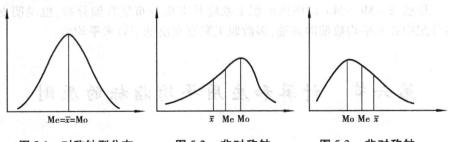

图 5-1　对称钟型分布　　图 5-2　非对称钟　　图 5-3　非对称钟
　　　　　　　　　　　　　　　型分布（左偏）　　　　型分布（右偏）

若次数分布是非对称的钟型分布，则算术平均数、中位数、众数就有一定的差别，这种差别取决于非对称程度。非对称程度愈大，它们之间差别愈大，

反之愈小。如果存在极端变量值,变量分布就会偏斜。若分布左偏,众数最大,算术平均数最小,即 $Mo > Me > \bar{x}$,如图 5-2 所示;若分布右偏,则算术平均数最大,众数最小,即 $\bar{x} > Me > Mo$,如图 5-3 所示。

无论左偏还是右偏,中位数总是居于算术平均数和众数中间,之所以能形成这样的关系是由于三者受极端变量值的影响程度不同。众数是次数分布最多的变量值,它既不受变量值大小的影响,也不受变量值位置的影响;中位数仅受变量值位置的影响,不受变量值大小的影响;只有算术平均数是根据所有变量值计算的,故受极端变量值的影响最大。

根据经验,在偏斜适度的情况下,不论左偏还是右偏,中位数与算术平均数之差约等于众数与算术平均数之差的 1/3,即:

$$| Me - \bar{x} | = \frac{1}{3} | Mo - \bar{x} | \tag{5-20}$$

由此可得以下三个关系式:

$$\begin{cases} \bar{x} = \dfrac{3Me - Mo}{2} \\[2mm] Me = \dfrac{Mo + 2\bar{x}}{3} \\[2mm] Mo = 3Me - 2\bar{x} \end{cases} \tag{5-21}$$

可以利用这些关系,从已知的两个平均指标来估计另一个平均指标。

[例 5-15] 根据某城市抽样调查队的抽样资料显示:该市职工的家庭月支出的众数为 1 040 元,中位数为 1 128.57 元,问算术平均数为多少? 其分布呈何形态?

解 $\bar{x} = \dfrac{3Me - Mo}{2} = \dfrac{3 \times 1\,128.57 - 1\,040}{2}$元 = 1 172.86 元

显然,$\bar{x} > Me > Mo$,说明该市职工家庭月支出分布呈右偏分布,也说明支出分配中算术平均数偏向高端,多数职工家庭支出低于算术平均数。

第六节 计算和应用平均指标的原则

一、只有在同质总体内才能计算和应用平均指标

这是计算平均指标的必要前提和基本原则。正如马克思所指出的"平均

量始终只是同种的许多不同的个别量的平均数"*。所谓同质性,就是研究现象总体的各个单位在某一标志上的性质相同。只有在同质总体中,总体各单位才具有共同的特征,从而才能计算它们的平均数来反映其一般水平。如果总体各单位是不同质的,那么计算出来的平均指标,非但不能说明事物的性质及其规律性,反而会掩盖现象之间的本质差别,甚至歪曲事实真相。

二、用组平均数补充说明总平均数

因为平均数是把总体各部分之间的差异抽象化了,因此,仅仅运用总平均数还不能完全反映总体的特征,还要对总体进行分组,计算组平均数,利用组平均数来补充说明总平均数,反映现象内部结构组成的影响。

[例5-16]　某企业新老职工人数及工资情况如表5-9所示。

表5-9　职工人数及工资情况表

	1998 年			1999 年		
	工人数	工资总额/元	平均工资/元	工人数	工资总额/元	平均工资/元
新工人	100	23 200	232	400	94 000	235
老工人	400	184 000	460	600	279 000	465
合　计	500	207 200	414.4	1 000	373 000	373

从总水平上看1998年总平均工资为414.4元,1999年总平均工资为373元,工资水平下降了,而这与新老职工的工资实际上是增加的情况不一致。出现这一现象的原因是由于在工人中新老工人的工资水平不同,且新老工人所占的比例不同。1998年新工人占职工总数的1/5,1999年占2/5,从而造成工资总水平有所下降。所以,在具体分析某一社会现象时,必须把总平均指标与分组法结合起来,用组平均数补充说明总平均数,才能比较全面地反映事物的真实情况。

三、用分组数列补充说明平均数

平均指标只能反映总体各单位的一般水平,掩盖了变量数列中各标志值的差别,在实际工作中为了更深入地说明问题,需按被平均标志对总体进行分组,用分配数列补充说明总平均数。例如,研究居民平均收入时,要结合变量数列对高收入层、低收入层的具体情况作分析。

---

* 《马克思·恩格斯全集》第23卷,第359页。

第七节 标志变异指标的意义

一、标志变异指标的概念

标志变异指标是用来说明总体各单位的标志值之间差异程度的综合指标,也称为标志变动度。它主要包括:全距、分位差、平均差、标准差以及全距系数、平均差系数、标准差系数等。

平均指标是将总体各单位某一数量标志值的差异抽象化,只反映总体的一般水平与共性,反映的是总体的集中趋势;同时,也掩盖了总体各单位的数量差异,不能全面描述总体分布的特征。标志变异指标弥补了这个不足,反映了总体各单位的标志值之间的差异性,从另一方面说明总体分布的特征,反映的是总体分布的离中趋势。

二、标志变异指标的作用

(一)标志变异指标是衡量平均指标代表性大小的重要尺度

平均指标是总体一般数量水平的代表值,其代表性取决于总体各单位的标志值的差异程度,而标志变异指标正是用来反映这种差异的。一般说来,标志变异指标越大,平均数的代表性越小;标志变异指标越小,平均数的代表性越大;标志变异指标为零,平均数就具有完全的代表性。

[例5-17] 下面三组大学生的年龄数列就是如此。

甲组:17,18,19,19,21,22,24 $\bar{x}_甲 = 20$ 岁;

乙组:20,20,20,20,20,20,20 $\bar{x}_乙 = 20$ 岁;

丙组:19,19,19,20,21,21,21 $\bar{x}_丙 = 20$ 岁。

上面三组大学生的平均年龄,虽然都为 20 岁,但是甲组没有一个是 20 岁,且年龄差距较大(相差 7 岁);丙组中有一个年龄为 20 岁,且年龄差距较小(相差 2 岁);乙组中的 7 个同学年龄都是 20 岁,年龄差距为 0。显然,乙组平均数的代表性最大,丙组次之,甲组最差。所以,平均数的代表性取决于它所代表的那个总体各单位之间的差异程度。

(二)标志变异指标是反映社会经济活动过程的均衡性与协调性的重要指标

一般说来,变异指标值越小,现象变动越均匀稳定;反之,则均衡性或稳定性较差。例如,在考察工业企业生产情况时,对照计划任务指标,如果各月的产量变动较大,说明该企业的均匀性或稳定性较差,生产是无节奏的,存在突出的问题,应查明原因,采取措施调整生产。

(三) 标志变异指标是抽样方案设计的依据之一

在抽样方案设计中,调查的费用和调查结果的准确性始终是一对矛盾。合理的调查方案就是在一定的调查费用下,取得尽可能准确的调查结果;或在一定精度要求下,花费较少。此时,就需要确定必要抽样数目,而必要抽样数目的大小又和被调查总体各单位之间的差异程度有直接的关系。这个问题我们将在"抽样组织与假设检验"中详细介绍。

三、标志变异指标的种类

根据比较的标准不同,可将标志变异指标分为三类。

(一) 以标志值之间相互比较的方式来说明变异情况

属于这类指标的有全距、分位差等。这类指标计算简单,但易受极端变量值的影响,只能粗略地反映现象的标志变异程度。

(二) 以平均数为比较标准来说明标志变异情况

属于这类指标的有平均差、标准差,以及在这些指标的基础上计算的说明标志变异相对程度的各种变异系数。它们都是说明标志值对于平均数的离散程度。

(三) 以正态分布为标准来说明分配数列的偏离情况

属于这类指标的有偏度和峰度,前者表明分布曲线的偏斜程度,后者表明分布曲线的尖峭程度的。本书考虑到读者对象的特点,不予介绍。

第八节 全距、四分位差和平均差

一、全距

全距又称"极差",是指数列中最大的标志值与最小的标志值的差。若以 Δ 表示全距,则有:

$$\Delta = 最大的标志值 - 最小的标志值 \tag{5-22}$$

[例5-18] 上节例5-17中甲、乙、丙三组的全距分别为:7,0,2岁。

对于组距式分组数列,则:

$$\Delta = 最高组的上限 - 最低组的下限 \qquad (5\text{-}23)$$

全距是一种绝对数,其计量单位和标志值的计量单位相同。它是用标志值的变动范围来表示总体单位标志值的差异程度的,而将全距与算术平均数对比称为全距系数,用 V_Δ 表示。它表示标志值变动范围的相对数。

$$全距系数(V_\Delta) = \frac{全距(\Delta)}{算术平均数(\bar{x})} \qquad (5\text{-}24)$$

全距是测度总体单位数量差异水平的一种最简便的方法,但它只是根据标志值的极端值来计算,忽略了其他标志值的差异水平。因此,难以充分和准确地反映总体单位的实际离散程度。

在实际工作中,全距可以用来检查产品质量的稳定性和进行质量控制。因为在正常生产条件下,产品质量比较稳定,全距在一定范围内波动,若全距超过给定的范围,就说明有不正常情况发生。所以,利用全距有助于及时发现问题,以便采取措施,保证产品质量。

二、四分位差

由于全距受极端变量值的影响极大,所以为了避免极端变量值对测定标志变异指标的影响,则引入了四分位差,用以表示标志值的变动范围。首先,把分配数列按标志值从小到大将总体单位数分成相等的四个部分,这样在整个分配数列中便有位次相等的三个位置数:第一个四分位数,第二个四分位数,第三个四分位数。第二个四分位数实际上就是中位数。第一个四分位数是数列首项至中位数的中间位置数,第三个四分位数是中位数至数列末项的中间位置数。去掉前四分之一,去掉后四分之一,用第三个四分位数与第一个四分位数之差除以 2 所得的平均差距,就叫做四分位差。它排除了数列两端各四分之一单位标志值的影响,反映了分配数列中间部分各单位标志值的最大数与最小数距离中位数的平均离差。这种离差越小,表明各标志值变动的集中程度越大;反之,这种离差越大,表明各标志值变动的集中程度越小。现以 Q 代表四分位差,Q_1 代表第一个四分位数,Q_3 代表第三个四分位数,其计算公式如图 5-4 所示:

在四分位差的基础上,又产生了十分位差、百分位差和千分位差,其原理都是一样的。这种为了消除极端变量值对测定结果的影响方法,在现实生活中是常见的。例如在电视歌手大奖赛中,对评委打分的处理是去掉一个最高分,去掉一个最低分,然后计算评委们的最终打分,就是采用这一思路进行的。由于分位差的计算过程比较烦琐,在实际工作中应用也较少,就不再具体介绍

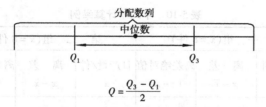

$$Q = \frac{Q_3 - Q_1}{2}$$

图 5-4 四分位差计算示意图

分位差的确定方法。在这里需要重点理解的是这种处理问题的思路。

三、平均差 ($A \cdot D$)

平均差是指各标志值与其算术平均数离差的绝对值的算术平均数。由于各个标志值对算术平均数的离差有正有负,其和为零。因此需采用离差的绝对值来计算。平均差仅反映总体各单位的标志值对其平均数的平均离差量。平均差愈大,表明标志变异程度愈大;反之,则表明标志变异程度愈小。用公式表示为:

在资料未分组的情况下:

$$A \cdot D = \frac{\sum |x - \bar{x}|}{n} \tag{5-25}$$

在资料分组的情况下:

$$A \cdot D = \frac{\sum |x - \bar{x}| f}{\sum f} \tag{5-26}$$

或

$$A \cdot D = \sum |x - \bar{x}| \times \frac{f}{\sum f} \tag{5-27}$$

平均差是反映标志变动程度的平均指标,其计量单位与标志值的计量单位相同。它除了受标志变异程度的影响外,还受变量水平的影响,为了消除这一影响,需要从相对数的角度加以剔除,这就是平均差系数 ($V_{A \cdot D}$),用平均差与其算术平均数进行对比。计算公式为:

$$V_{A \cdot D} = \frac{A \cdot D}{\bar{x}} \times 100\% \tag{5-28}$$

[**例** 5-19] 某企业有两个生产班组各 10 名工人,日产量资料如表 5-10 所示,试分别计算其平均差及平均差系数。

$$\bar{x}(\text{第一组}) = \frac{\sum x}{n} = \frac{80}{10} \text{件} = 8 \text{件}$$

表 5-10 平均差计算举例

第　一　组($\bar{x}=8$件)			第　二　组($\bar{x}=8$件)		
日产量/件	离　差	离差绝对值	日产量/件	离　差	离差绝对值
x	$x-\bar{x}$	$\vert x-\bar{x}\vert$	x	$x-\bar{x}$	$\vert x-\bar{x}\vert$
7	-1	1	1	-7	7
7	-1	1	2	-6	6
8	0	0	4	-4	4
8	0	0	7	-1	1
8	0	0	8	0	0
8	0	0	9	1	1
8	0	0	10	2	2
8	0	0	12	4	4
9	1	1	12	4	4
9	1	1	15	7	7
合计 80	0	4	合计 80	0	36

$$A \cdot D(\text{第一组}) = \frac{\sum \vert x - \bar{x}\vert}{n} = \frac{4}{10}\text{件} = 0.4\text{件}$$

$$V_{A \cdot D}(\text{第一组}) = \frac{A \cdot D}{\bar{x}} \times 100\% = \frac{0.4}{8} \times 100\% = 5\%$$

$$\bar{x}(\text{第二组}) = \frac{\sum x}{n} = \frac{80}{10}\text{件} = 8\text{件}$$

$$A \cdot D(\text{第二组}) = \frac{\sum \vert x - \bar{x}\vert}{n} = \frac{36}{10}\text{件} = 3.6\text{件}$$

$$V_{A \cdot D}(\text{第二组}) = \frac{A \cdot D}{\bar{x}} \times 100\% = \frac{3.6}{8} \times 100\% = 45\%$$

由此可见,第一组的平均差比第二组的平均差小,所以第一组平均数的代表性比第二组的代表性大。

[例 5-20] 根据某生产部门 50 个工人的日产量资料(表 5-11),计算其平均差及平均差系数。

表 5-11　平均差计算举例

日产量/件	工人数/人 f	组中值/件 x	xf	$\mid x-\bar{x}\mid$	$\mid x-\bar{x}\mid f$	$\dfrac{f}{\sum f}$	$\mid x-\bar{x}\mid\dfrac{f}{\sum f}$
20~30	5	25	125	19	95	0.1	1.9
30~40	10	35	350	9	90	0.2	1.8
40~50	20	45	900	1	20	0.4	0.4
50~60	15	55	825	11	165	0.3	3.3
合　计	50	—	2 200	—	370	1.0	7.4

根据上表计算:

$$\bar{x} = \frac{\sum xf}{\sum f} = \frac{2\,200}{50}\text{件} = 44\text{件}$$

$$A\cdot D = \frac{\sum\mid x-\bar{x}\mid f}{\sum f} = \frac{370}{50}\text{件} = 7.4\text{件}$$

或　　　$$A\cdot D = \sum\mid x-\bar{x}\mid\frac{f}{\sum f} = 7.4\text{件}$$

$$V_{A\cdot D} = \frac{A\cdot D}{\bar{x}}\times100\% = \frac{7.4}{44}\times100\% = 16.82\%$$

平均差综合了总体各单位的数量差异,因此,能全面地反映总体分布的变异程度。但是,它采用绝对值的方式来消除离差的正负号,不便于代数运算,在数学处理上也不够严密。

第九节　标准差和标准差系数

一、标准差的概念与计算方法

(一)标准差(σ)的概念

所谓标准差就是总体各单位的标志值与其算术平均数离差平方的算术平均数的平方根,故又称为均方根差(简称均方差)。标准差的平方称为方差。标准差的意义与平均差相同,它也是各个标志值对其算术平均数的平均离差。

但在数学处理上与平均差有所不同,它是采用平方的方法来消除离差的正负号的,因此,它比平均差更能准确地反映变量数列之间的离中程度,是统计中最常用的标志变异指标。

(二)标准差的计算步骤和方法

根据标准差的定义,标准差的计算步骤为:①求总体各标志值的算术平均数;②求总体各标志值与其算术平均数的离差;③求离差的平方;④求各项离差平方的算术平均数;⑤对离差平方的算术平均数开平方。

根据所掌握的资料不同,标准差的计算可分为简单平均法与加权平均法两种。

1. 简单平均法

在资料未分组的情况下:

$$\sigma = \sqrt{\frac{\sum (x - \bar{x})^2}{n}} \tag{5-29}$$

2. 加权平均法

在资料分组的情况下:

$$\sigma = \sqrt{\frac{\sum (x - \bar{x})^2 f}{\sum f}} \text{ 或 } \sigma = \sqrt{\sum (x - \bar{x})^2 \cdot \frac{f}{\sum f}} \tag{5-30}$$

[**例 5-21**] 某车间甲、乙两个生产小组日产量资料如表 5-12 所示,试求标准差。

表 5-12　标准差计算举例

甲组 $\bar{x} = 25$ 件			乙组 $\bar{x} = 25$ 件		
生产件数 (x)	离差 $(x - \bar{x})$	离差平方 $(x - \bar{x})^2$	生产件数 (x)	离差 $(x - \bar{x})$	离差平方 $(x - \bar{x})^2$
20	−5	25	14	−11	121
23	−2	4	18	−7	49
25	0	0	25	0	0
26	1	1	29	4	16
26	1	1	30	5	25
30	5	25	34	9	81
合　计	—	56	—	—	292

$$\sigma_{甲} = \sqrt{\frac{\sum (x - \bar{x})^2}{n}} = \sqrt{\frac{56}{6}} \text{ 件} = 3.06 \text{ 件}$$

$$\sigma_Z = \sqrt{\frac{\sum (x - \bar{x})^2}{n}} = \sqrt{\frac{292}{6}} \text{ 件} = 6.98 \text{ 件}$$

通过计算可知：甲组的标准差小于乙组，其标志变异程度也就小于乙组，因此，甲组的平均数比乙组更有代表性。

[例5-22]　以表5-11资料计算标准差，如表5-13所示。

表5-13　标准差计算举例

日产量 /件	工人数／人 f	组中值／件 x	$x - \bar{x}$	$(x - \bar{x})^2$	$(x - \bar{x})^2 f$	$\dfrac{f}{\sum f}$	$(x - \bar{x})^2 \dfrac{f}{\sum f}$
20~30	5	25	−19	361	1 805	0.1	36.1
30~40	10	35	−9	81	810	0.2	16.2
40~50	20	45	1	1	20	0.4	0.4
50~60	15	55	11	121	1 815	0.3	36.3
合　　计	50	—	—	—	4 450	1.0	89

注：$\bar{x} = 44$ 件

根据上表资料计算得：

$$\sigma = \sqrt{\frac{\sum (x - \bar{x})^2 f}{\sum f}} = \sqrt{\frac{4\ 450}{50}} \text{ 件} = 9.43 \text{ 件}$$

若用频率 $\dfrac{f}{\sum f}$，则有：

$$\sigma = \sqrt{\sum (x - \bar{x})^2 \cdot \frac{f}{\sum f}} = \sqrt{89} \text{ 件} = 9.43 \text{ 件}$$

二、标准差的数学性质与简捷计算

(一)标准差的数学性质

标准差的平方 σ^2 称为方差，方差具有如下性质：

(1)变量与其算术平均数计算的方差小于等于变量与任意数计算的方差。即：

$$\frac{\sum (x - \bar{x})^2 f}{\sum f} \leq \frac{\sum (x - A)^2 f}{\sum f}$$

式中：A 代表任意数。

这一性质还可表述为标志值对其算术平均数的标准差为最小。

（2）变量的方差等于变量平方的平均数减变量平均数的平方。即：

$$\sigma^2 = \frac{\sum x^2}{n} - \left(\frac{\sum x}{n}\right)^2$$

或

$$\sigma^2 = \frac{\sum x^2 f}{\sum f} - \left(\frac{\sum xf}{\sum f}\right)^2 = \overline{x^2} - \bar{x}^2 \qquad (5\text{-}31)$$

利用这一性质，可以进行标准差的简捷计算。

（二）标准差的简捷计算

根据标准差的性质，可以得出标准差的简捷计算公式：

（1）在资料未分组的情况下：

$$\sigma = \sqrt{\frac{\sum (x - A)^2}{n} - \left[\frac{\sum (x - A)}{n}\right]^2} \qquad (5\text{-}32)$$

（2）在资料已分组，且为单项式资料的情况下：

$$\sigma = \sqrt{\frac{\sum (x - A)^2 f}{\sum f} - \left[\frac{\sum (x - A)f}{\sum f}\right]^2} \qquad (5\text{-}33)$$

（3）在资料已分组，且为等距式资料的情况下：

$$\sigma = \Delta \cdot \sqrt{\frac{\sum \left(\frac{x - A}{\Delta}\right)^2 f}{\sum f} - \left[\frac{\sum \left(\frac{x - A}{\Delta}\right) f}{\sum f}\right]^2} \qquad (5\text{-}34)$$

式中：A 代表一个接近于平均数的常数；Δ 代表等距数列的组距。

［例 5-23］　以某乡粮食生产资料为例，按简捷法计算标准差，见表 5-14。

表 5-14　简捷法计算标准差

耕地亩产量/千克	组中值/千克 x	播种面积/万亩 f	$\dfrac{x - A}{\Delta}$	$\left(\dfrac{x - A}{\Delta}\right)f$	$\left(\dfrac{x - A}{\Delta}\right)^2 f$
600 ~ 700	650	4	−3	−12	36
700 ~ 800	750	8	−2	−16	32
800 ~ 900	850	10	−1	−10	10
900 ~ 1 000	950	30	0	0	0
1 000 ~ 1 100	1 050	10	1	10	10
1 100 ~ 1 200	1 150	4	2	8	16
合　计	—	66	—	−20	104

注：$A = 950$；$\Delta = 100$

将表中的数字代入公式得：

$$\sigma = \Delta \cdot \sqrt{\frac{\sum \left(\frac{x-A}{\Delta}\right)^2 f}{\sum f} - \left[\frac{\sum \left(\frac{x-A}{\Delta}\right) f}{\sum f}\right]^2} =$$

$$100 \times \sqrt{\frac{104}{66} - \left(\frac{-20}{66}\right)^2} \text{千克} = 121.82 \text{千克}$$

对于等距数列来说，用简捷法比普通法要简便得多。

三、标准差系数(V_σ)

以上所介绍的标准差与其他变异度指标一样，都是有计量单位的名数。它们是从绝对量上反映数列的变异程度，其数值的大小除了受总体内部标志值的差异程度影响外，还受标志本身水平高低的影响，若直接用上面指标比较不同水平数列的变异程度显然不合适，因而需要消除平均水平高低的影响，消除的办法就是用标准差指标与其自身的算术平均数对比，计算标准差系数（V_σ），也叫变异系数，这是实际工作中最常用的一个统计指标。其计算公式为：

$$V_\sigma = \frac{\sigma}{\bar{x}} \times 100\% \tag{5-35}$$

[**例**5-24]　有两个工厂工人劳动生产率资料如表5-15所示，试确定哪一个工厂的劳动生产率更有代表性。

表5-15　标准差系数比较表

厂　名	工人平均劳动生产率 $\bar{x}$/(元·年$^{-1}$)	标准差 σ/(元·年$^{-1}$)
甲厂	16 000	600
乙厂	8 000	400

要比较哪一个工厂的劳动生产率更具有代表性，直接用标准差对比不合理，因为两个工厂劳动生产率水平相差悬殊，需要进一步计算标准差系数。

$$V_{\sigma甲} = \frac{\sigma}{\bar{x}} \times 100\% = \frac{600}{16\,000} \times 100\% = 3.75\%$$

$$V_{\sigma乙} = \frac{\sigma}{\bar{x}} \times 100\% = \frac{400}{8\,000} \times 100\% = 5\%$$

甲厂的标准差系数小于乙厂，说明甲厂的劳动生产率更有代表性。

四、是非标志的标准差

所谓是非标志是指仅有两个变量表现的标志。例如，产品的合格与不合格;人口的男性与女性等,这种用"是"与"非"或"有"与"无"来表示的标志,叫做是非标志,也叫交替标志。

若用 1 表示所研究的标志值,其单位数为 N_1;用 0 表示不研究的标志值,其单位数为 N_0。且令:

$$p = \frac{N_1}{N_1 + N_0}; q = \frac{N_0}{N_1 + N_0} \qquad (5-36)$$

显然,$p + q = 1$,则:

是非标志的平均数为:

$$\bar{x} = \frac{\sum xf}{\sum f} = \frac{1 \times N_1 + 0 \times N_0}{N_1 + N_0} = \frac{N_1}{N_1 + N_0} = p \qquad (5-37)$$

是非标志的标准差为:

$$\sigma = \sqrt{\frac{\sum (x - \bar{x})^2 f}{\sum f}} = \sqrt{\frac{(1 - p)^2 p + (0 - p)^2 q}{p + q}} = \sqrt{pq} = \sqrt{p(1 - p)} \qquad (5-38)$$

是非标志的标准差系数为:

$$V_\sigma = \frac{\sigma}{\bar{x}} = \frac{\sqrt{pq}}{p} = \sqrt{\frac{q}{p}} \qquad (5-39)$$

[例 5-25] 某企业产品合格率为 95%,不合格率为 5%,则算术平均数为:$\bar{x} = p = 95\%$;标准差:$\sigma = \sqrt{p(1 - p)} = \sqrt{0.95 \times 0.05} = 21.8\%$。

关于是非标志的平均数和标准差在"抽样组织与假设检验"中常用,且当 $p = 50\%$ 时,其标准差取最大值 0.25,这对确定最少抽样数目有很大的帮助。

【小　结】

1. 统计数据分布的特征,可以从三个方面进行测试和描述:一是分布的集中趋势,反映各数据向其中心值靠拢或聚集的程度;二是分布的离中趋势,反映各数据远离其中心值的程度;三是分布的偏态和峰度,反映数据分布的形状。

2. 集中趋势是指一组数据向中心值靠拢的倾向,测度集中趋势也就是寻找数据一般水平的代表值或中心值。测度指标主要有算术平均数、调和平均数、几何平均数、中位数、众数和四分位数。

3. 测度离散程度的指标有全距、平均差、标准差、四分位差和标准差系数。前四种和平均数有相同的计量单位,后一种是相对指标。它们除了作为衡量平均指标代表性的尺度,还用于研究现象的稳定性和均衡性,也是确定抽样数目和计算抽样误差的必要依据。

4. 集中趋势与离中趋势存在着这样一种关系：集中趋势的各测度值是对数据一般水平的一个概括性度量，它对一组数据的代表程度取决于该组数据的离散水平。数据的离散程度越大，集中趋势的测试值对该组数据的代表性就越差，离散程度越小，其代表性就越好。

【思考与练习】

1. 平均指标有几种？为何算术平均指标是其中最重要的一种？

2. 如何理解加权算术平均数中权数的意义？

3. 什么是众数和中位数？中位数、众数与算术平均数有什么关系？

4. 如何理解标志变异指标是衡量平均数代表性大小的尺度？

5. 全距、平均差和标准差各有什么特点？

6. 某商场 9 月份每日商品销售额数据（单位：万元）如下：

257　276　297　252　238　310　240　236　265　278　271　292
261　281　301
274　267　280　291　258　272　284　268　303　273　263　322
249　269　295

要求分别用手工和计算机计算：

（1）该商场日销售额的算术平均数、中位数和众数；

（2）日销售额的标准差。

7. 甲、乙两农贸市场蔬菜价格及销售额资料如下：

品　　种	价格/（元·千克$^{-1}$）	销售额/元	
		甲市场	乙市场
甲	1.1	11 000	22 000
乙	1.2	24 000	12 000
丙	1.3	13 000	13 000

试问哪一市场的蔬菜价格高，并说明为什么？

8. 某校经管系共有 120 名学生选修统计学，在期末的考试中，男生的平均成绩为 75 分，女生的平均成绩为 80 分。问：

（1）如果以上学生中男女生各占一半，全体考生的平均成绩是多少？

（2）如果以上学生中男生为 72 人，女生为 48 人，全体考生的平均成绩是多少？

（3）如果以上学生中男生为 48 人，女生为 72 人，全体考生的平均成绩是多少？

（4）比较以上三种情况下平均考试成绩有何变化，并解释其变化的原因。

9. 两种不同水稻品种分别在 5 个田块上试种，其产量如下：

品种 A		品种 B	
田块面积/公顷	产量/千克	田块面积/公顷	产量/千克
1.2	600	1.5	840
1.1	528	1.3	650
1.0	550	1.3	585
0.9	405	1.0	622
0.8	420	0.9	315

假定生产条件相同，试研究这两个品种的收获率，确定哪一品种具有较大的稳定性和推广价值？

10. 某轻工企业 60 名工人包装某产品的数量如下：

工人日包装数量/件	工 人 数/人	
	8 月	9 月
300～400	5	3
400～500	13	5
500～600	18	12
600～700	15	20
700～800	7	15
800～900	2	5
合　计	60	60

试计算 8,9 月份每人日包装数，并指出劳动效率提高的原因。

第六章

ℒℰ 抽样调查基础

第一节 抽样调查的意义

抽样调查又称为抽样推断,数理统计学中叫做参数估计。它既是搜集统计资料的方法,又是对现象总体进行科学估计与推断的方法。所以,在统计工作中居重要地位。

一、抽样调查的概念及特点

(一)抽样调查的概念

抽样调查是按照随机抽样的原则抽选总体中的部分单位进行调查,用部分单位的指标数值作为代表去推断总体的指标数值的方法。例如,根据部分产品的质量去推断全部产品的质量;根据部分职工家庭收入调查的资料去推断全部职工家庭的收支情况。事实上,抽样调查是我们日常生活的一部分,大到国家编制物价和生活费用指数,小到生病后到医院抽血化验都是抽样调查。

之所以强调按随机原则来确定调查单位,是因为:首先,这样可以使抽选出来的部分单位其分布状况近似于总体的分布状况,使之成为总体的一个"缩影",对总体具有充分的代表性。其次,抽样调查不言而喻也存在误差。按随机原则确定调查单位,则能够比较客观地评价和计算误差。

(二)抽样调查的特点

1. 抽样调查是一种非全面调查

它和典型调查、重点调查一样只调查总体中的一部分单位,而不是全部,所以都是非全面调查。

2. 抽样调查的意义在于对总体的推断

抽样调查是用一部分单位的指标数值去推断总体相应的指标值。这是和重点调查的本质区别。

3. 按随机原则确定调查单位

典型调查的目的是为了"解剖麻雀",深刻地把握事物的发展变化规律,因此,对典型单位的选择就不能是随机的。而抽样调查对调查单位的选择又必须是随机的。

4. 抽样调查存在着可控制性误差

抽样调查随着调查单位数的增多,误差会随之减少,但并非成比例,这就启迪调查设计人员通过一定的方法去控制误差。

二、抽样调查的应用范围

(1)对于某些不可能进行全面调查,而又需要了解全面情况的社会经济现象,必须采取抽样调查的方式。或者说,对于无限总体只能进行抽样调查。例如,要了解空气中氧气的含量。

(2)对于具有破坏性的产品质量检测只能进行抽样调查。如种子的催芽率试验、炮弹射程的远近等。

(3)对于某些现象进行全面调查,在经济上不合算,在资料上未必能保证,只好采用抽样调查。如,职工家庭收入调查、林区木材储存量调查等。

(4)对于时效性要求较高的某些调查,往往采用抽样调查完成。

三、抽样调查的作用

(1)抽样调查与全面调查相比,既能节省人力、物力和财力,而且,方法比较灵活。

(2)抽样调查速度快,能够满足时效性要求高的调查项目。

(3)抽样调查可以用于工业生产过程的质量控制。

(4)抽样调查可以调查更多更细的项目,取得比较详细的资料。

(5)抽样调查与普查可以同时运用,用抽样调查的资料对普查的资料进行验证或修正。

第二节 总体和样本

抽样调查是通过样本来推断总体的,抽样调查的理论主要是围绕总体和样本之间的关系来展开的。因此,总体和样本是抽样调查中最为重要的概念。

一、全及总体与样本总体

在抽样调查中,有两种不同的总体即全及总体和样本总体。简单地说,全及总体就是我们所要研究的对象,样本总体则是我们所要具体观察的对象。它们既有联系又有区别。

全及总体也叫母体,即被研究事物或现象的总体,一般简称为总体,这是开展抽样所面对的总体。总体单位数习惯上用 N 来表示。

样本总体,也叫子样,即从全及总体中抽出来的那些单位所组成的集合体,简称为样本,样本单位数也叫样本容量,习惯上用 n 来表示。n/N 称为抽样比或抽样的程度。对全及总体的单位数 N 来说,n 则是很小的数。它是 N 的几十分之一,甚至几万分之一。一般说来,样本容量 n 在 30 以下时,称为小样本;达到或超过 30 时,称为大样本。社会经济现象的抽样调查多取大样本,而自然试验观察则多取小样本。以很小的样本来推断很大的总体,这是抽样调查的最大特点。

如果说,对于一个问题全及总体是惟一确定的话,那么,样本总体就完全不是这样。从一个全及总体中就有可能抽取很多种样本总体。从一个确定的总体中最多能抽取多少个不同的样本叫做样本的可能数目。样本的可能数目不仅与每一个样本的容量有关,也与抽样调查的方法有关。

二、全及指标与样本指标

全及指标是根据全及总体各单位标志值计算的综合指标。由于全及总体是惟一确定的,根据全及总体计算的全及指标也是惟一确定的。所以全及指标也称为母体参数。在抽样调查中,全及指标是得不到的,但它又确实是客观存在的。我们把它单独列出来讨论,是为了帮助我们来理解抽样调查的原理。对于不同性质的总体,需要计算不同的全及指标,对于变量总体需要计算总体的平均数 $\overline{X}$;对于属性总体需要计算总体的成数 P 或 Q;总体的方差 σ^2 或标准差 σ。作为总体的指标,我们已在第五章中介绍了。

样本指标是根据样本总体各单位标志值计算的综合指标。和全及指标相对应有抽样平均数 $\bar{x}$，抽样平均数的方差 $\sigma_{\bar{x}}^2$ 或标准差 $\sigma_{\bar{x}}$；样本的成数 p（或）q；样本成数的方差 σ_p^2 或标准差 σ_p。为了将样本指标与总体指标加以区分，样本的指标一律用小写的英文字母表示。

抽样调查就是用样本指标来推算相应的总体指标的。由于总体是惟一的，总体指标也是惟一的，但是未知的。样本指标虽然可以计算出来，但样本指标不是惟一的。由于从一个全及总体中可以抽取许多个样本，样本不同，样本指标的数值也就不同，样本指标与总体指标之间的误差也就不同，实际上抽样指标是样本变量的函数，它本身也是一个随机变量。抽样的误差也随着样本指标的变化而变化，它也是一个随机变量，也是样本的函数。所以，有必要研究从一个确定的总体中最多能抽取多少个不同的样本，这就是样本可能数目。

三、抽样方法和样本可能数目

样本可能数目和每个样本的容量有关，也和抽样的方法有关。当样本容量确定后，样本可能数目便取决于抽样的方法。抽样的方法不同，样本的可能数目就有很大的差别。常用的抽样方法有重复抽样与不重复抽样；考虑顺序抽样与不考虑顺序抽样。

（一）重复抽样与不重复抽样

重复抽样是从一个总体中抽出一个单位后，又放回总体中，使总体始终保持总体最先的单位数，即 N，每个单位每次被抽到的概率都是 $1/N$。会产生某个个体单位不止一次被抽中的可能。

不重复抽样也叫不重置抽样，其方法是，从总体 N 个单位中要抽取一个样本容量为 n 的子样，每次从总体中抽取一个，连续进行 n 次抽选构成一个样本。但每次抽选一个单位就不放回参加下一次的抽选。因此，不重复抽样的样本由 n 次连续抽选的结果组成。实质上等于一次同时从总体中抽 n 个单位组成一个样本。连续 n 次抽选的结果不是互相独立的，上一次抽选的结果影响下一次的抽样，每抽一次总体的单位数就少一个。因此，每个单位选中或选不中的机会在每次抽选中是不同的。

（二）考虑顺序的抽样与不考虑顺序的抽样

考虑顺序的抽样，即从总体 N 个单位中抽取 n 个单位组成样本，不但要考虑样本各单位的不同性质，而且还要考虑不同性质各单位的中选顺序。相同构成成分的单位，由于顺序不同，也作为不同的样本，例如电话号码。

不考虑顺序抽样,即从总体 N 个单位中抽取 n 个单位构成样本。只考虑样本各单位的组成成分如何,而不问单位的中选顺序。如果样本的成分相同,不论顺序是怎样不同都作为一个样本。

把抽选方式和是否考虑顺序结合起来共有四种情况:①考虑顺序的重复抽样。②考虑顺序的不重复抽样。③不考虑顺序的不重复抽样。④不考虑顺序的重复抽样。如果用 M 表示样本可能数目,则有:

(1)考虑顺序的重复抽样,其样本可能数目为:

$$M = A_N^n = N^n \tag{6-1}$$

(2)考虑顺序的不重复抽样,其样本可能数目为:

$$M = B_N^n = \frac{N!}{(N-n)!} \tag{6-2}$$

(3)不考虑顺序的不重复抽样,其样本可能数目为:

$$M = C_N^n = \frac{N!}{n!(N-n)!} \tag{6-3}$$

(4)不考虑顺序的重复抽样,其样本可能数目为:

$$M = D_N^n = C_{N+n-1}^n = \frac{(N+n-1)!}{n!(N-1)!} \tag{6-4}$$

第三节　抽样调查的数理基础

就数量关系来说,抽样调查是建立在概率论与大数法则的基础上的。大数法则等一系列定理为抽样推断和假设检验提供了数理基础。

一、大数定律及其重要意义

大数定律也叫大数法则,是关于大量的随机现象具有稳定性质的法则。它说明如果被研究的总体由大量相互独立的随机因素所构成,而且每个因素对总体的影响都相对小,那么,对这些大量的因素加以综合平衡的结果,因素的个别影响将相互抵消,而显现出它们共同作用的倾向,使总体具有稳定的性质。

这个定律表明:如果随机变量总体存在着有限的平均数和方差,则对于充分大的抽样单位数 n,可以几乎趋近于 1 的概率,来期望抽样平均数与总体平均数的绝对离差为任意小,即对任意小的正数 ε 有:

$$\lim_{n \to \infty} P(\mid \overline{x_i} - \overline{X} \mid < \varepsilon) = 1 \tag{6-5}$$

式中：$\overline{x_i}$ 为抽样平均数；$\overline{X}$ 为总体平均数；n 为抽样单位数（样本容量）。

大数定律对于抽样推断具有重要意义，它从理论上解释了样本与总体之间的内在联系，即随着抽样单位数 n 的增加，抽样平均数 $\overline{x}$ 有接近于总体平均数 $\overline{X}$ 的趋势，或者说，抽样平均数 $\overline{x_i}$ 在概率上收敛于总体平均数 $\overline{X}$。

具体说，大数定律是以如下形式表现出来的：

（1）现象的某种总体的规律性（或称统计规律），只有当具有这种现象的足够多的单位综合汇总在一起的时候，才能显现出来。因此，只有从大量现象的总体中，才能研究这些现象的规律性。

（2）现象的总体性规律或倾向通常是以平均数的形式表现出来的。正因为这样，大数定律又被称为平均数定律。

（3）当所研究的现象总体包含的单位数越多，平均数也就越能够正确地反映这些现象的规律性。

（4）各单位的共同倾向（这些表现为基本的、主要的因素）决定着平均数的水平，而单位对平均数的离差（这些表现为次要的、偶然的因素）则会由于足够多数单位的综合汇总的结果，而相互抵消，趋于消失。

根据大数定律的内容和特点，运用抽样法时，须注意以下两点：

第一，抽样必须遵循随机的原则。只有在随机原则下进行抽样，样本单位才有可能均匀分布在全及总体中，使样本具有代表性。这样，样本指标才可以用来对全及总体作出估计推断。

第二，抽样必须注意观察现象的大量性。在同一全及总体中随机抽样，每个被抽取单位的标志值或偏大或偏小，纯属偶然，并不代表全及总体的数量特征。只有观察到足够多的单位数，根据大数定律的原理，可消除偶然因素的影响，才会使抽样结果接近于全及总体的数量特征。

二、正态分布及其重要意义

（一）正态分布的概念及特点

1. 正态分布的概念

当我们研究的变量是连续变量时，无法用列表的方法将变量一一列出来表示它们的概率分布，而事实上在这种情况下，每一点的概率都接近于 0，求某一点的概率意义就不大。通常我们去求变量落在某一区间的概率。用分布函数 $F(t) = P(x < t)$ 来描述概率分布的情况，通过一个函数 $f(x)$ 把它表示成积分的形式：

$$F(t) = \int_{-\infty}^{t} f(x)\,\mathrm{d}x \qquad (6\text{-}6)$$

函数$f(x)$称为密度函数,它表示随机变量在x点的概率密度,在图形上则表示为各点概率大小的曲线,$F(t)$表示$f(x)$在$(-\infty, t)$区间所围成的面积,用它来反映x值落在这一区间内的概率。如图6-1所示。

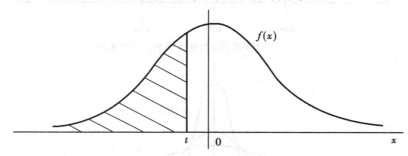

图6-1 正态分布曲线图

2. 正态分布的密度函数

正态分布的密度函数为:

$$f(x) = \frac{1}{\sqrt{2\pi}\sigma} e^{-(x-\bar{x})^2/2\sigma^2} \qquad (6\text{-}7)$$

式中:x为随机变量,e为自然对数的底e$\approx$2.718 281 828,π为圆周率,$\pi \approx$ 3.141 592 654,$\bar{x}$为变量x的平均数,σ为变量的标准差,σ和$\bar{x}$是决定密度函数的两个参数。

3. 关于密度函数$f(x)$的两个参数$(\bar{x}, \sigma)$

平均数$\bar{x}$和标准差σ对密度函数$f(x)$来说,是两个重要的参数,当$\bar{x}$和σ确定了,$f(x)$也就确定了,并且平均数$\bar{x}$和标准差σ对密度函数$f(x)$的影响是不相同的。

(1)平均数$\bar{x}$对密度函数$f(x)$的影响 平均数$\bar{x}$的变动并不改变正态分布的形状,而只改变正态分布的中心位置。如图6-2(a)所示。

当平均数$\bar{x} = 0$时,密度函数的频率曲线以纵轴为对称轴两边对称伸展;

当平均数$\bar{x} = a$时,密度函数的频率曲线向右平移a个单位;

当平均数$\bar{x} = -a$时,密度函数的频率曲线向左平移a个单位。

(2)标准差σ对密度函数$f(x)$的影响 标准差σ的变动不改变正态分布的中心位置,只改变分布曲线的"胖"、"瘦"、"高"、"矮"程度。如图6-2(b)所示。

当$\bar{x} = 0, \sigma = 1$时,把分布函数$f(x)$的分布称为标准正态分布;

当$\sigma = 0.5$时,分布曲线变"瘦",中心高度增长一倍,表示变量分布比较

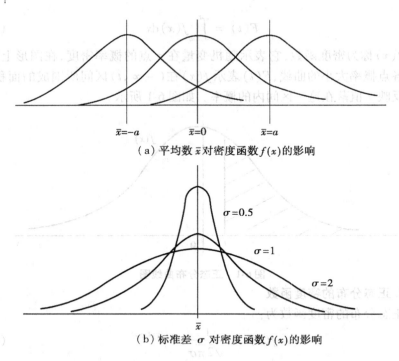

（a）平均数 $\bar{x}$ 对密度函数 $f(x)$ 的影响

（b）标准差 σ 对密度函数 $f(x)$ 的影响

图 6-2　密度函数 $f(x)$ 的两个参数

集中；

当 $\sigma=2$ 时，分布曲线变"胖"，中心高度缩短一半，表示分布比较分散。

4. 正态分布密度函数的几个特点

（1）对称性。密度函数 $f(x)$ 的频率曲线以 $x=\bar{x}$ 为中心，两边完全对称向左右延伸。

（2）非负性。密度函数 $f(x)$ 的频率曲线在横轴上方。

（3）当 $x=\bar{x}$ 时，密度函数 $f(x)=\dfrac{1}{\sqrt{2\pi}\sigma}$ 为最大值。

（4）当 $x=\bar{x}\pm\sigma$ 时，此处为密度函数的拐点，即离平均数 $\bar{x}$ 左方一个 σ 处频率曲线趋势由凹向变为凸向，然后到了平均数 $\bar{x}$ 右方一个 σ 处，频率曲线趋势又恢复为凹向上。

（5）当 $\bar{x}\to\pm\infty$ 时，密度函数 $f(x)\to 0$，即频率曲线向两边下垂，以横轴为渐近线伸向无穷处。

5. 变量落在某一区间的概率

有了概率分布的密度函数 $f(x)$，就可以利用不定积分的形式，来表达分布函数 $F(x)$，并计算变量落在某一区间的概率。正态分布的分布函数为：

$$F(x) = \int_{-\infty}^{t} f(x)\,\mathrm{d}x = \frac{1}{\sqrt{2\pi}\sigma} \int_{-\infty}^{t} e^{-\frac{(x-\bar{x})^2}{2\sigma^2}}\,\mathrm{d}x \qquad (6\text{-}8)$$

它表示变量 x 落在区间 $(-\infty, t)$ 的概率,是由密度函数 $f(x)$ 与横轴在 $(-\infty, t)$ 区间所围成的面积。如图 6-1 所示。

我们可以根据概率的加值定理,用两个积分的差数来表示变量 x 落在 (a, b) 区间内的概率。如图 6-3(a),密度函数 $f(x)$ 与横轴在 (a, b) 区间所围成的阴影面积所示。

$$P(a \leqslant x \leqslant b) = F(b) - F(a) =$$
$$\frac{1}{\sqrt{2\pi}\sigma}\left[\int_{-\infty}^{b} e^{-\frac{(x-\bar{x})^2}{2\sigma^2}}\,\mathrm{d}x - \int_{-\infty}^{a} e^{-\frac{(x-\bar{x})^2}{2\sigma^2}}\,\mathrm{d}x\right] =$$
$$\frac{1}{\sqrt{2\pi}\sigma}\int_{a}^{b} e^{-\frac{(x-\bar{x})^2}{2\sigma^2}}\,\mathrm{d}x \qquad (6\text{-}9)$$

同样,也可以利用分布函数来求变量 x 与 $\bar{x}$ 值之差的绝对值不超过某个数 a 的概率。即:

$$P(|x - \bar{x}| < a) = \frac{1}{\sqrt{2\pi}\sigma}\int_{\bar{x}-a}^{\bar{x}+a} e^{-\frac{(x-\bar{x})^2}{2\sigma^2}}\,\mathrm{d}x =$$
$$\frac{2}{\sqrt{2\pi}\sigma}\int_{\bar{x}}^{\bar{x}+a} e^{-\frac{(x-\bar{x})^2}{2\sigma^2}}\,\mathrm{d}x \qquad (6\text{-}10)$$

如图 6-3(b),密度函数 $f(x)$ 与横轴在 $(\bar{x}-a, \bar{x}+a)$ 区间所围成的阴影面积。

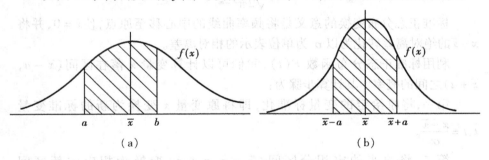

图 6-3　密度函数与 ox 轴围成的阴影面积

利用正态分布,可以很容易求得事件出现的概率。所以在统计学中,正态分布的范围很广,是最重要的分布,居于基础地位。很多自然现象和社会现象都是根据正态分布来说明的。

(二)正态分布的应用

利用正态分布函数求一定区间的定积分值在计算手续上是相当复杂的,因而都编制了标准正态分布($\bar{x}=0, \sigma=1$)表(见附录1)以供人们使用。而问题是具有正态分布的随机变量很多,是标准正态的随机变量却很少。为此,我们首先需要对不同的正态分布加以标准化,使不同的正态分布变换为具有同一的平均数等于 0,而标准差等于 1 的标准正态分布。为此我们引出了一个新的变量 t,并令 $t = \dfrac{x - \bar{x}}{\sigma}$,则:

$$E(t) = E\left(\frac{x - \bar{x}}{\sigma}\right) = \frac{E(x) - \bar{x}}{\sigma} = \frac{\bar{x} - \bar{x}}{\sigma} = 0$$

$$\sigma_t^2 = E(t - \bar{t})^2 = E\left[\frac{x - \bar{x}}{\sigma} - E\left(\frac{x - \bar{x}}{\sigma}\right)\right]^2 =$$

$$E\left(\frac{x - \bar{x}}{\sigma} - 0\right)^2 = E\left(\frac{x - \bar{x}}{\sigma}\right)^2 = \frac{E(x - \bar{x})^2}{\sigma^2} =$$

$$\frac{\sigma^2}{\sigma^2} = 1$$

所以　　　　　　　　　$\sigma_t = 1$;　　$\bar{t} = 0$

所以,标准正态分布的密度函数为:

$$f(t) = \frac{1}{\sqrt{2\pi}} e^{-t^2/2} \tag{6-11}$$

标准正态分布的分布函数为:

$$F(t) = \frac{1}{\sqrt{2\pi}} \int_{-\infty}^{t} e^{-t^2/2} \mathrm{d}t \tag{6-12}$$

标准正态分布变换的意义是将频率曲线的中心移至原点,使 $\bar{x} = 0$,并将 $x - \bar{x}$ 的绝对离差转化为以 σ 为单位表示的相对离差。

利用标准正态分布函数 $F(t)$,我们可以计算变量 x 落在区间 $(\bar{x} - a, \bar{x} + a)$ 之间的概率。其计算步骤为:

第一,将原给定的变量标准化,即将原变量 x 变换为新的标准变量 t,$t = \dfrac{x - \bar{x}}{\sigma}$。

第二,将原来的定积分区间 $(\bar{x} - a, \bar{x} + a)$ 变换为相应的新区间 $\left(\dfrac{(\bar{x} - a) - \bar{x}}{\sigma}, \dfrac{(\bar{x} + a) - \bar{x}}{\sigma}\right)$ 即 $\left(\dfrac{-a}{\sigma}, \dfrac{a}{\sigma}\right)$,也就是所求的 x 落在 $(\bar{x} - a, \bar{x} + a)$ 的概率等价于 t 落在区间 $\left(\dfrac{-a}{\sigma}, \dfrac{a}{\sigma}\right)$ 的概率,从而有如下关系:

$$P(|x - \bar{x}| < a) = P\left(|t| < \frac{a}{\sigma}\right) = F\left(\frac{a}{\sigma}\right) \tag{6-13}$$

第三,从标准正态分布概率表中找出 $t = \dfrac{a}{\sigma}$ 所对应的 $F(t)$,就是我们所求的概率。

[例6-1] 已知正态分布的平均数为50,标准差为4,求变量落在区间(40,58)的概率。

解　由于 $58 - 50 = 8$　$50 - 40 = 10$　故这个区间是一个不对称区间。

$$t_1 = \frac{x - \bar{x}}{\sigma} = \frac{58 - 50}{4} = 2$$

$$P(42 < x < 58) = P(|x - \bar{x}| < 8) = P(|t| < 2) = F(2)$$

查正态分布表,当 $t_1 = 2$ 时,$F(t_1) = 0.9545$

$$t_2 = \frac{x - \bar{x}}{\sigma} = \frac{50 - 40}{4} = 2.5$$

$$P(40 < x < 60) = P(|x - \bar{x}| < 10) = P(|t| < 2.5) = F(2.5)$$

查正态分布表,当 $t_2 = 2.5$ 时,$F(t_2) = 0.9876$

统计上为了计算方便,一般按不同的 t 值和相应的概率编制成专门的标准正态分布概率表(见附录1)。现给出部分主要的 t 值和相应的概率表(表6-1),以及正态分布图(图6-4)。

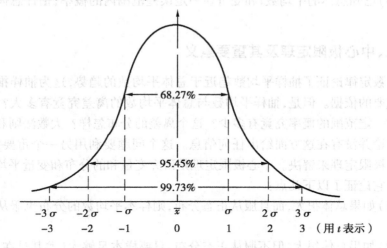

图6-4　标准正态分布图

表6-1　$F(t) = \dfrac{1}{\sqrt{2\pi}} \displaystyle\int_{-\infty}^{t} e^{-\frac{t^2}{2}} dt$

t	0.0	0.5	1.0	1.5	2.0	2.5	3.0	4.0
$F(t)$	0.0000	0.3829	0.6827	0.8664	0.9545	0.9875	0.9973	0.9999

由于正态分布表是对称的,故有:

$$P(58 < x < 60) = P(40 < x < 42) = \frac{F(t_2) - F(t_1)}{2} =$$

$$\frac{0.9876 - 0.9545}{2} = 0.0166$$

根据概率的加法定理:

$$P(40 < x < 58) = P(40 < x < 42) + P(42 < x < 58) =$$

$$0.0166 + 0.9545 = 0.9711$$

即变量 x 落在区间(40,58)的概率为97.11%。

正态分布概率表的应用是多方面的,在统计上常有以下3种类型:

(1)已知总体的平均数 $\bar{x}$ 和标准差 σ,求变量与平均数的绝对离差不超过某一数值 a 的概率;

(2)已知总体的平均数 $\bar{x}$ 和标准差 σ,按给定的概率保证程度求变量与平均数的误差范围;

(3)已知总体的平均数 $\bar{x}$ 和变量在一定误差范围内的概率,估计总体的标准差。

三、中心极限定理及其重要意义

大数定律论证了抽样平均数趋近于总体平均数的趋势,这为抽样推断提供了重要的依据。但是,抽样平均数与总体平均数的离差究竟有多大?离差不超过一定范围的概率究竟有多少?这个离差的分布怎样?大数法则和正态分布理论并没有在这方面给出任何信息。这个问题要利用另一个重要定理,即中心极限定理来解决。中心极限定理是研究变量和的分布和变量平均数的分布。它论证了以下几点:

(1)如果总体很大,而且服从正态分布,则样本平均数的分布也服从正态分布。

(2)如果总体很大,但不服从正态分布,只要样本足够大(尤其是在30个以上),样本平均数的分布也趋近于正态分布。这就回答了这样的问题,自然现象和社会现象数列的频率分布,即使是不完全对称的,或多或少有些偏态,但在抽样设计中,只要保证有足够大的样本,样本平均数的分布就趋近于正态分布。

(3)样本平均值分布的平均值,等于总体的平均值,即 $E(\bar{x}) = \bar{X}$。

(4)样本分布的标准差为: $\mu_x = \frac{\sigma}{\sqrt{n}} \sqrt{\frac{N-n}{N-1}}$　　　　　　　　(6-14)

这是在有限总体场合下使用的公式。其中 $\frac{N-n}{N-1}$ 称为有限总体的修正公式。当 N 趋向于无限大时, $\frac{N-n}{N-1}$ 就趋向于 1。在允许重复抽样的条件下,总体在任何时候都成为无限总体,所以当 N 趋向无穷大或总体为无限总体时:

$$\mu_x = \frac{\sigma}{\sqrt{n}} \tag{6-15}$$

中心极限定理的意义,并非证明了正态分布的存在,而是用来说明近似地服从于正态分布的概率变量的现象,说明样本平均值的分布接近正态分布。

为了验证中心极限定理,举例如下。

[例 6-2] 设有 10 张卡片,其值分别为 1,2,3,4,5,6,7,8,9,10,若把这 10 张卡片作为总体。

其平均值为 $\quad \overline{X} = \frac{1}{N}\sum x_i = \frac{1+2+3+4+\cdots+9+10}{10} = 5.5$

其标准差为 $\quad \sigma = \sqrt{\dfrac{\sum x^2}{N} - \left(\dfrac{\sum x}{N}\right)^2} =$

$$\sqrt{\frac{1^2 + 2^2 + 3^2 + \cdots + 9^2 + 10^2}{10} - (5.5)^2} = 2.87$$

现从这 10 张卡片中,按不考虑顺序的不重复抽样方法,选取 2 张卡片作为样本,全部样本数为:

$$M = C_{10}^2 = \frac{10!}{2!(10-2)!} = 45$$

这 $M=45$ 个样本列举如表 6-2 所示。

表 6-2 不考虑顺序的不重复抽样

序 号	样本变量 x	样本平均数 $\overline{x}$	序 号	样本变量 x	样本平均数 $\overline{x}$
1	1,2	1.5	24	3,10	6.5
2	1,3	2	25	4,5	5.5
3	1,4	2.5	26	4,6	5
4	1,5	3	27	4,7	5.5
5	1,6	3.5	28	4,8	6
6	1,7	4	29	4,9	6.5
7	1,8	4.5	30	4,10	7
8	1,9	5	31	5,6	5.5

续表

序 号	样本变量 x	样本平均数 $\bar{x}$	序 号	样本变量 x	样本平均数 $\bar{x}$
9	1,10	5.5	32	5,7	6
10	2,3	2.5	33	5,8	6.5
11	2,4	3	34	5,9	7
12	2,5	3.5	35	5,10	7.5
13	2,6	4	36	6,7	6.5
14	2,7	4.5	37	6,8	7
15	2,8	5	38	6,9	7.5
16	2,9	5.5	39	6,10	8
17	2,10	6	40	7,8	7.5
18	3,4	3.5	41	7,9	8
19	3,5	4	42	7,10	8.5
20	3,6	4.5	43	8,9	8.5
21	3,7	5	44	8,10	9
22	3,8	5.5	45	9,10	9.5
23	3,9	6	合计	—	247.5

根据表 6-2 的资料,可以整理出表 6-3。

表 6-3 不考虑顺序的不重复抽样资料整理表

样本均值 $\bar{x}$	频 数 f	$\bar{x}f$	$(\bar{x})^2 f$	样本均值 $\bar{x}$	频 数 f	$\bar{x}f$	$(\bar{x})^2 f$
1.5	1	1.5	22.5	6	4	24	144
2	1	2	4	6.5	4	26	169
2.5	2	5	12.5	7	3	21	147
3	2	6	18	7.5	3	22.5	168.75
3.5	3	10.5	36.75	8	2	16	128
4	3	12	48	8.5	2	17	144.5
4.5	4	18	81	9	1	9	81
5	4	20	100	9.5	1	9.5	90.25
5.5	5	27.5	151.25	合计	45	247.5	1 526.25

根据上面的资料我们可以看出:尽管总体的分布是矩形分布,但样本平均值的分布是一种正态分布,这个样本分布的平均值是5.5,即:

$$\overline{(\overline{x})} = \overline{X} = \frac{\overline{x}_1 + \overline{x}_2 + \cdots + \overline{x}_{45}}{45} = \frac{\sum \overline{x}f}{\sum f} = \frac{247.5}{45} = 5.5$$

样本平均数的平均数 $(\overline{\overline{x}})$ 等于总体的平均数 $\overline{X}$;

样本平均值分布的标准差是:

$$\sigma_x = \sqrt{\frac{1}{M}\sum_{i=1}^{M}(\overline{x}_i - \overline{\overline{x}})^2} = \sqrt{\frac{\sum x_i^2}{M} - \left(\frac{\sum \overline{x}_i}{M}\right)^2} =$$

$$\sqrt{\frac{1\ 526.25}{45} - \left(\frac{247.5}{45}\right)^2} = 1.91$$

用中心极限定理证明的样本分布标准差公式:

$$\mu_x = \frac{\sigma}{\sqrt{n}}\sqrt{\frac{N-n}{N-1}} \tag{6-16}$$

代入实际计算的数值得:

$$\mu_x = \frac{2.87}{\sqrt{2}}\sqrt{\frac{10-2}{10-1}} = 1.91$$

这两个结果是相同的。

中心极限定理证明,为使样本平均值的样本分布趋于正态分布,样本必须足够大。

第四节　抽样推断的基本原理

抽样推断就是以样本的实际资料为依据,计算出一定的样本指标,并用以对总体的有关指标作出数量上的估计和判断。要达到对总体的正确认识,样本的充分代表性和样本资料的准确性是必要的前提,但抽样估计的方法也是至关重要的。本节主要研究抽样推断的特点与方法、抽样推断的优良标准、抽样的误差和置信度问题。

一、抽样推断的特点

抽样推断具有3个最基本的特点。

（一）抽样推断在逻辑上运用的是归纳推理的方法，而不是演绎推理的方法

所谓演绎推理是从一般到特殊的推理方法。它是一种必然性的推理，其结论都蕴含在前提之中，只要前提正确，其结论必然正确。与此相反，归纳推理则是从具体到一般，其结论的内容大于前提，它是一种可能性的推断，即使是前提正确，其结论也不一定正确。例如，从某乡随机抽取一块小麦地进行实割实测，其平均每公顷产量超过了 7 500 千克，接着又抽测了若干块地的小麦，其平均每公顷产量也都超过了 7 500 千克（前提），因此，该乡的小麦每公顷产量均超过了 7 500 千克（结论）。抽样推断就是应用归纳推理的方法，以局部为前提来对总体的认识。现实生活中我们所研究的对象往往是事前未知的，因而，需要对现象进行大量的观察之后，作出推断。显然，归纳推理是一种可能性推理，而不是必然性的结论。

（二）抽样推断在数学方法的运用上，使用的是不确定的概率估计方法，而不是确定的数学分析方法

抽样推断虽然是利用一定的样本数据来推断总体的数量特征，但由于样本数据与总体数量特征之间也不存在严格对应的自变量与因变量的关系，因而，它不可能运用数学函数关系建立一定的数学模型，用输入样本的具体观测值来推算总体特征值。这种确定性的古典数学分析的方法在这里是用不上的。在这里只能回答，从总体中抽取一个样本，并计算出相应的样本指标，用这个样本指标来推断相应的总体指标，误差可能有多大？误差不超过一定范围的概率有多大？

（三）抽样推断的结论存在着一定的误差

抽样推断就是用样本的指标去推断相应的总体指标，总是存在着某种程度的离差，这种离差就是抽样误差。抽样误差是抽样调查中所固有的，是不可避免的。但随着样本容量 n 的增大这个误差就会减小。这里需要指出这个误差的大小与归纳推理的可靠程度常常联系在一起。在其他条件不变的情况下，抽样误差的大小和概率保证程度的关系是：允许误差范围大，则概率保证程度也大，但精确度则低；反之如果精确度的要求高，允许的误差范围小，则概率保证程度也就小了。

二、抽样推断的优良标准

抽样推断就是用样本的平均数 $\bar{x}$ 去推断总体的平均数 $\bar{X}$；用样本的成数 p 去推断总体的成数 P；用样本的标准差 σ_i 去推断总体的标准差 σ。要想减少

抽样误差,就要求样本具有充分的代表性:①增大样本容量。②抽取的变量接近于总体的平均数。③样本的分布与总体的分布一致。但要判断其代表性,仅从一次试验结果来判断是不可能的,而应该从多次重复试验中,看这种估计量是否在某种意义上说最接近于被估计的参数真值。这就需要从总体上去考察估计量的优良性,也就是从这些统计量的抽样分布上去考察,通常有三个重要的性质作为选择依据。

（一）无偏性

以抽样指标估计总体指标要求抽样指标值的平均数等于被估计的总体指标值本身,就是说,虽然每一次的抽样指标值和总体指标值之间都可能有误差,但在多次反复的估计中,各个抽样指标值的平均数应该等于所估计的总体指标值本身,即抽样指标的估计,平均来说是没有偏误的。

上一节我们已经验证了抽样平均数的平均数等于总体的平均数,抽样成数的平均数等于总体的成数,即:

$$E(\bar{x}) = \bar{\bar{x}} = \bar{X}$$
$$E(p) = \bar{p} = P$$

这说明以抽样平均数作为总体平均数的估计量,以抽样成数作为总体成数的估计量,是符合无偏性原则的。

（二）一致性

以抽样指标估计总体指标要求当样本的单位数充分大时,抽样指标也充分地靠近总体指标。就是说,随着样本单位数 n 的无限增大,抽样指标和未知的总体指标之差的绝对值小于任意小的数,它的可能性也趋近于必然性。即:

$$\lim_{n \to \infty} P(|\bar{x_i} - \bar{X}| < \varepsilon) = 1$$

（三）有效性

虽然每个可能样本的抽样指标和未知的全及指标会有离差,但要求抽样指标的标准差比全及指标的标准差更小。或者说,平均来说用样本指标估计相应的总体指标误差都小。

抽样成数是 $(0,1)$ 分布平均数的表现形式,所以也完全符合优良估计的三项标准。

三、抽样误差

（一）抽样误差的意义

1. 抽样调查的两类误差

抽样调查的意义是用样本指标来推断相应的总体指标。这两者之间必然存在着差距,这个差距就叫做抽样误差。由于总体指标是未知的,所以,在抽样调查中我们只能意识到这个误差的存在,而不能准确地将其计算出来。故一般地定义:抽样误差为抽样估计值与被估计的未知的真实总体参数(总体特征值)之差。

抽样误差的产生大体上可以归纳为两类:即调查误差和抽样误差。所谓调查误差,也叫登记性误差,是指在调查过程中,由于测量、登记、计算上的差错所引起的误差。抽样误差也叫代表性误差,它是抽样调查本身所故有的一种误差,而这种误差的产生,是在遵循抽样的随机性原则的前提下,由于被抽选的样本各种各样,只要被抽中的样本其内部各单位对研究标志的构成比例和总体有出入,即使是没有登记性误差,也会出现或大或小的偶然性的代表性误差,而这种误差是无法消除的。这就是我们所要研究的抽样误差。根据大数定律可知,随着样本容量 n 的增大,抽样误差会减小,但不会为零。这样抽样误差就可以在程序上加以控制,所以,抽样误差也称为可控制性误差。

2. 抽样误差的表现形式

抽样推断是由样本来推断总体。一般是由样本的平均数 $\bar{x}$ 来推断总体的平均数 $\bar{X}$;用样本的成数 p 来推断总体的成数 P。因此,抽样误差的表现形式为: $|\bar{x} - \bar{X}|$ 和 $|p - P|$,它们分别是抽样平均数、抽样成数的抽样误差,是样本指标与总体指标离差的绝对值。由于总体指标是未知的,样本指标又是样本的一个函数,不是惟一的,所以,抽样误差是一个随机变量。

3. 影响抽样误差的因素

(1)全及总体标志值的差异程度。抽样误差的大小与全及总体标志值的差异程度成正比。总体的差异程度越大,抽样误差就越大;反之,总体标志值的差异程度越小,抽样误差就越小。

(2)样本容量的大小。根据大数定律和抽样推断一致性的要求,抽样误差的大小与样本容量成反方向变化。抽样单位数越多,抽样误差就越小;反之抽样单位数越少,则抽样误差就越大。

(3)样本的抽取方法。在同样情况下,不重复抽样比重复抽样所产生的误差要小。这是因为:在重复抽样时,同一个样本内同一个单位被抽中多次的可能性是存在的,它本身就降低了样本对总体的代表性。

(4)抽样调查的组织形式。抽样调查可以有不同的组织形式,如纯随机抽样、机械抽样、类型抽样、多阶段抽样、整群抽样。不同的抽样方式会有不同的抽样误差。这是因为组织形式不同,所抽出的样本对总体的代表性不同,从而产生的抽样误差也就不同。

(二)抽样的平均误差

1. 抽样平均误差的概念

由于样本不是惟一确定的,所以样本指标也不是惟一确定的,因此,样本指标与总体指标的误差也是多种多样的,这就需要有一个平均的概念。

从 N 个总体单位中抽取一个样本容量为 n 的子样,设样本可能数目有 M 个,每个样本的平均数或成数分别为: $\bar{x}_i$;p_i,即:

$\bar{x}_1,\bar{x}_2,\bar{x}_3,\ldots,\bar{x}_i,\ldots,\bar{x}_M$ 对其求平均数为 $\bar{X}$,其误差为:$\bar{x}_i - \bar{X}$;

$p_1,p_2,p_3,\ldots,p_i,\ldots,p_M$ 对其求平均数为 P,其误差为:$p_i - P$。

则,抽样的平均误差是样本平均数(成数)对样本平均数(样本成数)的平均数的标准差,即:

抽样平均数的抽样平均误差:
$$\mu_x = \sqrt{\frac{\sum (\bar{x}_i - \bar{X})^2}{M}} \qquad (6-17)$$

抽样成数的抽样平均误差:
$$\mu_p = \sqrt{\frac{\sum (p_i - P)^2}{M}} \qquad (6-18)$$

上面我们讨论的仅是抽样平均误差的理论公式,在实际抽样调查过程中不能用它来计算抽样的平均误差,其原因是:首先,在抽样调查过程中作为总体的指标(总体的平均数 $\bar{X}$ 和总体的成数 P)是未知的,是需要我们去加以推断的;其次,我们不可能把每一种样本的组合都找到(应有 M 种),即便是能找到也是一件非常困难的事情。

2. 抽样平均误差的计算公式

(1)抽样平均数的抽样平均误差。又可分为重复抽样与不重复抽样两种情况来讨论。在重复抽样下,抽样平均误差的计算公式为:

$$\mu_x = \frac{\sigma}{\sqrt{n}} \qquad (6-19)$$

式中:μ_x 为抽样平均数的平均误差;σ 为总体的标准差;n 为样本容量。

它表明:抽样平均数的平均误差,在采用重复抽样的方式下,仅为总体标准差 σ 的 $1/\sqrt{n}$ 倍。对于上述公式,需要说明以下几点:

①所有抽样样本平均数的平均数等于总体的平均数,即 $E(\bar{x}_i) = \bar{X}$。

②抽样平均数的抽样平均误差,也就等于抽样平均数对总体平均数的标准差,或抽样平均数对抽样平均数的平均数的标准差。它等于总体标准差的 $1/\sqrt{n}$,即:$\mu_x = \sigma/\sqrt{n}$。

③抽样平均误差与总体的标准差成正比。当样本容量 n 一定时,σ 扩大

一倍,则 μ_x 也扩大一倍;σ 缩小一倍,则 μ_x 也缩小一倍。

④事实上,在抽样调查中,总体的标准差 σ 是求不到的:a. 可以用样本的标准差来代替;b. 若过去进行过这样的调查,可采用过去的标准差;c. 首先采用"试查"的方法来确定标准差。

⑤抽样的平均误差与样本容量的平方根成反比。

在不重复抽样下,抽样平均误差的计算公式:

$$\mu_x = \sqrt{\frac{\sigma^2}{n}\left(\frac{N-n}{N-1}\right)} = \frac{\sigma}{\sqrt{n}}\sqrt{\frac{N-n}{N-1}}$$

当 N 很大时,$\frac{N-n}{N-1} \approx \frac{N-n}{N} = 1-\frac{n}{N}$,所以:

$$\mu_x = \frac{\sigma}{\sqrt{n}}\sqrt{1-\frac{n}{N}} \tag{6-20}$$

对于不重复抽样,需要说明如下:

①不重复抽样的平均误差为重复抽样平均误差乘上一个校正因子 $\sqrt{\frac{N-n}{N-1}}$

或 $\sqrt{1-\frac{n}{N}}$。

②由于 $\frac{N-n}{N-1} \approx \frac{N-n}{N} = 1-\frac{n}{N} < 1$,所以,在同样的情况下,不重复抽样的平均误差比重复抽样的平均误差小,或重复抽样的平均误差比不重复抽样的平均误差大。

③在实际工作中往往是以重复抽样的方法确定必要抽样数目,以不重复抽样的方法来抽取调查单位进行计算估计,而又用重复抽样的误差公式来计算误差,一方面是计算公式简单,另一方面,这样计算的误差比实际存在的误差大,便于提高抽样推断的可靠性。

(2)抽样成数的抽样平均误差。总体成数 P 可以表现为是非标志的平均数

$$E(x) = p \qquad \sigma = \sqrt{p(1-p)} \tag{6-21}$$

同理,样本的成数 p 也可以表现为样本的是非标志的平均数

$$E(x) = p \qquad \sigma_i = \sqrt{p(1-p)}$$

因此,在重复抽样下,抽样成数的平均误差:

$$\mu_p = \sigma / \sqrt{n} = \sqrt{\frac{p(1-P)}{n}} \tag{6-22}$$

式中:P 为总体的成数,在抽样调查中是求不到的,只能用样本的成数来

代替;n 为样本的容量。

在不重复抽样下,抽样成数的平均误差:

$$\mu_p = \frac{\sigma}{\sqrt{n}} \sqrt{\frac{N-n}{N-1}} = \sqrt{\frac{p(1-p)}{n}\left(\frac{N-n}{N-1}\right)} \approx$$

$$\sqrt{\frac{p(1-p)}{n}\left(1-\frac{n}{N}\right)} \tag{6-23}$$

[例 6-3]　工商部门对某超市经销的小包装休闲食品进行质量合格率抽查,规定每包质量不低于 30 克,在 1 000 包食品中抽 1% 进行检验,结果如表 6-4 所示,试计算抽样的平均误差。

表 6-4　抽样平均误差计算举例

按质量分组/克	包数 f/包	组中值 x/克	xf	$x-\bar{x}$	$(x-\bar{x})^2 f$
26～27	1	26.5	26.5	−1.9	3.61
27～28	3	27.5	82.5	−0.9	2.43
28～29	3	28.5	85.5	0.1	0.03
29～30	2	29.5	59	1.1	2.42
30～31	1	30.5	30.5	2.1	4.41
合计	10	—	284	—	12.9

解　首先,计算样本的平均数:

$$\bar{x} = \frac{\sum xf}{\sum f} = \frac{284}{10} \text{克} = 28.4 \text{ 克}$$

其次,计算样本的标准差:

$$\sigma = \sqrt{\frac{\sum (x-\bar{x})^2 f}{\sum f}} = \sqrt{\frac{12.9}{10}} \text{克} = 1.14 \text{ 克}$$

最后,计算抽样平均数的抽样平均误差:

按重复抽样计算:

$$\mu_x = \frac{\sigma}{\sqrt{n}} = \frac{1.14}{\sqrt{10}} \text{克} = 0.36 \text{ 克}$$

按不重复抽样计算:

$$\mu_x = \frac{\sigma}{\sqrt{n}} \sqrt{\frac{N-n}{N-1}} = 0.36 \times \sqrt{\frac{1\,000-10}{1\,000-1}} \text{克} = 0.358\,4 \text{ 克}$$

重复抽样与不重复抽样计算出来的抽样平均误差相差无几,因此,今后凡不特别要求,一般都用重复抽样的平均误差公式计算抽样误差。

产品的不合格率为: $P = \dfrac{9}{10} = 90\%$;

抽样成数的抽样平均误差为:

$$\mu_p = \sqrt{\frac{p(1-p)}{n}} = \sqrt{\frac{0.9 \times 0.1}{10}} = 9.5\%$$

(三)抽样极限误差

抽样的平均误差是说明抽样方案总的误差情况,但是在进行抽样推断时,实际上往往只抽取一个样本。因此,实际的抽样误差可能大于或小于抽样的平均误差。但对于某一项调查来说,根据客观要求一般应有一个允许的误差范围,这一误差范围就称作抽样的极限误差。

抽样指标是在全及指标上下随机出现的变量,而全及指标是一个未知的确定量。抽样误差范围就是变动的抽样指标与惟一确定的但又是未知的全及指标之间离差的可能范围。

设 Δ_x 与 Δ_p 分别表示抽样平均数和抽样成数的极限误差,则有:

$$\Delta_x \leqslant |x - \bar{x}| \qquad \Delta_p \leqslant |p - P|$$

表明抽样平均数和抽样成数应落在全及平均数或全及成数周围,即 $\bar{X} \pm \Delta_x$; $P \pm \Delta_p$ 之间。用公式表示如下:

$$\bar{X} - \Delta_x \leqslant \bar{x} \leqslant \bar{X} + \Delta_x ; \quad P - \Delta_p \leqslant p \leqslant P + \Delta_p$$

可见,抽样误差范围是以 $\bar{X}$ 或 P 为中心的两个 Δ 的距离。这是极限误差的原意,但是由于全及指标是未知的,抽样指标是依据实际样本求得的。因此,极限误差的实际意义是要求被推断未知的全及指标($\bar{X}$ 或 P)落在抽样指标($\bar{x}$ 或 p)的一定范围内。即:

$$\bar{x} - \Delta_x \leqslant \bar{X} \leqslant \bar{x} + \Delta_x \text{ 或 } p - \Delta_p \leqslant P \leqslant p + \Delta_p$$

其实,两种误差范围是完全一致的。

全及总体的平均数 $\bar{X}$ 或成数 P 的范围估计,可按下式计算:

$$\bar{X} = \bar{x} \pm \Delta_x ; \quad P = p \pm \Delta_p$$

在一定的全及总体中,当抽样方式和样本容量确定以后,抽样的平均误差就是一个定值,而抽样的极限误差(Δ_x 与 Δ_p)则可以根据研究目的的不同由人们加以规定。基于理论上的要求,抽样的极限误差通常需要以抽样的平均误差为标准单位加以度量,把极限误差除以相应的平均误差,得出数值 t,用它来表示极限误差为平均误差的若干倍,在概率统计中,t 称为概率度。其计算公式为:

$$t = \frac{\Delta_x}{\mu_x} \quad 或 \quad \Delta_x = t\mu_x$$

$$t = \frac{\Delta_p}{\mu_p} \quad 或 \quad \Delta_p = t\mu_p$$

[**例6-4**]　某灯泡厂对一大批某种型号的灯泡进行质量检验,样本中灯泡的平均耐用时数为900小时,样本平均耐用时数的标准差为50小时,样本单位数 $n = 100$ 只,合格率为95%,若抽样误差的概率度 $t = 2$,求该批灯泡平均耐用时间的误差范围和合格率的误差范围。

已知: $\bar{x} = 900$; $\sigma_x = 50$; $p = 95\%$; $t = 2$; $n = 100$

求: $\Delta_x = ?$; $\Delta_p = ?$

解　(1)先求平均误差:

$$\mu_x = \sigma_x / \sqrt{n} = \frac{50}{\sqrt{100}} 小时 = 5 小时;$$

$$\mu_p = \sqrt{\frac{p(1-p)}{n}} = \sqrt{\frac{95\%(1-95\%)}{100}} = 2.18\%$$

(2)求误差范围:

$$\Delta_x = t\mu_x = (2 \times 5) 小时 = 10 小时;$$

$$\Delta_p = t\mu_p = 2 \times 2.18\% = 4.36\%$$

(3)灯泡的耐用时数为: $(900-10;900+10)$ 小时;

灯泡的合格率为: $[95\%-4.36\%;95\%+4.36\%]$

在抽样实践中,为了表示抽样误差的相对程度,需要计算抽样误差系数 V_x 和 V_p。抽样误差系数的计算是以抽样的极限误差除以抽样的平均数 $\bar{x}$ 或抽样成数 p 来计算的。即:

$$V_x = \frac{\Delta_x}{\bar{x}} \times 100\% \tag{6-24}$$

$$V_p = \frac{\Delta_p}{p} \times 100\% \tag{6-25}$$

由抽样误差系数还可以计算抽样估计的精度 A_x 和 A_p。

$$A_x = 1 - V_x \tag{6-26}$$

$$A_p = 1 - V_p \tag{6-27}$$

在实际工作中,往往用精度要求来代替误差范围的控制。

四、抽样误差的置信度

抽样极限误差的估计总是和一定的概率保证程度联系在一起的。因为既然抽样误差是一个随机变量,我们就不能期望抽样平均数和抽样成数落在一个区间内是一个必然事件,而只能给予一定的概率保证程度。所以,在进行抽样估计时,不但要考虑抽样误差的可能范围有多大,而且还必须考虑落在这一范围内的概率有多少。前者我们称为抽样估计的精确度,后者我们称为抽样估计的可靠程度,也是在概率上的保证程度问题,我们称之为抽样估计的置信度。

抽样估计的置信度和抽样的极限误差有着密切的联系。根据中心极限定理,当抽样误差范围增大时,抽样估计的置信度也增大,抽样估计的精确程度则降低,反之亦然。实质上,抽样估计的精确度与置信度是矛盾的。科学的调查方案就是要协调好它们之间的矛盾。

在实际的抽样调查中,总体变量的分布通常是不知道的,抽样平均数(或抽样成数)的概率分布是否接近于正态分布,或接近到什么程度,起决定因素的是样本容量 n。理论已经证明,在大样本($n \geqslant 30$)下,抽样平均数(成数)的分布接近于正态分布。其特点是:首先这一分布是以总体平均数(成数)为中心,两边完全对称,即抽样指标大于或小于总体指标的概率完全相等,就是说抽样指标的正误差与负误差的可能性是完全一致的;其次,抽样指标越接近于总体指标,出现的可能性越大,概率越大,反之,抽样指标越远离总体指标,出现的可能性越小,概率越小,直至趋近于零。

根据图 6-4 所示,正态曲线和横轴所包围的面积等于 1,则抽样指标落在总体指标某一区间的概率 p 就可以以曲线在这一区间所包围的面积来表示。常用的对应数据如下:

$$P(\overline{X} - \mu_x \leqslant \overline{x} \leqslant \overline{X} + \mu_x) = P(|\overline{x} - \overline{X}| \leqslant \mu_x) = 68.27\% ;$$

$$P(P - \mu_p \leqslant p \leqslant P + \mu_p) = P(|p - P| \leqslant \mu_p) = 68.27\% ;$$

$$P(\overline{X} - 2\mu_x \leqslant \overline{x} \leqslant \overline{X} + 2\mu_x) = P(|\overline{x} - \overline{X}| \leqslant 2\mu_x) = 95.45\% ;$$

$$P(P - 2\mu_p \leqslant p \leqslant P + 2\mu_p) = P(|p - P| \leqslant 2\mu_p) = 95.45\% ;$$

$$P(\overline{X} - 3\mu_x \leqslant \overline{x} \leqslant \overline{X} + 3\mu_x) = P(|\overline{x} - \overline{X}| \leqslant 3\mu_x) = 99.73\% ;$$

$$P(P - 3\mu_p \leqslant p \leqslant P + 3\mu_p) = P(|p - P| \leqslant 3\mu_p) = 99.73\% ;$$

应用正态分布理论和中心极限定理,来估计总体指标落在一定区间的概率,应注意以下几点:

(1)因为抽样平均数的平均数等于总体的平均数,所以,抽样平均数的分布,实际上就是围绕着以总体平均数 $\overline{X}$ 为对称中心的分布,而各个样本平均值和中心点的离差的概率恰好表明抽样极限误差的概率。

(2)根据正态分布的理论,抽样极限误差 $|x - \overline{x}| \leqslant \Delta_x$ 的概率,应该是抽样

平均数$\bar{x}$落在$[\overline{X}-\Delta_x,\overline{X}+\Delta_x]$区间的概率,由于在抽样调查中总体的平均数是未知的,而抽样平均数$\bar{x}$却是已知的,就不需要再估计了,而需要估计的是由已知的抽样平均数$\bar{x}$去估计未知的总体平均数$\overline{X}$,因此,所求的概率应该是总体平均数$\overline{X}$落在区间$[\bar{x}-\Delta_x,\bar{x}+\Delta_x]$上的概率。我们已经论证了不等式$\overline{X}-\Delta_x\leqslant\bar{x}\leqslant\overline{X}+\Delta_x$和不等式$\bar{x}-\Delta_x\leqslant\overline{X}\leqslant\bar{x}+\Delta_x$是等价的,因此,这两个区间上的概率是相等的。即:

$$P(\overline{X}-\Delta_x\leqslant\bar{x}\leqslant\overline{X}+\Delta_x)=P(\bar{x}-\Delta_x\leqslant\overline{X}\leqslant\bar{x}+\Delta_x)$$

它们之间的关系如图 6-5 所示,两个阴影的面积是相等的。

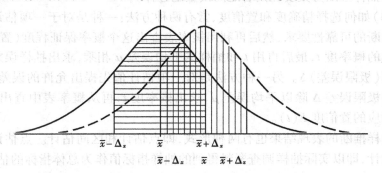

图6-5 不等式$|x-\bar{x}|\leqslant\Delta_x$与$|\overline{X}-\bar{x}|\leqslant\Delta_x$的关系图

(3)由于抽样平均数的标准差即为抽样平均误差$\sigma_{\bar{x}}=\mu_x=\dfrac{\sigma}{\sqrt{n}}$(在不重复抽样下$\sigma_{\bar{x}}=\mu_x=\dfrac{\sigma}{\sqrt{n}}\sqrt{\dfrac{N-n}{N-1}}$),因此,抽样平均数的标准化应将抽样的极限误差$\Delta_x\leqslant|\bar{x}-\overline{X}|$除以$\mu_x$求出概率度$t$值,即$t=\Delta_x/\mu_x$,然后由$t$值查概率表求相应的$F(t)=P(|\bar{x}-\overline{X}|\leqslant t\mu_x)$的概率即为置信度。

(4)在实际工作中,由于总体的标准差通常是未知的,因此,在一般情况下用样本的标准差来代替总体的标准差,以推算抽样的平均误差μ_x。

五、抽样推断的方法

(一)抽样推断的一般方法

抽样推断就是用样本的指标来推断总体的相应指标,有三项基本要素:估计值,包括平均数、成数和方差;估计值的可能误差范围,即抽样的极限误差Δ_x和Δ_p;误差范围相对应的概率保证程度——抽样推断的置信度。即:

$$P(|\bar{x}-\overline{X}|\leqslant t\mu_x)=F(t)$$
$$P(|p-P|\leqslant t\mu_p)=F(t)$$

根据上一节的分析,我们会发现以下规律:

(1)在同样的概率保证程度下(t 一定)平均误差 μ 越小,则误差的可能范围也就越小;平均误差 μ 越大,则误差的可能范围也就越大。

(2)当抽样平均误差 μ 一定时,极限误差的大小就随着概率度 t 的变化而变化,t 小则误差范围就小,估计的精确度就高,而概率上的保证程度(置信度)就降低;t 值越大,则误差范围也就越大,估计的精确度就降低,在概率上的保证程度(置信度)就会提高。抽样推断的精确度和置信度是一对矛盾体。科学的抽样推断方案要在两者之间慎重地选择。

(3)如何选择精确度和置信度,常有两种方法:一种是对于一项估计值先提出推断的可靠性要求,然后再利用概率表查出这个概率保证程度(置信度)所对应的概率度 t,最后再用 t 和抽样的平均误差 μ 相乘,求出抽样误差的可能范围(极限误差)Δ。另一种方法是对一项估计值先提出允许的误差范围,然后将极限误差 Δ 除以平均误差 μ,求出概率度 t,再从概率表中查出有关 t 值所对应的置信度 $F(t)$。

抽样推断的表现结果也有两种形式,即点估计和区间估计。点估计也称定值估计,即以实际抽样调查资料得到的抽样指标值作为总体指标的估计值,同时给出极限误差和相应的可靠程度。定值估计也可以用给出估计值,同时给出估计精度和相应的可靠程度来表示。区间估计就是根据估计可靠程度的要求,选定概率度 t 以及极限误差 $\Delta_x = t\mu_x$(或 $\Delta_p = t\mu_p$),再利用抽样调查取得的抽样平均数 $\bar{x}$(或成数 p),定出估计上限 $\bar{x} + \Delta_x$(或 $p + \Delta_p$),估计下限 $\bar{x} - \Delta_x$(或 $p - \Delta_p$)。区间 $[\bar{x} - \Delta_x, \bar{x} + \Delta_x]$(或 $[p - \Delta_p, p + \Delta_p]$)称为置信区间,估计可靠程度称为置信度。区间估计就是根据抽样指标定出置信区间和置信度。

(二)总体平均数的推断

总体平均数的推断就是用样本的平均数来推断总体的平均数,并指明置信区间和置信度。其具体步骤如下:

(1)计算样本的平均数:$\bar{x} = \dfrac{\sum xf}{\sum f}$。

(2)计算样本的标准差:$\sigma = \sqrt{\dfrac{\sum (x - \bar{x})^2 f}{\sum f}}$;自由度最好用 $\sum f - 1$。

(3)计算抽样的平均误差:$\mu_x = \sigma / \sqrt{n}$ 或 $\mu_x = \dfrac{\sigma}{\sqrt{n}}\sqrt{1 - \dfrac{n}{N}}$。

(4)推断(点估计与区间估计)。

[**例 6-5**] 以表 6-4 资料为基础,试以 95.45% 的概率推算:该批食品的平均每包质量是否符合规定要求。

解 由 $F(t) = 95.45\%$,查概率分布表得 $t = 2$

$$\Delta_x = t \cdot \mu_x = 2 \times 0.36 = 0.72$$

$$\bar{x} - \Delta_x \leqslant \overline{X} \leqslant \bar{x} + \Delta_x$$

$$28.4 - 0.72 \leqslant \overline{X} \leqslant 28.4 + 0.72$$

$$27.68 \leqslant \overline{X} \leqslant 29.12$$

以 95.45% 的概率推算这批食品质量范围不符合规格要求。

[**例 6-6**] 对一批某型号的电子元件进行耐用性能的检查,随机抽取 100 件作耐用测试。所得结果如表 6-5,若假定耐用时数的允许极限误差的上下限不超过 10.4 小时,试求总体平均数满足此要求的概率保证程度,或在 95% 的置信度下,试对该批元件的平均耐用时数作出估计。

表 6-5 电子元件耐用时数抽测资料

耐用时数	组中值 x	元件数 f
900 以下	875	1
900 ~ 950	925	2
950 ~ 1 000	975	6
1 000 ~ 1 050	1 025	35
1 050 ~ 1 100	1 075	43
1 100 ~ 1 150	1 125	9
1 150 ~ 1 200	1 175	3
1 200 以上	1 225	1
合 计	—	100

解 第一步 计算样本平均数

$$\bar{x} = \frac{\sum xf}{\sum f} = \frac{105\ 550}{100} 小时 = 1\ 055.5 小时$$

第二步 计算样本的标准差

$$\sigma = \sqrt{\frac{\sum (x - \bar{x})^2 f}{\sum f}} = 51.91 小时$$

第三步 计算抽样的平均误差

$$\mu_x = \frac{\sigma}{\sqrt{n}} = \frac{51.91}{\sqrt{100}} \text{小时} = 5.191 \text{小时}$$

第四步　由于极限误差为 10.4 小时,即 $\Delta_x = 10.4$ 小时

则总体平均数变动区间的上限为:

$$\bar{x} + \Delta_x = (1\ 055.5 + 10.4) \text{小时} = 1\ 065.9 \text{小时}$$

下限为:

$$\bar{x} - \Delta_x = (1\ 055.5 - 10.4) \text{小时} = 1\ 045.1 \text{小时}$$

区间为:$[1\ 045.1, 1\ 065.9]$。

计算概率度 t:

$$t = \frac{\Delta_x}{\mu_x} = \frac{10.4}{5.19} = 2$$

查概率表得:$F(t) = 95.45\%$。说明总体的平均耐用时数落在区间 $[1\ 045.1, 1\ 065.9]$ 之内的置信度为 95.45%。

第五步,按给定的概率保证程度 95% 计算,查概率分布表得相应的概率度为:$t = 1.96$。

则极限误差为:$\Delta_x = t\mu_x = (1.96 \times 5.191)$ 小时 $= 10.17$ 小时

估计区间上限:$\bar{x} + \Delta_x = (1\ 055.5 + 10.17)$ 小时 $= 1\ 065.67$ 小时

估计区间下限:$\bar{x} - \Delta_x = (1\ 055.5 - 10.17)$ 小时 $= 1\ 045.33$ 小时

所以,该批电子元件的平均耐用时数为 1 055.5 小时,误差不超过 10.17 小时的置信度为 95%。

(三)总体成数的推断

总体成数的推断就是用样本的成数去推断总体的成数。其步骤为:

(1)计算样本的成数 p。

(2)计算样本成数的标准差 $\sigma_p = \sqrt{p(1-p)}$。

(3)计算平均误差 $\mu_p = \sqrt{\dfrac{p(1-p)}{n}}$ 或:$\mu_p = \sqrt{\dfrac{p(1-p)}{n}\left(1 - \dfrac{n}{N}\right)}$

(4)推断(点估计与区间估计)。

[**例 6-7**]　为了研究新式时装的销路,在市场上随机对 900 名成人进行调查,结果有 540 名喜欢该新式时装,要求以 90% 的概率保证程度,估计该市成年人喜欢该新式时装的比率。

解　(1)计算样本的成数:$p = \dfrac{540}{900} = 60\%$。

(2)计算抽样成数的方差:$\sigma_p^2 = p(1-p) = 0.6 \times (1 - 0.6) = 0.24$。

（3）计算抽样平均误差：$\mu_p = \sqrt{\dfrac{p(1-p)}{n}} = \sqrt{\dfrac{0.24}{900}} = 1.63\%$。

根据给定的置信度 $F(t) = 0.90$，查概率表求得概率度 $t = 1.64$，极限误差 $\Delta_p = t\mu_p = 1.64 \times 1.63\% = 2.67\%$，则总体比率的上下限为：

下限：$p - \Delta_p = 60\% - 2.67\% = 57.33\%$

上限：$p + \Delta_p = 60\% + 2.67\% = 62.67\%$

我们可以 90% 的概率保证程度推断该市成人对此批时装的喜欢率在 57.33% 至 62.67% 之间。

（四）总体方差的推断

在抽样平均数推断中，计算抽样平均误差时需要用总体的方差的数据，但总体的方差是未知的，通常用样本的方差来代替。

从理论上讲，每一个样本标准差与总体标准差之间都会有误差，它们的误差也是一个随机变量，但平均说来它们的误差却是很小的，当样本容量 n 很大时，它们趋于一致。

数理统计证明：在样本容量不大的前提下，不能用样本的标准差 σ_x 来估计总体的标准差 σ，而应该在样本标准差的基础上再乘一个修正因子，用 $\sqrt{\dfrac{n}{n-1}}\sigma_x$（称为一般标准差，记为 S）来估计总体的标准差 σ。这时抽样平均误差的计算公式为：

$$\mu_x = \frac{\sigma}{\sqrt{n}} = \frac{\sqrt{\dfrac{n}{n-1}}\sigma_x}{\sqrt{n}} = \frac{\sigma_x}{\sqrt{n-1}} \tag{6-28}$$

其中 $n-1$ 称为自由度，这时样本的分布服从 t 分布，即"学生"分布。下面，用一个例子来说明采用小样本时区间估计的方法。

[**例 6-8**] 某市抽查 25 个家庭用户的电力消费见表 6-6。

表 6-6 家庭用电情况统计表

用电量/千瓦·小时	户　数
45 ~ 55	2
55 ~ 65	5
65 ~ 75	9
75 ~ 85	6
85 ~ 95	3

试求在 95% 的概率保证程度下,全市家庭用户电力平均消耗量的置信区间。

解　样本的平均数:$\bar{x} = 71.2$ 千瓦·小时;样本标准差:$\sigma_x = 11.07$ 千瓦·小时。

一般标准误差:

$$S = \sqrt{\frac{n}{n-1}}\sigma_x = \left(\sqrt{\frac{25}{25-1}} \times 11.07\right) \text{千瓦·小时} = 11.3 \text{ 千瓦·小时}$$

抽样平均误差:

$$\mu_x = \frac{S}{\sqrt{n}} = \frac{\sigma_x}{\sqrt{n-1}} = 2.26 \text{ 千瓦·小时}$$

由置信度 $1-\alpha = 95\%$,则显著性水平 $\alpha = 0.05$,查 t 分布得:

$$t_{\frac{\alpha}{2}} = 2.06$$

则估计区间上限:$\bar{x} + \Delta_x = \bar{x} + t_{\frac{\alpha}{2}}\mu_x = 71.2 + 2.06 \times 2.26 = 75.86$

估计区间下限:$\bar{x} - \Delta_x = \bar{x} - t_{\frac{\alpha}{2}}\mu_x = 71.2 - 2.06 \times 2.26 = 66.54$

置信区间为:$[66.54, 75.86]$

所以,在 95% 的置信度下,全市用户平均用电量在 66.54 千瓦·小时至 75.86 千瓦·小时之间。

【小　结】

1. 抽样调查是按照随机抽样的原则抽选总体中的部分单位进行调查,用部分单位的指标数值作为代表去推断总体的指标数值的方法。

2. 全及总体也叫母体,即被研究事物或现象的总体,一般简称总体,这是开展抽样所面对的总体。样本总体,也叫子样,即从全及总体中抽出来的那些单位所组成的集合体,简称为样本。

3. 大数定律也叫大数法则,是关于大量的随机现象具有稳定性质的法则。它说明如果被研究的总体由大量相互独立的随机因素所构成,而且每个因素对总体的影响都相对地小,那么,对这些大量的因素加以综合平衡的结果,因素的个别影响将相互抵消,而显现出它们共同作用的倾向,使总体具有稳定的性质。

4. 抽样推断就是以样本的实际资料为依据,计算出一定的样本指标,并用以对总体的有关指标做出数量上的估计和判断。抽样推断的优良标准以无偏性、一致性、有效性为依据。

5. 在进行抽样时允许的误差范围叫做抽样极限误差,抽样平均数的标准差叫抽样平均误差或抽样标准误差。

6. 抽样误差是一个随机变量,因此我们不能期望抽样平均数和抽样成数落入一个区间内是一个必然事件,而只能给予一定的概率保证程度。允许误差范围称为抽样估计的精确度,概率保证程度称为抽样估计的置信度。

【思考与练习】

1. 简述抽样调查的基本原则?

2. 简述大数定律及其意义?

3. 简述正态分布及其意义?

4. 简述中心极限定理及其意义?

5. 简述影响抽样误差的因素? 抽样平均误差与极限误差的关系?

6. 对 50 名大学生的午餐费进行调查,得样本均值为 3.1 元,假设总体的标准差为 1.75 元,试求总体均值(即该校大学生的平均午餐费)的 95% 的置信区间。

7. 假定职工的月收入服从正态分布,现随机抽取 30 名职工进行调查,他们的月收入的平均值为 696.2 元,标准差为 136.1 元,试求总体均值的 95% 的置信区间。

8. 在某电视节目收视率调查中,调查了 400 人,其中有 100 人收看了该电视节目,试对该节目收视率作置信水平为 0.95 的区间估计。

9. 以下数据是来自一个正态总体的样本容量为 8 的样本值:10,8,12,15,13,11,6,5。求总体均值的点估计以及总体均值的 95% 的置信区间。

10. 某县水稻总面积 20 000 公顷,以不重置抽样方法从中随机抽取 400 公顷实割实测求得样本平均每公顷产量 9 675 千克,标准差 1 089 千克。要求抽样极限误差不超过 108 千克,试对该县水稻的每公顷产量和总产量作估计。

第七章 抽样组织

第一节 抽样方案设计与抽样框的编制

一、抽样方案设计的原则

如何科学地组织抽样调查是抽样推断中一个十分重要的问题。在抽样调查之前首先要进行抽样方案的设计,它是抽样推断的一个总体规划,包括如何从总体中抽取样本,要调查哪些项目的资料,用什么样的方法去取得这些资料,要求资料的精确程度和确定必要的样本单位数目等。完整的抽样方案还应包括一些必要的附件,如调查人员培训计划、调查问卷和调查表的设计、调查项目的编码以及汇总表的格式等。因此,抽样方案设计是一个非常复杂的问题。

首先,抽样推断的基础是样本。样本的充分代表性是降低抽样推断误差的关键,而样本充分代表性的前提是抽选样本时必须按照随机抽样的原则来进行。

其次,随着样本容量 n 的增大,样本对总体的代表性会增强,但调查单位增多也会带来调查费用的上涨。而样本容量减小又会使抽样推断的误差增大。所以,样本容量究竟多大才算合适,也是抽样方案设计要考虑的问题。

再次,不同的抽样组织形式和抽样方法会产生不同的误差,抽样效果也是不同的。在样本选取的具体操作上也有难易之分。它们又都与总体的数值分布与总体单位的空间分布有关。科学的抽样方案要兼顾这两个方面的要求。

最后,在抽样方案设计中必须重视调查费用这个基本因素。在通常的情况下,提高精度的要求和节省费用的要求往往有矛盾。因为要求抽样误差越小,就要增加样本容量,相应地要增加调查费用。但实际工作中并非抽样误差最小的方案就是最好的方案。因为,不同的调查项目对于精度的要求往往是不同的,而且,调查费用和精度之间往往不是线性的关系。可以用图7-1来表述。图中表明用50%的费用可以达到90%的精度,但如果用75%的费用就可以达到98%的精度,若98%的精度已经满足需要时,就没有必要再花25%的费用来获取余下的2%的精度。何况有些调查要求精度比较高,而有些调查并不一定要有很高的精度,这要视具体情况而定。

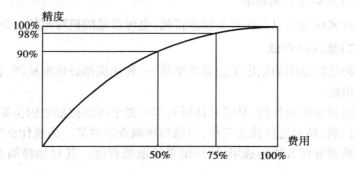

图7-1 调查费用和调查精度的关系

综上所述,在进行抽样方案设计时必须掌握以下两个基本原则:

(1)保证实现抽样的随机性原则。

(2)保证实现最大的抽样效果的原则。即在一定的调查费用条件下,选取抽样误差最小的方案;或在给定的精确度下,做到调查费用最少。

二、抽样方案的检查

对抽样方案的检查主要包括两个方面:一个是准确性的检查;一个是代表性的检查。

所谓准确性的检查是以抽样方案要求的允许误差为标准,用已掌握的资料检查其在一定概率保证程度下,实际的极限误差是否超过了允许误差的要求,即要求极限误差小于或等于允许误差。若极限误差大于允许误差,又无技术性差错,则应增大样本容量,直到符合准确性的要求为止。

所谓代表性检查是将抽样方案中的抽样指标与过去已掌握的总体同一指标 $\overline{X}$ 或 P 进行对比,视其比率是否符合要求。通常这一比率不得超过5%,否则,即表示代表性不足。这种情况若出现,也需要对方案进行多方面的检查,如更换样本单位,若更换样本单位后代表性仍不合要求,就必须增加样本容量以求得满意的代表性。

三、抽样框的编制

为了开展抽样工作,就要有总体内各单位的排列表,这样的排列表可以是全部置于一个框内的名单,也可以是一张清单表,这就是抽样框。抽样框如果是按有关标志排列制作的,就叫有序抽样框。如果不是按有关标志排列制作的,就叫无序抽样框。抽样框可分为两大类:

(一)总体单位名称表

这种名称表可以是按有关标志排列,也可以是随机写出的名单次序。

(二)地段抽样框

这种地段是明确划定了边界的单位,一般地说都是依据地图,有适当边界标志的单位。

编制抽样框的目的,是将总体所有单位置于可以被抽中的位置上,这些单位便于识别,易于进行抽选工作,提高抽样调查的效果。编制什么样的抽样框直接关系到抽样方法的选用、抽样结果的准确程度。其对抽样调查具有重要意义。

抽样框的编制,要根据所取得的总体单位的资料而定。在没有资料可供使用时,往往只能编出总体单位的名单清单或地段抽样框。若有合适总体单位标志特征的资料,可以编制高效的有序抽样框。

有序抽样框是将总体中各单位,按与调查内容比较紧密相关的指标高低有序排列的抽样框。这样的抽样框有着较突出的优点,使得总体内各单位按主要特性进行分层归属,利用科学的分组方法,使得每个组内的共性增加,从而使从每个组中抽出的单位组成的群体更有代表性。

为了提高抽样的效果,广泛地使用辅助资料来改善抽样框,即在有序排队的基础上,利用辅助变量来计算抽样的组距、分层的规模等。它有以下优点:

(1)吸收了科学的分组法的优点,缩小了组内方差,从而减少了抽样误差。

(2)利用辅助资料进行分层,使各层的规模大致相等,便于设计出简便的抽样方案。

(3)考虑了各单位规模的大小,可以使规模大、对总体影响强的单位有较多的机会被抽中,体现出与规模成比率的抽中概率,从而提高抽样推断的准确程度。

(4)可以利用辅助资料计算各种参数,直接检验所抽出单位的标志值与总体标志值的差异程度,进行代表性检查,从另一个侧面论证抽样结果的准确性。

第二节 简单随机抽样

一、抽样组织方式

简单随机抽样,也称为纯随机抽样,指在总体单位均匀混合的情况下,随机逐个抽出样本的抽样方法。通常所说的抓阄和抽签,就是随机抽样的方式。但是在大规模的社会经济调查中,总体单位是大量的、数以千计的,很难把这些大量的单位做成阄或签,也很难把它们掺和均匀。如果去抽,也只能抽取到置于表层的单位,使每个单位都有机会被抽中的理论无法实现。这时一般采用随机数字表。

随机数字表,是包含许多随机数字的表格。它是从 0 ~ 9 的 10 个数码中随机组成的数字表格(见附录2)。随机数字表的查用,可以竖查、横查、顺查、逆查;可以用每组数字左边的头几个数,也可以用右边的几个数,也可以用中间的某几位数,没有什么规则,可以随意使用。但是一旦决定用某一种用法,就得用一种方法抽出全部样本单位来。

简单随机抽样虽然最符合随机的原则,是最基本的一种抽样方式,但它不能保证所取得的样本在总体中有较均匀的分布,所抽样本可能缺乏代表性。这种抽样方法比较适合于总体单位标志变异度较小,总体单位数不是很多的情况。

这种抽样方法在实际工作中,常受到以下限制:

(1)当总体单位数很多时,编号工作就十分繁重,甚至是不可能。

(2)抽到的单位有可能比较分散,给实际调查工作带来困难。如在进行职工家庭收入调查时,抽到的样本家庭地址分散,调查人员实地进行调查,无论从人力、物力上都难以做到。

(3)这种方法没有利用关于总体的一些已知的信息或辅助资料。

二、抽样推断的步骤

关于抽样推断的基本理论和步骤在上一章中已做了详细的介绍。在这里仅举例说明推断步骤。

[**例 7-1**]　某进出口公司出口一批茶叶,为检查其每包的质量,抽取样本 100 包,检查结果如表 7-1。按规定这批茶叶每包规格质量应不低于 150 克,试以 99.73% 的概率对这批茶叶的平均质量作出估计。

表 7-1　茶叶质量抽测结果

每包质量 /克	包数 f/包	组中值 x /克	xf	$(x-\bar{x})$ $\bar{x}=150.3$	$(x-\bar{x})^2$	$(x-\bar{x})^2 f$
148~149	10	148.5	1 485	-1.8	3.24	32.40
149~150	20	149.5	2 990	-0.8	0.64	12.80
150~151	50	150.5	7 525	0.2	0.04	2.00
151~152	20	151.5	3 030	1.2	1.44	28.80
合　计	100	—	15 030	—	—	76.00

解　(1)茶叶每包平均质量:$\bar{x} = \dfrac{\sum xf}{\sum f} = \dfrac{15\ 030}{100}$ 克/包 = 150.3 克/包;

(2)茶叶质量的抽样方差:$\sigma^2 = \dfrac{\sum (x-\bar{x})^2 f}{\sum f} = \dfrac{76}{100}$ 克 = 0.76 克;

(3)抽样平均误差:$\mu_x = \sqrt{\dfrac{\sigma^2}{n}} = \sqrt{\dfrac{0.76}{100}}$ 克 = 0.087 克;

(4)推断:概率保证程度为 99.73% 时,t 值为 3,所以,

$$\Delta_x = t\mu_x = (3 \times 0.087) \text{克} = 0.26 \text{克}$$

总体平均每包质量的定值估计:该批茶叶平均每包质量为 150.3 克,误差不超过 0.26 克的可靠程度为 99.73%。

总体平均每包质量的区间估计:

估计区间下限:(150.3 - 0.26)克 = 150.04 克

估计区间上限:(150.3 + 0.26)克 = 150.56 克

所以,该批茶叶的平均质量在 150.04~150.56 克之间,可靠程度为 99.73%。

三、必要抽样数目的确定

在进行抽样方案设计时一个重要的任务就是确定样本的容量。因为,样本容量大,抽样误差就小,但调查费用就增多;反之,抽样单位数少,所花费用就少,但估计精度上常不能满足要求。因此,如何确定必要抽样数目,进而确定样本容量,兼顾抽样调查的费用和精度,是抽样方案设计中必须考虑的问题。

（一）抽样平均数必要抽样数目的确定

1. 重复抽样下

$$因为 \mu_x = \frac{\sigma}{\sqrt{n}};又因为 \Delta_x = t\mu_x;\mu_x = \frac{\Delta_x}{t};$$

$$故有:\frac{\sigma}{\sqrt{n}} = \frac{\Delta_x}{t}$$

$$则:n = \frac{\sigma^2 t^2}{\Delta_x^2} \tag{7-1}$$

2. 不重复抽样下

$$因为 \mu_x = \frac{\sigma}{\sqrt{n}}\sqrt{1 - \frac{n}{N}};\mu_x = \frac{\Delta_x}{t}$$

$$则有:\frac{\sigma}{\sqrt{n}}\sqrt{1 - \frac{n}{N}} = \frac{\Delta_x}{t};$$

$$n = \frac{t^2 N\sigma^2}{N\Delta_x^2 + \sigma^2 t^2} \tag{7-2}$$

比较重复抽样与不重复抽样的必要抽样数目的公式,对重复抽样公式的分子分母同乘 N,又由于 $t^2\sigma^2 > 0$,则有:

$$\frac{Nt^2\sigma^2}{N\Delta_x^2} > \frac{Nt^2\sigma^2}{N\Delta_x^2 + t^2\sigma^2} \tag{7-3}$$

故在同样精度与置信度要求下,重复抽样必要抽样数目比不重复抽样必要抽样数目大。

（二）抽样成数必要抽样数目的确定

1. 重复抽样下

$$n = \frac{p(1 - p)t^2}{\Delta_p^2} \tag{7-4}$$

2. 不重复抽样下

$$n = \frac{t^2 Np(1 - p)}{N\Delta_p^2 + t^2 p(1 - p)} \tag{7-5}$$

[例 7-2] 对某型号电池进行电流强度的测试。抽样测得电流强度的标准差为 0.6A,合格率为 90%。要求在 95.45% 概率保证下,抽样平均电流强度的极限误差不超过 0.08A,抽样合格率的极限误差不超过 6%,确定必要抽样单位数目。

解 首先计算抽样平均数的必要抽样数目:

根据题意可知：

$$\sigma_x = 0.6A; \Delta_x = 0.08A; F(t) = 95.45\%, \text{则} \ t = 2$$

$$n = \frac{t^2\sigma^2}{\Delta_x^2} = \frac{2^2 \times 0.6^2}{0.08^2} \text{个} = 225 \text{个}$$

其次，计算抽样成数的必要抽样数目：

$$\Delta_p = 6\%; p = 90\% \ \text{则} \ p(1 - p) = 0.9 \times (1 - 0.9) = 0.09$$

$$n = \frac{t^2p(1 - p)}{\Delta_p^2} = \frac{2^2 \times 0.09}{0.06^2} \text{个} = 100 \text{个}$$

所以，在 95.45% 的概率保证下，使抽样平均数的抽样平均误差范围不超过 0.08A，应抽取 225 个单位进行调查；使抽样成数的抽样平均误差范围不超过 6%，应抽取 100 个单位进行调查；若要同时满足上述条件，应抽取 225 个单位进行调查。

[例 7-3] 为使抽样成数的误差范围不超过 5%，概率度为 2，试确定必要抽样数目。

解 在这里没有告诉样本的抽样成数或抽样成数的方差，只能取方差的极大值。当 $p = 50\%$ 时，$p(1 - p) = 0.25$ 为极大值。在这里没有明确是重复抽样还是不重复抽样，通常情况下按重复抽样计算。

$$n = \frac{t^2p(1 - p)}{\Delta_p^2} = \frac{2^2 \times 0.25}{0.05^2} \text{个} = 400 \text{个}$$

若抽取 400 个单位组成样本，在 95.45% 的概率保证程度下，抽样成数的抽样误差范围不会超过 5%。

（三）需要注意的几个问题

结合上一章的内容和抽样推断的实践我们可以归纳出以下几个要点：

（1）对同一总体既需要进行抽样平均数的推断，又需要进行抽样成数的推断时，按不同的误差要求可以确定两个必要抽样数目，为了兼顾二者共同的需要，通常采用其中较大的 n 值作为统一的抽样单位数。

（2）对于同一个总体在同样的误差精度和置信度的要求下，重复抽样的必要抽样数目大于不重复抽样的必要抽样数目。同样，重复抽样的平均误差也大于不重复抽样的平均误差。所以在抽样推断的实际操作中，一般按重复抽样的公式确定必要抽样数目，按不重复抽样的方法来具体抽选调查单位，进行调查，最后，又按重复抽样平均误差公式来计算抽样平均误差进行推断。这样不仅所用的公式简单，也便于操作，更重要的是这样计算出来的误差比实际存在的误差大一些，从而使推断的把握程度更大。

（3）在确定样本容量时，需要知道总体的方差，这在抽样调查中是不可能的。同时样本的方差在此时也是未知的。只能用以下方法来求总体方差的近似值：①根据以往调查的经验数据。这种方法一般适用于定期进行的抽样调查,如农产量调查等有以往的数据可以参考。②采用试查的方式以样本的方差 σ_x^2 来代替总体的方差 σ^2。这种方法要求样本容量比较大一些才能对总体的方差 σ^2 作出比较接近的估计。③根据总体的分布及其数学性质加以推算。如总体近似于正态分布时若能获得全距的大致信息,就可推算总体的方差。我们知道在正态分布下 95% 单位的全距等于 4σ,97% 单位的全距等于 6σ,所以大致知道全距为 70,可以推断方差约为 $25^2 = 25 \times 25 = 625$。④成数的方差可以用最大值来代替总体的方差。当 $p = q = 50\%$ 时,方差 $p(1-p)$ 取得最大值为 $50\% \times 50\% = 0.25$。

第三节 等距抽样

一、抽样的组织方式

（一）等距抽样的特征

等距抽样又叫机械抽样或系统抽样。其方法是:将总体各单位按某一标志顺序排列,然后按照一定的间距抽取样本单位。设总体有 N 个单位,现在需要抽选样本容量为 n 的子样。将总体 N 个单位除以样本容量 n,求得抽样间隔 $k = N/n$,即每隔 k 个单位抽选一个样本,直到抽满 n 个单位为止。

等距抽样按照排队时所依据的标志不同,可分为按无关标志排队和按有关标志排队。所谓按无关标志排队,是指用来排队的标志与调查研究的标志无关。例如,研究工人的平均收入水平时,将工人按照姓氏笔画顺序排列。所谓按有关标志排队,是指用来排队的标志与调查研究的目的有关。例如,在研究工人的工资收入时按工龄、技术职称等排队。按无关标志排队近似于简单随机抽样;按有关标志排队近似于类型抽样,很显然后者优于前者。等距抽样都是不重复抽样。

在抽样过程中,需要注意的是:第一个样本单位位置确定后,其余样本单位的位置也就确定了。因此,要避免由抽样间隔和现象本身的周期性节奏相重合而引起的系统性影响。例如,农产量抽样调查时,抽样间隔不宜和垄的长度相等;工业产品质量检查时,产品抽取的时间不要和上下班的时间相一致,以防止发生系统性偏差。

　　由于等距抽样是在每个等距分组中都抽取 1 个调查单位,对各个等距分组来说,实际上是全面调查,因此,各个等距分组间的方差已经不再影响等距抽样的误差,影响等距抽样误差的只是各个等距分组内的方差,所以在等距抽样设计时,应该尽可能缩小各个分组内的差异程度,而增大各个分组间的差异程度,这样做的结果,必然会缩小样本间的差异程度,而增大样本内的差异程度,收到更好的抽样效果。

　　(二)等距抽样的组织

　　等距抽样有三种具体的组织方法,即随机起点等距抽样、半距起点等距抽样和随机起点对称等距抽样。

　　1. 随机起点等距抽样

　　计算出组距以后,就在 $1-k$ 之间确定随机起点,设随机起点为 r,则 r 为第一个抽中单位 μ_1,即:

第 1 个抽中单位: $\mu_1 = r$;

第 2 个抽中单位: $\mu_2 = r + k$;

第 3 个抽中单位: $\mu_3 = r + 2k$;

第 4 个抽中单位: $\mu_4 = r + 3k$;

……

　　采用有序等距抽样时,随机起点的确定若是偏高或偏低,都容易产生系统性偏差。

　　2. 半距起点等距抽样

　　半距起点等距抽样就是随机起点选在组距的一半处,即 $r = k/2$,则:

第 1 个抽中单位: $\mu_1 = k/2$;

第 2 个抽中单位: $\mu_2 = k/2 + k$;

第 3 个抽中单位: $\mu_3 = k/2 + 2k$;

第 4 个抽中单位: $\mu_4 = k/2 + 3k$;

……

　　半距起点等距抽样具有许多优点,长期以来在大规模的社会经济调查中被广泛采用。但是,它也存在一定的局限性。它的随机性不够鲜明,只有属于组距半数起点系统的单位才能被抽中,它排除了这个系统以外的单位被抽中的可能性,它只能抽出一套样本,抽样框的利用效率较低,且不可能在同一个抽样框里进行交叉样本和轮换样本的抽样设计。

3. 随机起点对称等距抽样

这种方法是用随机起点,系统抽出对称样本的抽样方法。它既保留了随机起点有序等距抽样的优点,又避免了它的局限性,使其优点更加明显。如果是随机起点 r 是组距的半数值,它所抽的样本就是半距起点等距抽样所抽出的样本。

这种方法,要求每两个组距合成一个大组,在每两个组距中对称抽出两个样本单位,而且各对称样本与其相近的下限或上限的距离是相等的,都等于 r 值。

随机起点对称等距抽样程序可分以下几个步骤:

(1)编制抽样框。为了提高抽样的效率,一般采用按有关标志排队,同时累计辅助变量的抽样框,排队标志相同的情况下,可以根据事先的规定安排先后。

(2)计算组距,可得:$k = \dfrac{\sum f}{n}$。

(3)决定随机起点。随机起点在 $0 \sim k$ 中确定,可以利用随机数字表或计算器上的随机按键 RAN 来确定。

(4)计算各样本单位的位置值,即:

第 1 个抽中单位:$\mu_1 = r$;

第 2 个抽中单位:$\mu_2 = 2k - r$;

第 3 个抽中单位:$\mu_3 = 2k + r$;

第 4 个抽中单位:$\mu_4 = 4k - r$;

第 5 个抽中单位:$\mu_5 = 4k + r$;

……

二、等距抽样实例

[**例 7-4**] 某块麦地长 720 尺(1 尺 ≈0.333 米),宽 200 尺,包括 100 条垄,这块麦地的面积为:(200×720)平方尺 = 144 000 平方尺,折合 144 000/6 000亩 = 24 亩(15 亩 = 1 公顷)。

现从这块麦地里按等距抽样的方式,抽取 25 个 7 尺长的垄为样本进行实割实测。

$$抽样距离 = \frac{总垄长}{样本数} = \frac{720 \times 100}{25} 尺 = 2\,880\ 尺$$

从地的某一边样本距离之半数处抽取第一个样本,即从 1 440 尺点前后各5尺为第一个样本;以后每隔2 880尺抽取一个样本,一直抽足25个样本为止。并测得各样本的产量如表7-2。

表7-2　小麦产量实割实测资料

样本产量 x /千克	单位数 n	xn	$x - \bar{x}$	$(x - \bar{x})^2 n$
0.6	3	1.8	−0.4	0.48
0.8	5	4.0	−0.2	0.20
1.0	7	0	0	0
1.2	4	4.8	0.2	0.16
1.4	2	2.8	0.4	0.32
1.6	1	1.6	0.6	0.36
合　计	25	25.0	—	1.52

样本平均产量(每7尺):

$$\bar{x} = \frac{\sum xn}{n} = \frac{25.0}{25} \text{千克} = 1 \text{千克}$$

样本标准差:

$$\sigma = \sqrt{\frac{\sum (x - \bar{x})^2 n}{n}} = \sqrt{\frac{1.52}{25}} \text{千克} = 0.247 \text{千克}$$

不重复抽样的平均误差:

$$\mu_x = \sqrt{\frac{\sigma^2}{n}\left(1 - \frac{n}{N}\right)} = \sqrt{\frac{0.247^2}{25}\left(1 - \frac{25}{7\,200}\right)} \text{千克} = 0.049 \text{千克}$$

每亩的平均产量 = 样本的平均产量 × 每亩地的样本数 =

$$\frac{\bar{x} \times 6\,000}{\text{样本长度} \times \text{平均垄长}} = \frac{1 \times 6\,000}{10 \times 2} \text{千克／亩} = 300 \text{千克／亩}$$

整块麦地的总产量 = (24×300) 千克 = 7 200 千克

设概率保证程度68.27%($t = 1$),则 $\Delta_x = \mu_x = (1 \times 0.049)$ 千克 = 0.049 千克。

亩产量的极限误差 = 每亩地的样本数 × Δ_x = (300×0.049) 千克 = 14.7 千克。

每亩平均产量的置信区间为:300 千克 ± 亩产量的极限误差,即为 300 ± 14.7 千克。即在 68.27% 的置信度下,亩产量的置信区间为:(285.3,314.7) 千克。整块地小麦的总产量在 $(285.3 \times 24, 314.7 \times 24)$ 千克,即(6 847.2, 7 552.8)千克之间。

三、等距抽样的效果分析

等距抽样方式简单,容易实施。同时由于等距抽样能使抽出来的样本均匀地分布在总体中,因此调查的精度高于简单随机抽样。按有关标志排队接近于类型抽样,也常用类型抽样的公式来计算等距抽样的误差,但计算出来的误差比实际存在的误差小,不利于抽样推断置信度的提高。用简单抽样公式来计算等距抽样(不论排队标志如何)的误差,计算出来的误差比实际存在的误差大,有利于抽样推断置信度的提高。所以,在实际工作中常用简单抽样的误差公式和推断程度对等距抽样的误差和估计量进行推断。等距抽样没有专门误差公式。

第四节 类型抽样

一、抽样组织方式

(一)类型抽样的特征

类型抽样又称为分层抽样,是指在抽样之前,先将总体依照某种标准划分成若干个"副总体",这些"副总体"就称为类或层,然后在各层中独立抽取样本单位。例如,在职工收入调查中先按国有企业、集体所有制企业、中外合资企业、外商独资企业等经济类型分组,然后在各种经济类型内部进行简单随机抽样或等距抽样。在农产量调查中,可按地形条件的不同,将调查单位分为平原、丘陵、山区三种类型,然后抽取样本单位。

类型抽样实际上是分组法和抽样原理的结合。由于类型抽样对各层内部是抽样调查,对各层之间是全面调查,因此,在分组时要遵守两个原则:一是层内的齐一性,即被划入同一层内的各单位要尽可能使之近似;二是层间的差异性,即在不同层内的单位尽可能使其有较大的差异。

经过划类分组后,确定各类型组的抽样单位,一般有两种方法:

(1)从各类型组所抽选的单位数,按各类型组标志变异程度来确定,变动程度大的多抽一些,变动程度小的少抽一些,没有统一规定的比例关系。这种方法称为类型适宜抽样或一般类型抽样,也叫做不等比例抽样。

(2)不考虑各类型组标志变动程度,按统一的比例来确定各类型组应抽选的单位数。这种方法称为类型比例抽样。

（二）类型抽样的组织方法

假定全及总体分成 k 个类型组，每组抽出一定的单位进行抽样观察，分别计算抽样平均数、成数以及标准差等指标。为说明方便起见，特制表7-3。

根据表7-3不难了解，在类型比例随机抽样的条件下，各组抽取单位数的比例是相同的。即：

$$\frac{n_1}{N_1} = \frac{n_2}{N_2} = \frac{n_3}{N_3} = \cdots = \frac{n_i}{N_i} = \cdots = \frac{n_k}{N_k} = \frac{n}{N}$$

且

$$\frac{n_1 + n_2 + n_3 + \cdots + n_i + \cdots + n_k}{N_1 + N_2 + N_3 + \cdots + N_i + \cdots + N_k} = \frac{n}{N}$$

表7-3　类型抽样组织方式

	第1组	第2组 ……	第 k 组	合计或平均
分组后各组原有的单位数 N_i	N_1	N_2	N_k	N
分组后各组所抽选的单位数 n_i	n_1	n_2	n_k	n
各组的抽样比例 $\dfrac{n_i}{N_i}$	$\dfrac{n_1}{N_1}$	$\dfrac{n_2}{N_2}$	$\dfrac{n_k}{N_k}$	$\dfrac{n}{N}$
各组的抽样平均数 $\overline{x_i}$	$\overline{x}_1$	$\overline{x}_2$	$\overline{x}_k$	$\overline{x}$
各组的抽样成数 p_i	p_1	p_2	p_k	p
各组平均数的方差 σ_i^2	σ_1^2	σ_2^2	σ_k^2	$\overline{\sigma^2}$
各组成数的方差 $p(1-p)$	$p_1(1-p_1)$	$p_2(1-p_2)$	$p_k(1-p_k)$	$\overline{p(1-p)}$

在类型适宜随机抽样条件下，各组抽样单位数的比例一般是不等的。即：

$$\frac{n_1}{N_1} \neq \frac{n_2}{N_2} \neq \frac{n_3}{N_3} \neq \cdots \neq \frac{n_i}{N_i} \neq \cdots \neq \frac{n_k}{N_k} \neq \frac{n}{N}$$

只有在少数情况下，即当各组的标志变异程度完全相同时，类型适宜随机抽样和类型比例随机抽样才会一致起来。

二、类型抽样的估计量和推断步骤

（一）类型抽样的估计量

根据各种方差之间的关系，总方差（σ^2）等于组间方差（$\sigma_{\overline{x}_i}^2$）与平均组内方差（$\overline{\sigma_i^2}$）之和。由于类型抽样对于各组来说是全面调查，而对于每一组内部来说是抽样调查，所以，类型抽样的误差仅与组内方差有关，而与组间方差无关。因此，当测定平均数指标时，计算抽样误差不是用总方差（σ^2），而是用各组组内方差的加权算术平均数($\overline{\sigma_i^2}$)。根据同样的道理,在测定成数指标时,计算抽样误差不是用抽样成数的方差 $p(1-p)$,而是用各组方差的加权算术平均数$\overline{p(1-p)}$(注意不是$\overline{p}\ \overline{(1-p)}$)。所以,类型比例抽样的误差计算公式和必要抽样数目的公式如下。

1. 抽样误差的确定

(1)在重复抽样条件下

抽样平均数的平均误差:

$$\mu_x = \sqrt{\frac{\overline{\sigma^2}}{n}} \tag{7-6}$$

$$\overline{\sigma^2} = \frac{\sum\limits_{i=1}^{k} \sigma_i^2 N_i}{N} \tag{7-7}$$

或

$$\overline{\sigma^2} = \frac{\sum\limits_{i=1}^{k} \sigma_i^2 n_i}{n} \tag{7-8}$$

抽样成数的平均误差:

$$\mu_p = \sqrt{\frac{\overline{p(1-p)}}{n}} \tag{7-9}$$

$$\overline{p(1-p)} = \frac{\sum\limits_{i=1}^{k} p_i(1-p_i) N_i}{N} \tag{7-10}$$

或

$$\overline{p(1-p)} = \frac{\sum\limits_{i=1}^{k} p_i(1-p_i) n_i}{n} \tag{7-11}$$

(2)在不重复抽样条件下

抽样平均数的平均误差:

$$\mu_x = \sqrt{\frac{\overline{\sigma^2}}{n}\left(1 - \frac{n}{N}\right)} \tag{7-12}$$

抽样成数的平均误差:

$$\mu_p = \sqrt{\frac{\overline{p(1-p)}}{n}\left(1 - \frac{n}{N}\right)} \tag{7-13}$$

在实际工作中,同样不知道全及总体各类的组内方差,所以,用样本各类型组的组内方差来代替。

2. 必要抽样数目的确定

（1）在重复抽样条件下

抽样平均数的必要抽样数目：

$$n = \frac{t^2 \overline{\sigma^2}}{\Delta_x^2} \qquad (7\text{-}14)$$

抽样成数的必要抽样数目：

$$n = \frac{t^2 \overline{p(1-p)}}{\Delta_p^2} \qquad (7\text{-}15)$$

（2）在不重复抽样条件下

抽样平均数的必要抽样数目：

$$n = \frac{t^2 N \overline{\sigma^2}}{N\Delta_x^2 + t^2 \overline{\sigma^2}} \qquad (7\text{-}16)$$

抽样成数的必要抽样数目：

$$n = \frac{t^2 N \overline{p(1-p)}}{N\Delta_p^2 + t^2 \overline{p(1-p)}} \qquad (7\text{-}17)$$

（二）类型抽样推断的步骤

根据类型抽样的特点，可归纳出类型抽样推断的步骤（以平均数的推断为例）：

1. 计算各组的组平均数

$$\overline{x}_i = \frac{\sum xf}{\sum f} \quad i = 1,2,3,\cdots,k$$

2. 计算各组的组内方差

$$\sigma_i^2 = \frac{\sum (x-\overline{x})^2 f}{\sum f} \quad i = 1,2,3,\cdots,k$$

3. 计算抽样的样本平均数

$$\overline{x} = \frac{\sum_{i=1}^{k} \overline{x}_i n_i}{n} \qquad (7\text{-}18)$$

4. 计算抽样样本的组内方差的平均数

$$\overline{\sigma^2} = \frac{\sum_{i=1}^{k} \sigma_i^2 n_i}{n} \qquad (7\text{-}19)$$

5. 计算抽样的平均误差

$$\mu_x = \sqrt{\frac{\sigma^2}{n}} \quad （重复抽样） \tag{7-20}$$

6. 计算抽样推断的极限误差

$$\Delta_x = t\mu_x \quad 或确定抽样推断的置信度 F(t)$$

[**例 7-5**] 某乡有农户 4 200 户，根据所居住的地势划分为平原区和山区两部分。各农户 2004 年秋粮收入的资料如表 7-4 所示。现抽选 10%的农户进行调查，要求在 90%的概率保证程度下（$t = 1.65$）对其平均收入作出区间估计。

表 7-4 农户秋粮收入统计资料

农户按平均收入分组/元	平原区/户	山 区/户	全 乡/户
450~500	0	200	200
500~550	60	660	720
550~600	960	640	1 600
600~650	702	220	922
650~700	140	180	320
700 以上	300	138	438
合 计	2 162	2 038	4 200

解 依题意，首先计算各组的组平均数和各组的组内方差（或标准差）见表 7-5。

表 7-5 类型抽样推断实例

	平原区	山 区	全 乡
总体单位数 N_i	2 162	2 038	4 200
抽样单位数 n_i	216.2	203.8	420
各组组平均数 $\bar{x}_i$	603.26	547.91	576.4
各组组内标准差 σ_i	32.82	42.23	46.74

样本平均数：

$$\bar{x} = \frac{\sum \bar{x}_i n_i}{n} = \frac{603.26 \times 216.2 + 547.91 \times 203.8}{420} 元 = 576.4 \, 元$$

组内方差的平均数：

$$\overline{\sigma^2} = \frac{\sum \sigma_i^2 n_i}{n} = \frac{(32.82)^2 \times 216.2 + (42.23)^2 \times 203.38}{420} = 1 \, 419.837$$

抽样平均误差：

$$\mu_x = \sqrt{\frac{\sigma^2}{n}} = \sqrt{\frac{1\ 419.837}{420}} \text{元} = 1.839 \text{ 元}$$

抽样的极限误差：

$$\Delta_x = t\mu_x = (1.65 \times 1.839) \text{元} = 3.034 \text{ 元}$$

则全乡农户的秋粮平均收入为 $\bar{x} \pm \Delta_x = 576.40 \pm 3.03$ 元，即以 90% 的置信度推断全乡农户秋粮收入的置信区间为 $[537.37; 579.43]$。

[**例7-6**] 某农场有小麦面积 12 000 公顷，现对其采用类型比例抽样，样本资料见表7-6，根据这些资料试求样本高产田比例的抽样平均误差。

表7-6 农场小麦高产田抽样资料

麦田类型	抽样面积 n_i/公顷	样本中高产田的比例 p
平　　原	600	0.8
丘　　陵	360	0.7
山　　区	240	0.6

解 根据已知条件，样本容量为：

$$n = n_1 + n_2 + n_3 = 600 + 360 + 240 = 1\ 200$$

$$\overline{p(1-p)} = \frac{\sum\limits_{i=1}^{3} p_i(1-p_i)n_i}{n} =$$

$$\frac{0.8 \times 0.2 \times 600 + 0.7 \times 0.3 \times 360 + 0.6 \times 0.4 \times 240}{600 + 360 + 240} =$$

$$0.191 (或 19.1\%)$$

样本中高产田的比例：

$$p = \frac{\sum\limits_{i=1}^{3} p_i n_i}{n} = \frac{600 \times 0.8 + 360 \times 0.7 + 240 \times 0.6}{1\ 200} = 0.73 (或 73\%)$$

我们可以用样本高产田的比例 73% 作为总体高产田比例的一种估计，这种估计的平均误差为：

$$\mu_p = \sqrt{\frac{p(1-p)}{n}\left(1 - \frac{n}{N}\right)} = \sqrt{\frac{0.191}{1\ 200}\left(1 - \frac{1\ 200}{12\ 000}\right)} = 0.012 (或 1.2\%)$$

三、简单抽样与类型抽样的比较

由两种抽样的误差公式可知：类型抽样的平均误差一般小于简单随机抽样的平均误差。如果采用简单随机抽样的组织形式，并使误差范围缩小到与类型抽样的误差范围相同,则必须扩大抽样单位数,扩大的倍数等于总方差与组内方差平均数之比。

设简单随机抽样的必要抽样数目为 $n_\text{简}$,误差范围为 $\Delta_{x\text{简}}$;类型抽样的必要抽样数目为 $n_\text{类}$,误差范围为 $\Delta_{x\text{类}}$。则

$$n_\text{简} = \frac{t^2\sigma^2}{\Delta_{x\text{简}}^2} \qquad n_\text{类} = \frac{t^2\overline{\sigma^2}}{\Delta_{x\text{类}}^2}$$

在重复抽样的条件下,要求 $\Delta_{x\text{简}} = \Delta_{x\text{类}}$,则

$$\frac{n_\text{简}}{n_\text{类}} = \frac{t^2\sigma^2}{\Delta_{x\text{简}}^2} \Big/ \frac{t^2\overline{\sigma^2}}{\Delta_{x\text{类}}^2} = \frac{\sigma^2}{\overline{\sigma^2}}$$

所以

$$n_\text{简} = \frac{\sigma^2}{\overline{\sigma^2}}n_\text{类} \qquad\qquad (7\text{-}21)$$

以农户秋粮收入为例,如果用简单随机抽样的方式,其极限误差为:

$$\Delta_{x\text{简}} = t\frac{\sigma}{\sqrt{n}} = 1.65 \times \frac{46.74}{\sqrt{420}} = 3.764$$

两者对比可以看出,在相同的样本容量下,简单随机抽样的误差大于类型随机抽样的误差。如果要使简单随机抽样的误差缩小到类型随机抽样的误差,必须扩大样本容量。以上例为例:

$$n_\text{简} = \frac{\sigma^2}{\overline{\sigma^2}}n_\text{类} = \frac{(46.74)^2}{1\,419.84} \times 420\ \text{户} = 646\ \text{户}$$

简单随机抽样的样本容量比类型抽样超出 53%($646 \div 420 = 1.53$)。可见,从抽样组织工作来讲,类型抽样是一种比较好的方式。

【小　结】

1. 保证实现抽样随机性的原则和保证实现最大抽样效果的原则是抽样方案设计的基本原则。代表性检查和准确性检查是抽样方案检查的两个方面。编制抽样框的目的是将总体所有单位置于可以被抽中的位置上,易于进行抽选工作,提高抽样调查的效果。

2. 简单随机抽样是抽样调查的基本形式。应重点掌握重复抽样的必要抽样数目的确定。等距抽样又称为机械抽样或系统抽样,可分为随机起点等距抽样、半距起点等距抽样、随机起点对称等距抽样,它没有专门计算误差的公式,只能用简单随机抽样的公式来代替,但它比简单随机抽样的误差小。

3. 类型抽样又叫分层抽样,是分组法和抽样原理的结合。在分组时要坚持层内的齐一性和层间的差异性。必须掌握类型抽样的估计量的计算和推断步骤。在同样的情况下它比简单随机抽样的误差小。

【思考与练习】

1. 简述抽样方案设计的基本原则？抽样方案的检查包括哪些方面？

2. 什么是抽样框？为什么强调在编制抽样框时应尽量参考辅助资料？

3. 简述简单随机抽样的组织方式及抽样推断的步骤。

4. 某市开展职工家庭收入调查,根据历史资料记载该市职工家庭平均每人年收入的标准差为 2 400 元,而家庭消费的恩格尔系数为 54%。现在用重复抽样的方法,要求在 95. 45% 的概率保证下,平均收入的极限误差不超过 200 元,恩格尔系数的极限误差不超过 4%,求样本必要的单位数。

5. 某日化厂用机械大量连续包装洗衣粉,要求每袋按 1 公斤包装,为保证质量,生产过程中每隔 8 小时检查 1 小时的产品,共检验 20 次,算出平均质量为 1. 005 公斤,抽样总体各群间方差平均数为 0. 002 公斤。试计算:(1)抽样平均误差;(2)要求概率99.73%,使产品质量不低于(1 ± 0.03)公斤为标准,问上述检验的产品是否合格?

6. 已知某企业职工的收入资料如下表所示:

不同收入类型	职工人数/人	抽样人数/5%	月平均收入/元	各类职工收入的标准差/元
较高的	200	10	1 320	48
一般的	1 600	80	804	30
较低的	1 200	60	600	45
合 计	3 000	150	—	—

根据上表资料计算:(1)抽样月平均收入;(2)月平均收入的抽样平均误差;(3)概率为 0.95 时,职工月平均收入的可能范围。

7. 某市有职工 100 000 人,其中职员 40 000 人,工人 60 000 人。现拟进行职工收入抽样调查,并划分职员和工人两类进行选择。事先按不同类型抽查 40 名职员和 60 名工人,其结果如下表:

职 员		工 人	
平均每人收入/元	人数	平均每人收入/元	人数
60	10	60	20
80	20	80	30
100	10	90	10

要求这次调查的极限抽样误差不超过 1 元,概率保证程度 95. 45%。试按类型抽样调查组织形式计算必要抽样数目。

8. 为调查农民的生活水平,在某地 5 000 户农民中采用不重复简单随机抽样抽取了400户进行调查,得知这400户中有彩色电视机的为87户。试以95%的把握估计该区全部农户中拥有彩色电视机的农户所占的比率。若要求抽样允许误差不超过0.02,问至少应抽取多少户作样本?

第八章 相关与回归分析

第一节 相关分析的意义

社会经济现象相互依存、相互联系，一种现象的变化依赖（或影响）其他现象的变化。现象之间的关系由它们的变量之间的关系来反映。探索社会经济现象的变化规律常用的方法有回归分析和相关分析。

一、相关关系的意义

社会经济现象之间的关系分为函数关系和相关关系。

函数关系指的是变量之间存在完全对应的相互依存关系，即给定自变量一个值，因变量按某种对应关系有一个完全确定的值和它相对应。例如：生产自行车数量 y 与轮胎数量 x 之间的关系 $y = 2x$；商品销售收入 S 与商品销售量 Q、商品的价格 p 之间的关系 $S = pQ$ 等等，都是函数关系。在函数关系中，自变量和因变量都是确定型变量，因而，函数关系又称为确定型关系。

相关关系是指变量之间存在密切的关系，但不是严格的依存关系。即当一个变量发生变化时，另一个变量相应地发生变化，但其变动值是不确定的，不能由一个（或几个）变量的数值精确地求出另一个变量的值。例如：劳动生产率提高，产品成本下降，但两者在数量上并不是严格的依存关系。因为产品成本除劳动生产率外还有其他不可控制因素的影响，不能根据劳动生产率的数值精确地求出产品的成本。劳动生产率与产品成本之间的关系是相关关系。在相关关系中，对于某一变量的每一个数值，可以有另一个变量的若干数值与之相对应，这些数值之间表现出一定的波动性，但又总是围绕它们的平均值并遵循一定的规律而变动。例如,随机抽样调查某镇 40 户家庭居民的月平均收入与月平均消费支出如表 8-1。

表 8-1　某镇 40 户居民收支情况表 百元

月收入	16	20	24	28	32	36	40
	11	13	16	16	20	22	24
	12	14	17	19	21	23	27
	13	15	18	19	22	24	28
月支出	14	16	19	21	23	26	29
	15	17	19	22	24	27	29
		20		23	25	28	
				23			
合　计	65	95	89	143	135	150	137
平　均	13	16	18	20	23	25	27

有 5 户家庭的月平均收入为 1 600 元,月消费支出为 1 100 元到 1 500 元不等。尽管有差异,但月消费支出总是围绕着平均月消费支出 1 300 元上下波动。这实质上是给定居民家庭月收入 1 600 元为条件的居民月消费支出的条件分布。同理,其他月收入水平可类推。

二、相关关系的种类

(一)依据变量间依存关系的性质分

因果关系——相互关联的变量之间有明确的因果关系,因果地位不能相互转化。在因果关系中,作为变化根据的变量称为自变量,自变量是确定变量;产生与自变量对应变化的变量称为因变量,因变量是随机变量。因变量与自变量的区分明确,因变量依赖于自变量变化。例如,家庭月收入是因,家庭月消费支出是果,家庭月消费支出依赖于家庭月收入。

非因果关系——相互关联的变量之间分不清因果关系,或互为因果,变量之间相互依赖,互为依据。在非因果关系中,相关联的变量都是随机变量。例如,生产费用变化是产品产量变化的依据,产品产量变化又是生产费用变化的依据。在对非因果关系进行具体分析研究时,可根据研究目的需要来决定哪一个是自变量,哪一个是因变量。

（二）依据相关程度分

完全相关——一个变量变动完全由另一个或另一组变量所决定,相关关系已转化为函数关系。函数关系是相关关系的一个特例。

不相关——一个变量变动与另一个或另一组变量变动相互独立,变量所反映的现象之间彼此互不影响,不存在任何依存关系。例如,照相机的销售量与钢材的销售量毫无关系。

不完全相关——介于完全相关与不相关之间的一般相关关系。在不完全相关中,一个变量变动不仅取决另一个或另一组变量变动,而且还受随机因素干扰。

（三）依据相关的变化方向分

正相关——相关变量间的变化方向一致,即呈相关的变量同时递增趋势或同时递减趋势发展变化。例如,家庭收入增加,家庭消费支出也增加;家庭收入减少,家庭消费支出也减少。家庭收入与家庭消费支出间的关系是正相关关系。

负相关——相关变量间的变化方向相反,即一个变量递增的同时另一个变量递减,或一个变量下降的同时另一个变量上升。例如,商品价格提高,社会对该商品的需求量减少;商品的价格降低,社会对该商品的需求量增加。商品的价格与商品需求量之间的关系是负相关关系。

（四）依据变量相关的表现形式分

直线相关——一个变量变动,另一个变量发生大致均等的变动,这两个变量在二维平面坐标系上对应的坐标点（也叫散布点）大致呈一条直线。例如,销售收入与销售量之间的关系就是直线相关关系。

曲线相关——一个变量变动,另一个变量发生不均等的变动,这两个变量在二维平面坐标系上对应的坐标点大致是一条曲线。例如,化肥施用量与粮食产量之间的关系就是曲线相关关系。

（五）依据变量涉及的多少分

单相关——一个变量与另一个变量之间的简单依存关系。例如,销售量与销售收入之间的关系就是单相关。单相关中只有一个自变量和一个因变量。

复相关——一个变量与两个或两个以上的变量之间的复杂依存关系。例如,粮食产量与化肥用量、投入劳动力数、投入资金等是复相关。复相关只有一个因变量,有两个或两个以上的自变量。复相关可转化为多个单相关研究其相关关系。

三、回归关系

具有相关关系的变量之间存在不确定性的关系,但通过对现象的不断观察可以探索出它们之间的统计规律,这种统计规律称为回归关系("回归"一词最早起源于生物学。在生物学中,人们通过对遗传现象的大量观察发现,父母身高与子女身高有一定关系,但父母很高或很矮,他们的孩子并不像父母那样高或并不像父母那样矮,这种遗传身高趋于人类平均身高的现象称之为回归)。有关回归关系的理论、计算和分析称为回归分析。

回归分析是研究相关关系的一种方法,用这种方法研究一个因变量对于一个或多个自变量的依存关系。因变量与自变量的依存关系是近似地用一个方程式来表示的,这个方程式称为回归方程。回归方程是回归关系的表现形式,要找出变量之间的回归关系,需要对具有相互联系的大量的现象进行观测,从而获得相关关系的数据,分析这些数据所表现出来的关系形态,选择一个合适的数学模型,可以求出一定的关系式——回归方程。用回归方程可以近似地表达具有相互联系的变量之间的平均变化关系。通过建立回归方程可以根据自变量的数值推测因变量之值。

在回归分析中,根据研究目的需要(或根据先验、或根据理论)确定因变量、自变量,并把因变量与自变量之间的依存关系看做是一种"因果关系"——自变量是因,因变量是果,自变量是非随机变量,因变量是随机变量。在具体研究某一对相互依存的关系时,并不一定具有"因果关系",因果关系来自统计学以外。统计关系式本身不可能意味着任何"因果关系"。真正的因果关系需要其他信息,需要科学的逻辑推理。

四、相关与回归分析的步骤

与回归分析密切相关而在概念上迥异的是相关分析。相关分析把变量都看做是随机变量,用相关系数反映变量之间相关的紧密程度。相关分析和回归分析都是研究相关关系的方法,两者相辅相成。分析步骤如下:

(1)确定现象之间有无依存关系。只有现象之间有依存关系时,才有必要进行相关分析,否则,就没有必要用相关分析去研究。

(2)确定相关关系的表现形式,判明现象相互关系的具体表现形式,以便进一步分析研究;如果把曲线相关误认为直线相关,就会导致错误。

(3)判定相关关系的密切程度和方向。即求出相关系数,从而确定相关分析的意义和价值。

(4)从一组数据出发,确定变量间的关系式——回归方程的数学模型。

（5）对回归方程的可信度进行统计检验。即用统计指标来说明回归方程的可信度。

（6）从影响着某一个量的许多变量中，判断哪些变量的影响是显著的、哪些是不显著的。

（7）运用回归方程对客观过程进行分析、预测或模拟控制。

第二节　相关关系的测定与判断

相关分析的起点是定性分析，按照认识的逻辑顺序分析与判断事物之间有无相关、是何种相关，在此基础上对事物现象的实质进行深刻认识——定量分析，从而准确地反映存在相关的变量之间的相关密切程度。

一、相关关系的判断与相关关系图

相关图是判断两个变量间有无关系、关系密切程度的一种方法。相关图，又称散点图，是指变量间的关系通过在坐标系中描绘各对应关系数据所构成的散点，以直观地显示相关点的分布状况的图形。绘制散点图的直角坐标系，以横轴表示所依据的变量 X（自变量），以纵轴表示发生对应变化的变量 Y（因变量）。通过对相关图的观察，可以大致判断两个变量之间是否存在相关以及相关的形态、方向、程度。其判断方法如下：

强正相关——自变量 X 值增大，因变量 Y 值也明显增大，相关点集中分布呈直线形状。如图 8-1。

弱正相关——自变量 X 值增大，因变量 Y 值也增大，但不明显，相关点松散分布呈直线形状。如图 8-2。

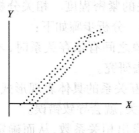

图 8-1　强正相关

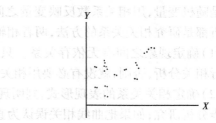

图 8-2　弱正相关

　　强负相关——自变量 X 值增大,因变量 Y 值相应地明显减小,相关点集中分布呈直线形状。如图 8-3。

　　弱负相关——自变量 X 值增大,因变量 Y 值减小,但不明显,相关点松散分布呈直线形状。如图 8-4。

　　非线性相关(曲线相关)——自变量 X 值增大,相关点的分布呈曲线状。如图 8-5。

　　不相关——相关点分散,没有规律。如图 8-6。

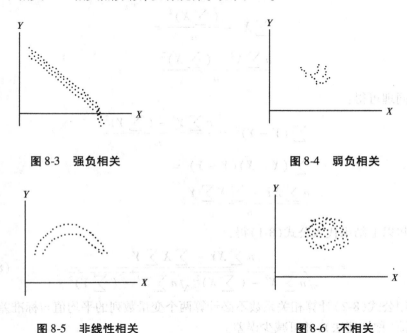

图 8-3　强负相关　　　　　　　　　　图 8-4　弱负相关

图 8-5　非线性相关　　　　　　　　　图 8-6　不相关

二、相关系数

　　相关系数是测定变量之间线性相关程度和方向的指标,通常用 ρ 表示总体相关系数、r 表示样本相关系数。按照线性相关变量的个数和分析问题的角度不同,相关系数可以分为简单相关系数、偏相关系数和复相关系数。这里只讨论简单相关系数。

　　简单相关系数是测定两个变量之间线性相关程度和方向的指标。其公式为:

$$r = \frac{\sum (X - \overline{X})(Y - \overline{Y})}{\sqrt{\sum (X - \overline{X})^2 \sum (Y - \overline{Y})^2}} \tag{8-1}$$

式中:X,Y 分别表示两个变量;$\overline{X},\overline{Y}$ 分别表示两个变量的算术平均值。

采用公式(8-1)计算相关系数较繁。现作适当变换:

$$\sum (X - \overline{X})^2 = \sum (X^2 - 2X \cdot \overline{X} + \overline{X}^2) =$$

$$\sum X^2 - 2 \sum X \cdot \overline{X} + n \overline{X}^2 =$$

$$\sum X^2 - 2 (\sum X) \frac{\sum X}{n} + \frac{(\sum X)^2}{n} =$$

$$\sum X^2 - \frac{(\sum X)^2}{n} =$$

$$\frac{n \sum X^2 - (\sum X)^2}{n}$$

同理可得:

$$\sum (Y - \overline{Y})^2 = \frac{n \sum Y^2 - (\sum Y)^2}{n}$$

$$\sum (X - \overline{X})(Y - \overline{Y}) =$$

$$\frac{n \sum XY - \sum X \sum Y}{n}$$

将以上结果代入公式(8-1)得:

$$r = \frac{n \sum XY - \sum X \sum Y}{\sqrt{n \sum X^2 - (\sum X)^2} \sqrt{n \sum Y^2 - (\sum Y)^2}} \qquad (8\text{-}2)$$

用公式(8-2)计算相关系数不必计算两个变量数列的平均值与标准差,计算简捷(称简捷法),并可减少误差。

[**例** 8-1]　表 8-2 是 10 家饲料公司年销售饲料和公司利润率的资料,试计算相关系数。

$$r = \frac{n \sum XY - \sum X \sum Y}{\sqrt{n \sum X^2 - (\sum X)^2} \sqrt{n \sum Y^2 - (\sum Y)^2}} =$$

$$\frac{26\,420 - 100 \times 220}{\sqrt{12\,000 - 100^2} \sqrt{58\,460 - 220^2}} \approx 0.985\,4$$

表 8-2　某饲料公司销售量与利润率资料

年销售 X/万吨	利润率 Y/%	X^2	Y^2	XY
12	25	144	625	300
9	20	81	400	180
16	37	256	1 369	592
2	6	4	36	12
8	16	64	256	128
14	33	196	1 089	462
13	25	169	625	325
5	11	25	121	55
6	13	36	169	78
15	34	225	1 156	510
$\sum$　100	220	1 200	5 846	2 642

三、相关系数及其显著性检验

$r \leqslant 1$, X 和 Y 的相关系数与 Y 和 X 的相关系数相同, r 的值表示 X 与 Y 或 Y 与 X 的相关密切程度, 其判断标准如下:

$r \in [-1,0)$, X 与 Y 负相关;　　　　$r \in (0,1]$, X 与 Y 正相关;

$r = -1$, X 与 Y 完全负相关;　　　　$r = 1$, X 与 Y 完全正相关;

$r \in (-1, -0.8)$, X 与 Y 高度负相关;　$r \in (0.8,1)$, X 与 Y 高度正相关;

$r \in (-0.8, -0.5]$, X 与 Y 显著负相关; $r \in (0.5, 0.8]$, X 与 Y 显著正相关;

$r \in (-0.5, -0.3]$, X 与 Y 低度负相关; $r \in (0.3, 0.5]$, X 与 Y 低度正相关;

$r \in (-0.3,0)$, X 与 Y 弱负相关;　　　$r \in (0,0.3]$, X 与 Y 弱正相关;

$r = 0$, X 与 Y 不相关。

例 8-1 所计算的结果 $r \approx 0.985\ 4$, 说明饲料销售量与利润率高度正相关。

特别注意, r 的值只对有线性相关的两个变量判断有效。如 $r = 0$, 只能说明两个变量无线性相关, 不能说明两个变量不相关。

相关系数 r 是根据样本数据得到的样本相关系数, 带有一定的随机性, 样本越小, 随机性越大。因此, 有必要依据样本相关系数 r 对总体相关系数 ρ 进行统计检验。现以例 8-1 中 r 的值对总体——整个饲料行业的饲料销售量与经营利润的相关系数 ρ 进行检验为例, 介绍其方法。

（1）提出零假设和备选假设：$H_0 : \rho = 0, H_1 : \rho \neq 0$。

本例中 $\rho = 0$ 表示销售量与利润无关；$\rho \neq 0$ 表示销售量与利润有关。

（2）构造统计量并计算

$$t = \frac{r \sqrt{n-2}}{\sqrt{1-r^2}} \qquad (8\text{-}3)$$

本例中 $r \approx 0.985\,4, n - 2 = 10 - 2 = 8, n$ 为样本数据个数，r 为样本相关系数，代入计算得：

$$t = \frac{0.985\,4 \sqrt{8}}{\sqrt{1 - 0.985\,4^2}} \approx \frac{2.787}{\sqrt{1 - 0.97}} \approx \frac{2.787}{0.17} \approx 16.37$$

（3）给定显著性水平 α 的值。本例中取 $\alpha = 0.05$。

（4）根据 α 和自由度（$n-2$）查 t 分布表。

本例中，查 t 分布表 $t_{\frac{\alpha}{2}}(n-2) = t_{0.025}(8) = 2.306$

（5）判断，如果 $|t| \geq t_{\frac{\alpha}{2}}(n-2)$，则拒绝零假设，即 $H_1 : \rho \neq 0$，表明总体两变量存在显著的线性相关；如果 $|t| < t_{\frac{\alpha}{2}}(n-2)$，则接受零假设，即 $H_0 : \rho = 0$，表明总体两变量不存在显著的线性相关。

本例中 $t = 16.37, t_{\frac{\alpha}{2}}(8) = 2.306, t > t_{\frac{\alpha}{2}}(8)$，拒绝零假设，$H_1 : \rho \neq 0$，表明饲料行业的销售量与经营利润显著线性相关。

第三节　一元回归分析

一元回归分析只研究单相关关系，表示单相关关系的回归方程称为一元回归方程。一元回归方程分直线型和曲线型，本节研究一元线性回归。

一、简单直线回归

简单直线回归又称一元线性回归，是指一个因变量只与一个自变量有依存关系，两变量间关系形态表现为直线趋势。

用表 8-2 中年销量 X 与利润率 Y 的数据作散布图如图 8-7。

分析图 8-7，坐标点（X, Y）大致分布在一条直线上，这条直线可用一元线性回归方程 $\hat{Y} = kX + b$ 表示，只要斜率 k、截距 b 确定后，这条直线的位置也就惟一地被确定了。现在讨论如何根据样本数据确定 k 和 b。

当输入每一个观测值 X，计算所得的回归值 $\hat{Y}$ 与实际值 Y 有一定的偏差，

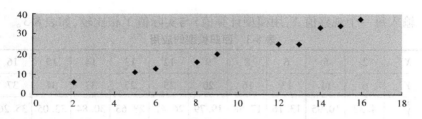

图8-7 年销量与利润率的关系散布图

称为残差,用 e 表示(下同),即 $Y - \hat{Y} = e$。如果 $\sum e = 0$,$\sum e^2$ 为最小,则 k 和 b 也就惟一地被确定了,$\hat{Y} = kX + b$ 最能反映 (X, Y) 的变化趋势,$\hat{Y} = kX + b$ 为最优趋势线,这就是最小二乘法。

$$\sum e^2 = \sum (Y - \hat{Y})^2 = \sum (Y - b - kX)^2 = \min$$

对该式求关于 b 和 k 的一阶偏导数,并令一阶偏导数为零。

$$\frac{\partial(\sum e^2)}{\partial b} = -2 \sum (Y - b - kX) = 0$$

$$\frac{\partial(\sum e^2)}{\partial k} = -2 \sum (Y - b - kX)X = 0$$

经整理得:

$$\begin{cases} \sum Y = nb + k \sum X \\ \sum XY = b \sum X + k \sum X^2 \end{cases}$$

解这个二元一次方程组得:

$$\begin{cases} k = \dfrac{n \sum XY - \sum X \sum Y}{n \sum X^2 - (\sum X)^2} \\ b = \dfrac{\sum Y}{n} - k \dfrac{\sum X}{n} = \overline{Y} - k \overline{X} \end{cases} \quad (8\text{-}4)$$

[**例8-2**] 现用表8-2所提供的资料模拟利润率与年销售量的回归方程。

$$k = \frac{n \sum XY - \sum X \sum Y}{n \sum X^2 - (\sum X)^2} = \frac{10 \times 2\,642 - 100 \times 220}{10 \times 1\,200 \times 100^2} = \frac{4\,420}{2\,000} = 2.21$$

$$b = \frac{\sum Y}{n} - k \frac{\sum X}{n} = \frac{220}{10} - 2.21 \times \frac{100}{10} = 22 - 22.1 = -0.1$$

利润率与销售量样本回归直线方程为:$\hat{Y} = 2.21X - 0.1$

输入每一个观察值 X, 用模型计算值 $\hat{Y}$ 与实际值 Y 相比较, 如表 8-3。

表 8-3　回归模型的应用

X	2	5	6	8	9	12	13	14	15	16
Y	6	11	13	16	20	25	25	33	34	37
$\hat{Y}$	4.32	10.95	13.16	17.58	19.79	26.42	28.63	30.84	33.05	35.26
$Y-\hat{Y}=e$	1.68	0.05	-0.16	-1.58	0.21	-1.42	-3.63	2.16	0.95	1.74

从表 8-3 可知, 用样本数据模拟的样本回归方程, $Y=2.21X-0.1$ 能较好地反映点 (X,Y) 的变化规律, $\hat{Y}=2.21X-0.1$ 为利润率依赖销售量变化的最优趋势线。

二、估计的标准误差

从表 8-3 可知, $\sum e=0$, 但这还不能衡量 $\hat{Y}$ 对 Y 估计的准确度, 现用标准误差 S_{YX} 衡量样本观测量 Y 对回归直线的离散程度。

$$S_{YX} = \sqrt{\frac{\sum (Y-\hat{Y})^2}{n-2}} = \sqrt{\frac{\sum e^2}{n-2}} \tag{8-5}$$

例如表 8-3 中, $\sum e^2 = 29.18$

$$S_{YX} = \sqrt{\frac{\sum e^2}{n-2}} = \sqrt{\frac{29.18}{10-2}} = \sqrt{3.6475} = 1.9098$$

$S_{YX}=0$, 表示 Y 与 $\hat{Y}$ 完全一致, S_{YX} 越小, 估计值 $\hat{Y}$ 的代表性就越大, 反之, Y 的代表性就越小。

为了便于计算, 将以上公式 8-5 更换成 8-6 式:

$$S_{YX} = \sqrt{\frac{\sum Y^2 - b\sum Y - k\sum XY}{n-2}} \tag{8-6}$$

以表 8-2 中的数据资料计算 S_{YX}:

$$S_{YX} = \sqrt{\frac{5846 + 0.1 \times 220 - 2.21 \times 2642}{8}} = \sqrt{\frac{29.18}{8}} = 1.9098$$

两种方法计算结果一致。

三、一元线性回归的方差分析及显著性检验

从表 8-3 看, 用样本数据模拟的回归方程 $\hat{Y}=2.21X-0.1$ 主观感觉良好。

但这方程到底模拟得好不好,还需检验。

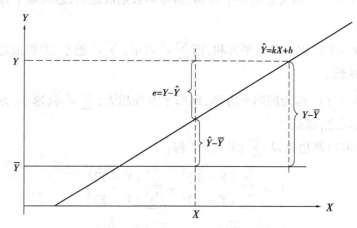

图 8-8　$\hat{Y}$ 与 $\bar{Y}$ 之间的关系图

当给定自变量 X 后,与之对应的观测值 Y、计算值 $\hat{Y}$ 与平均值 $\bar{Y}$ 之间的关系可用图 8-8 表示。

$$Y - \bar{Y} = (Y - \hat{Y}) + (\hat{Y} - \bar{Y})$$

两边平方求和得:

$$\sum (Y - \bar{Y})^2 = \sum (Y - \hat{Y})^2 + \sum (\hat{Y} - \bar{Y})^2 {}^* \tag{8-7}$$

---

* $\sum (Y - \bar{Y})^2 = \sum (Y - \hat{Y})^2 + 2 \sum (Y - \hat{Y})(\hat{Y} - \bar{Y}) + \sum (\hat{Y} - \bar{Y})^2$

$\sum (Y - \hat{Y})(\hat{Y} - \bar{Y}) = \sum (Y - b - kX)(b + kX - \bar{Y})$

将 $b = \bar{Y} - k\bar{X}$ 代入:

$\sum (Y - \hat{Y})(\hat{Y} - \bar{Y}) = k \sum [(Y - \bar{Y})(X - \bar{X}) - k(X - \bar{X})^2] =$

$k[\sum (Y - \bar{Y})(X - \bar{X}) - k \sum (X - \bar{X})^2]$

将 $k = \dfrac{\sum (X - \bar{X})(Y - \bar{Y})}{\sum (X - \bar{X})^2}$ 代入:

$k \sum (X - \bar{X})^2 = \dfrac{\sum (X - \bar{X})(Y - \bar{Y})}{\sum (X - \bar{X})^2} \cdot \sum (X - \bar{X})^2 = \sum (X - \bar{X})(Y - \bar{Y})$

$\sum (Y - \hat{Y})(\hat{Y} - \bar{Y}) = k[\sum (Y - \bar{Y})(X - \bar{X}) - \sum (Y - \bar{Y})(X - \bar{X})] = 0$

所以 $\sum (Y - \bar{Y})^2 = \sum (Y - \hat{Y})^2 + \sum (\hat{Y} - \bar{Y})^2$

$\sum (Y - \overline{Y})^2$ 称为总离差平方和,当样本数据取定后,总离差平方和也就被确定了。

$\sum (Y - \hat{Y})^2$ 称为残差平方和,用 $\sum e^2$ 表示,$\sum e^2$ 越小,方程拟合优度越高,反之,越低。

$\sum (\hat{Y} - \overline{Y})^2$ 称为回归平方和,回归平方和越大,$\sum e^2$ 就越小,方程拟合优度越高,反之,越低。

对式(8-7)两边除以 $\sum (Y - \overline{Y})^2$ 得:

$$1 = \frac{\sum (Y - \hat{Y})^2}{\sum (Y - \overline{Y})^2} + \frac{\sum (\hat{Y} - \overline{Y})^2}{\sum (Y - \overline{Y})^2}$$

$$\frac{\sum (\hat{Y} - \overline{Y})^2}{\sum (Y - \overline{Y})^2} = 1 - \frac{\sum (Y - \hat{Y})^2}{\sum (Y - \overline{Y})^2} =$$

$$1 - \frac{\sum e^2}{\sum (Y - \overline{Y})^2}$$

设:$$r^2 = \frac{\sum (\hat{Y} - \overline{Y})^2}{\sum (Y - \overline{Y})^2} = 1 - \frac{\sum e^2}{\sum (Y - \overline{Y})^2} \tag{8-8}$$

称 r^2 为判定系数,用 r^2 来检验样本回归直线方程与样本观测值之间的拟合程度。$0 \leqslant r^2 \leqslant 1$,当 $r^2 = 0$ 时,两变量 X 与 Y 没有关系,当 $r^2 = 1$ 时,所有的观测值都落在样本回归直线上,是完全拟合。r^2 越接近于1,表明观测点越接近于回归直线,回归直线方程拟合优度就越高。

为便于计算,把求 r^2 的公式稍作变动。

设样本回归模型为:

$$Y = kX + b + e$$

等式两边平均得:

$$\overline{Y} = k\overline{X} + b$$

用样本回归直线 $\hat{Y} = kX + b$ 减去 $\overline{Y} = k\overline{X} + b$ 得:

$$\hat{Y} - \overline{Y} = k(X - \overline{X})$$

两边平方求和得:

$$\sum (\hat{Y} - \overline{Y})^2 = k^2 \sum (X - \overline{X})^2$$

把上式代入式(8-8)得:

$$r^2 = \frac{k^2 \sum (X - \overline{X})^2}{\sum (Y - \overline{Y})^2} = \frac{k^2 (\sum X^2 - n \overline{X}^2)^*}{\sum Y^2 - n \overline{Y}^2} \qquad (8\text{-}9)$$

(8-9)式表明:判定系数 r^2 可由变量 X 所引起的离差平方和与总离差平方和之比来表示,这个比值的大小表示 Y 的变异中 X 所能解释的程度。

根据表8-2中提供的资料:

$n = 10, \overline{X} = 10, \overline{Y} = 22, \sum X^2 = 1\ 200, \sum Y^2 = 5\ 846$,则有:

$$\sum (X - \overline{X})^2 = \sum X^2 - n \overline{X}^2 = 1\ 200 - 10 \times 10^2 = 200$$

$$\sum (Y - \overline{Y})^2 = \sum Y^2 - n \overline{Y}^2 = 5\ 846 - 10 \times 22^2 = 1\ 006$$

且已知 $k = 2.21$,故: $r^2 = \dfrac{2.21^2 \times 200}{1\ 006} = \dfrac{976.82}{1\ 006} = 0.971$

即在利润总变差中,有 97.1% 可由销售量来解释。也就是说,利润的变化有 97.1% 是由销售量来决定的。

根据样本资料建立的回归方程 $\hat{Y} = kX + b$ 称为样本直线回归方程,用总体资料建立的回归方程也是 $\hat{Y} = \beta_0 + \beta_1 X$ 称为总体回归直线方程,总体回归方程不可能直接求得,只能用样本回归方程来估计总体回归方程。

样本回归系数 k 是根据样本数据得到的,具有一定的随机性,因此有必要根据样本回归系数 k 对总体回归系数 β 进行统计检验。检验方法有 F 检验法和 t 检验法,现以例8-2中模拟的方程为例介绍 t 检验方法。

1)提出零假设和备选假设: $H_0: \beta = 0, H_1: \beta \neq 0$。

在本例中 $\beta = 0$ 表示销售量与利润无关,总体回归方程为 $Y = b + e$。 $\beta \neq 0$ 表示销售量与利润有关。

2)构造统计量并计算。

$$t = \frac{|k|}{\dfrac{S_{YX}}{\sqrt{\sum X^2 - n \overline{X}^2}}} \qquad (8\text{-}10)$$

$* \quad \sum (X - \overline{X})^2 = \sum (X^2 - 2\overline{X}X + \overline{X}^2) =$

$\qquad \sum X^2 - 2\overline{X} \sum X + n \overline{X}^2 =$

$\qquad \sum X^2 - 2\overline{X} \cdot \dfrac{n \sum X}{n} + n \overline{X} =$

$\qquad \sum X^2 - n \overline{X}^2$,同理,$\sum (Y - \overline{Y})^2 = \sum Y^2 - n \overline{Y}^2$

在表 8-3 中计算得：$S_{YX} = 1.909\ 8$，则 $t = \dfrac{2.21}{\dfrac{1.909\ 8}{14.142}} \approx 16.37$

3）给定显著性水平 α 的值。本例中取 $\alpha = 0.05$。

4）根据 α 和自由度 $(n-2)$ 查 t 分布表。

本例中查 t 分布表 $t_{\frac{\alpha}{2}}(n-2) = t_{0.025}(8) = 2.306$

5）判断。如果 $|t| \geq t_{\frac{\alpha}{2}}(n-2)$，则拒绝零假设，即 $H_1 : \beta \neq 0$，表明总体回归参数不为零，两变量存在显著线性相关；如果 $|t| < t_{\frac{\alpha}{2}}(n-2)$，则接受零假设，即 $H_0 : \beta = 0$，表明总体回归参数为零，两变量不存在显著的线性相关。

本例中，$t = 16.37$，$t_{\frac{\alpha}{2}}(n-2) = 2.306$，$|t| > t_{\frac{\alpha}{2}}(n-2)$，拒绝零假设。$H_1 : \beta \neq 0$，表明饲料行业的销售量与经营利润显著相关。

F 检验法构造 F 统计量：

$$F = \frac{\sum (\hat{Y} - \bar{Y})^2 (n-2)}{\sum (Y - \hat{Y})^2} \tag{8-11}$$

根据给定显著性水平 α 和自由度 $(n-1, n-2)$ 查 F 分布表得临界值 F_α。若 $F > F_\alpha$，X 与 Y 之间存在线性相关，回归方程显著。否则，X 与 Y 之间不存在线性相关，回归方程不显著。F 检验与 r^2 判定具有同样效果。

四、相关与回归之间的关系

相关与回归既有区别又有密切的联系。相关分析以测度两个变量之间的线性关联力度为其主要目的，并不给出变量之间的因果关系，公平地对待任何（两个）变量，用相关系数 r 表示两个随机变量的相关程度和相关方向。相关分析不能指出两个变量相互关系的具体形式，也无法从一个变量的变化来推测另一个变量的变化情况。回归分析通过建立回归方程来估计变量与变量之间的"因果关系"，用判定系数 r^2 来度量回归方程式对观察资料的拟合优度。回归分析从一个已知量来推测另一个未知量，为估计预测提供一个重要方法。相关与回归相辅相成，只有当相关系数达到显著标准时，才能显示出该两变量之间存在线性关系，在这种情况下配出的直线方程才有意义。

1）相关系数 r 与判定系数 r^2

$$r^2 = \frac{\sum (\hat{Y} - \bar{Y})^2}{\sum (Y - \bar{Y})^2} = \frac{k^2 \sum (X - \bar{X})^2}{\sum (Y - \bar{Y})^2}$$

将一元线性回归参数 $k = \dfrac{\sum (X - \bar{X})(Y - \bar{Y})}{\sum (X - \bar{X})^2}$ 代入上式得：

$$r^2 = \frac{[\sum(X-\bar{X})(Y-\bar{Y})]^2}{[\sum(X-\bar{X})^2]^2} \cdot \frac{\sum(X-\bar{X})^2}{\sum(Y-\bar{Y})^2}$$

$$r = \frac{\sum(X-\bar{X})(Y-\bar{Y})}{\sqrt{\sum(X-\bar{X})^2} \cdot \sqrt{\sum(Y-\bar{Y})^2}}$$

这正是求相关系数 r 的公式, $r = \pm\sqrt{r^2}$ (8-12)

2) 相关系数 r 与回归参数 k

$$k = \frac{\sum(X-\bar{X})(Y-\bar{Y})}{\sum(X-\bar{X})^2} =$$

$$\frac{\sum(X-\bar{X})(Y-\bar{Y})}{\sqrt{\sum(X-\bar{X})^2 \sum(X-\bar{X})^2}} \cdot \frac{\sqrt{\sum(Y-\bar{Y})^2}}{\sqrt{\sum(Y-\bar{Y})^2}} =$$

$$\frac{\sum(X-\bar{X})(Y-\bar{Y})}{\sqrt{\sum(X-\bar{X})^2 \sum(Y-\bar{Y})^2}} \cdot \frac{\sqrt{\dfrac{\sum(Y-\bar{Y})^2}{n-1}}}{\sqrt{\dfrac{\sum(X-\bar{X})^2}{n-1}}}$$

令 $\delta_Y = \sqrt{\dfrac{\sum(Y-\bar{Y})^2}{n-1}}$ 表示 Y 的标准差, $\delta_X = \sqrt{\dfrac{\sum(X-\bar{X})^2}{n-1}}$ 表示 X 的标准差(下同)。

则 $$k = r \cdot \frac{\delta_Y}{\delta_X}$$ (8-13)

k 和 r 可以互相转换,在对回归参数进行显著性 t 检验时,计算较繁,可将回归参数 k 转变为相关系数 r 查表检验,以代替 k 的显著性检验。

第四节 相关与回归分析应注意的问题

一、定性分析与定量分析相结合的问题

(一)相关与回归分析必须在定性分析的基础上进行定量分析

自变量和因变量的确定、相关关系的有无以及相关类型、计算结果和预测

数字的鉴别等问题,都必须根据人们对研究对象的了解,作出定性判断。实际问题很复杂,不可能轻易成功,要考虑多种因素、多种配合形式、多次试算调整,不要盲目地进行回归与相关分析,要从实际出发,定性与定量相结合,寻找投入少而实用价值高的解决问题的模型。

(二)抓住主要因素

一个变量的变化要受多个变量的影响,但有主次,要抓住主要因素忽略次要因素,不能搬教条或凭经验轻易地把不存在相关关系的因素扯到一起。只有经过定性判断和定量判断,才能去掉次要的、意义不大的变量。只有筛选出主要的、关系密切的变量进行数量分析,才能使结论准确。

(三)因变量随自变量变化而变化,不能说这就是因果关系,真正因果关系的确认需要科学的逻辑推理

二、关于回归方程的内插和外推问题

预测中指定 X 变量值未超出所用资料的数值范围,叫做内插回归预测,其预测效果好。预测中指定 X 变量超出了所用的数值范围叫做外推回归预测,预测效果随着 X 变量值对所用资料的数值范围的远离而逐渐降低。

(一)利用回归方程进行预测不能无限地外推

回归方程是在一定条件下建立的,回归方程的拟合以一定取值范围的自变量和因变量数据为基础,在自变量取值范围内其拟合效果良好,即在原有条件不变或基本不变的前提下,该回归方程才能成立。估计和推算因变量不宜使用超出自变量的取值范围。

(二)回归方程受时空限制

离开观测数据所属的时间、地点和条件,回归方程就失去实际意义。因此,不能把以往时期或在其他环境中产生的模型搬到或延伸到本期、本场合使用。为了保证外推预测的有效性,除了在利用大样本基础上建立的回归方程以外,还要认真判断预测条件和原回归方程建立的条件是否相同或基本相同。如果条件已经不同,应该根据新的条件重新抽取样本,建立新的回归方程,再利用新的模型进行预测。

(三)尽可能使用大样本材料

尽管内插回归预测效果好,但由于样本过小,达不到理想的预测效果。大量观测是统计分析的基础,只有进行大量的观测才能消去偶然因素的影响,使之获得现象间的真实关系。本章例题样本小,只是为了写作上的方便,在实际中不宜采用。

【小　结】

1. 相关关系是指变量之间存在密切的关系,但不是严格的依存关系。即当一个变量发生变化时,另一个变量相应地发生变化,但其变动值是不确定的,不能由一个(或几个)变量的数值精确地求出另一个变量的值。具有相关关系的变量之间存在不确定性的关系,但通过对现象的不断观察可以探索出它们之间的统计规律,这种统计规律称为回归关系。

2. 相关与回归分析的步骤:

(1)确定现象之间有无依存关系。

(2)确定相关关系的表现形式。

(3)判定相关关系的密切程度和方向,即求出相关系数。

(4)从一组数据出发,确定变量间的关系式——回归方程的数学模型。

(5)对回归方程的可信度进行统计检验。

(6)从影响着某一个量的许多变量中,判断哪些变量的影响是显著的、哪些是不显著的。

(7)运用回归方程对客观过程进行分析。

3. 相关与回归既有区别又有密切的联系。相关分析以测度两个变量之间的线性关联力度为其主要目的,并不给出变量之间的因果关系,对称地对待任何变量,用相关系数表示两个随机变量的相关程度和相关方向。相关分析不能指出两个变量相互关系的具体形式;回归分析通过建立回归方程来估计变量与变量之间的"因果关系",用判定系数来度量回归方程式对观测资料的拟合优度。二者相辅相成。

【思考与练习】

1. 相关关系与函数关系有何区别与联系?

2. 相关分析与回归分析有何区别与联系?

3. 简单相关系数 r 与简单直线回归参数 k、判定系数 r^2、估计的标准误差 S_{YX} 有何区别与联系?

4. 总体回归模型与样本回归模型有何区别与联系?

5. 简单回归直线方程 $\hat{Y} = kX + b$ 中参数 k 和 b 的含义是什么?

6. 面积与建造成本的有关资料如下表。①模拟建筑面积与建造成本的回归方程。②计算相关系数和判定系数,并对相关系数进行 t 检验、对模型进行优度检验。③检验回归模型的显著性。④计算估计的标准误差。

建筑面积 $X/$万米^2	4	2	3	5	4	5
建造成本 $Y/$万元	14.8	12.8	13.3	15.4	14.3	15.9

7. 10 个学徒工的技术操作训练的月数 X 和月产量 Y 的样本数据如下表。①建立回归方程。②计算估计样本的标准误差。③计算相关系数和判定系数。

操作训练 $X/$月	3	4	4	2	5	3	4	5	3	2
月产量 $Y/$件	57	78	72	58	89	63	73	84	75	48

8. 某公司科研经费支出 X 与公司利润的资料如下表。①建立回归方程。②计算判定系数与相关系数。③对相关系数进行 t 检验、对回归方程进行显著性检验。

科研支出/10 万元	5	11	4	5	3	2
利 润/10 万元	31	40	30	34	25	20

9. 某公司所属的 10 个同类工业的生产性固定资产和工业总产值资料如下表。①求工业总产值依生产性固定资产价值的直线回归方程。②计算相关系数。③计算估计的标准差。

生产性固定资产价值 $X/$万元	180	190	200	120	150	240	260	280	300	320
工业总产值 $Y/$万元	300	320	400	160	260	500	580	620	680	750

10. 几个地区的货运量与工业总产值的资料如下表。试建立回归方程。

货运量 $X/$亿吨	2.8	2.9	3.2	3.2	3.4	3.2	3.3	3.7	3.9	4.2
工业总产值 $Y/$10 亿元	25	27	29	32	34	36	35	39	42	45

第九章

SE 时间序列分析

第一节　时间序列的意义、种类和编制原则

一、时间序列的意义

社会经济现象总是随着时间的推移而发生变化,正是这种变化体现出社会发展规律的具体作用。统计作为认识社会经济现象的有力武器,不仅要从静态上研究社会经济现象数量方面的特征和相互联系,更重要的是要从动态上研究它的发展过程和规律性,以便总结经验,并预见其发展变化的趋势。要对社会经济现象的动态进行分析研究,就必须编制时间序列。所谓时间序列,就是将反映社会经济现象的某一指标数值按时间先后顺序排列而形成的数列,又称时间数列,也称动态数列。表9-1 就是一个时间序列,它反映了河北省5 年来国内生产总值的发展变化情况。

表9-1　我国国内生产总值发展情况　　　　　　　单位:亿元

年　份	2004	2005	2006	2007	2008
国内生产总值	159 878.3	183 217.4	211 923.5	257 305.6	300 670

资料来源:《中国统计年鉴》

从表9-1 可以看出,时间序列有两个构成要素:一是现象所属时间的顺序排列;二是与时间对应的某一指标数值,二者缺一不可,否则不能构成完整的时间序列。

时间序列是对社会经济现象进行动态分析的基础,根据时间序列所进行的动态分析是经济活动分析不可缺少的主要统计分析方法。其作用表现在:

(1)可以了解某一指标数值所反映的现象在不同时期的发展动态及历史状况,通过计算各种动态指标数值,能深入地揭示其发展变化的数量特征,探索社会经济现象发展变化的规律性。

(2)可以利用不同国家或地区间的同类时间序列进行对比分析。

(3)通过时间序列分析可以建立经济计量模型,为统计预测提供依据。

二、时间序列的种类

由于反映社会经济现象总体数量特征的统计指标有总量指标、相对指标和平均指标,根据统计指标编制的时间序列,也可分为总量指标时间序列、相对指标时间序列和平均指标时间序列。其中总量指标时间序列是基本的时间序列,而相对指标时间序列和平均指标时间序列都是根据总量指标时间序列派生出来的序列。

(一)总量指标时间序列

总量指标时间序列是把反映某一社会经济现象的总量指标按时间先后顺序排列而形成的时间序列,用来反映该社会经济现象在各个时间状态所达到的绝对水平及其发展过程。由于总量指标可分为时期指标和时点指标,所以总量指标时间序列也可分为时期序列和时点序列。

1. 时期序列

由一系列的时期指标所构成的时间序列称为时期序列。它反映了社会经济现象在某一段时间内(如1年或1个月)发展过程的结果。如表9-1河北省国内生产总值发展情况序列就是时期序列。

2. 时点序列

由一系列的时点指标所构成的时间序列称为时点序列,它反映了社会经济现象在各个时刻或瞬间(如月初、年初、月末、年末等)达到的水平。如表9-2所示的某公司2010年下半年商品库存情况序列就是一个时点序列。

表9-2 某公司2010年下半年商品库存情况　　　　单位:万元

月　份	7月	8月	9月	10月	11月	12月
商品库存额	30	33	36	38	42	44

时期序列和时点序列相比较,主要有以下区别:

(1)时期序列中各个指标数值是可以相加的,相加后的数值表示该现象在更长时间内的发展总量。而时点序列中每一时点指标数值不能相加,因为相加后没有任何实际的经济意义。

(2)时期序列中每一个指标数值的大小都与其对应的时期长短有直接的联系,时期愈长,指标数值愈大。而时点序列中每一个指标数值与时点间隔的长短没有直接的联系。

(3)时期序列中的每一个指标数值,通常都是连续不断地登记取得的。而时点序列中每一个指标数值,通常是间隔一段时间登记一次而取得或指标数值发生变化时才进行登记而取得。

(二)相对指标时间序列和平均指标时间序列

分别由相对指标和平均指标按时间先后顺序排列而形成的序列称为相对指标时间序列和平均指标时间序列,用来反映社会经济现象之间的数量对比关系和平均水平的变化过程或发展趋势。由于对比的分子分母性质不同,又分为两个时期对比序列、两个时点对比序列和一个时期、一个时点对比序列三种。

(1)两个时期对比序列。即计算时间序列的分子分母都是时期序列对比而形成的序列,如表9-3所示。

表9-3 我国粮食单产情况表

指 标	单位	2006 年	2007 年	2008 年	2009 年	2010 年
总产量	万吨	46 946.9	48 404.2	49 804.2	56 160.3	52 870.9
播种面积	千公顷	101 606	104 278	104 958	105 638	106 793
平均单产	(万吨·千公顷$^{-1}$)	0.462 0	0.464 2	0.474 5	0.531 6	0.495 1

(2)两个时点对比序列。即计算时间序列的分子分母都是时点序列对比而形成的序列。表9-4所示为某药业股份有限公司2010年上半年工人人数占职工人数比重情况就是两个时点序列对比形成的时间序列。

表9-4 某药业股份有限公司2010年上半年工人人数比重情况表 单位:人

月 份	1	2	3	4	5	6	7
月初职工人数	2 000	2 000	2 150	2 000	2 100	2 100	2 200
月初工人人数	1 400	1 440	1 634	1 480	1 575	1 638	1 760
工人人数比重/%	70	72	76	74	75	78	80

(3)一个时期一个时点对比序列。即计算时间序列的分子分母由一个时

期序列和一个时点序列对比而形成的序列。表 9-5 列出的某企业 2010 年下
半年劳动生产率情况就是由一个时期序列和一个时点序列对比形成的序列。

表 9-5　某企业 2010 年下半年劳动生产率情况表

指　标	7 月	8 月	9 月	10 月	11 月	12 月	12 月末
总产值/万元	70.61	73.71	76.14	83.83	90.1	108.24	
月初职工人数/人	790	810	810	830	850	880	910
劳动生产率/(元·人$^{-1}$)	883	910	929	998	1 042	1 209	

三、时间序列的编制原则

　　编制时间序列的目的是要通过对序列中各个指标进行动态分析,来研究
社会经济现象的发展变化过程及其规律性。因此,保证序列中各个指标的可
比性,就成为编制时间序列应遵循的基本原则。具体来说应包含以下几个
方面:

　　(一)时间长短应该相等

　　由于时期序列中各指标数值的大小与指标所属的时期长短有直接的联
系,所以,时期序列中各指标所属时期长短应该一致,否则很难直接进行比较。
但也不能把这个原则绝对化,有时为了某种特殊的研究目的,也可以将时期不
等的指标数值编制在同一个时期序列中。例如,我国解放前 1900—1949 年的
钢产量为 760 万吨,而第一个 5 年计划期间钢产量为 1 666.7 万吨,1983 年的
钢产量为 4 002 万吨,虽然这些指标数值的时期长短不一,但仍能说明我国解
放前后钢铁生产的发展状况。

　　对于时点序列来说,它不存在指标所属时期长短问题,只存在各项指标之
间的间隔问题,尽管时点序列指标数值大小与时点间隔长短无直接联系,但时
点序列各项指标之间的间隔应尽可能保持一致,这样才便于更准确地反映经
济现象的发展趋势和变化规律。

　　(二)指标的经济内容应该一致

　　名称相同而经济内容不同的指标不能对比,否则编制的时间序列会得出
不正确的结论。因为指标数值反映的是一定质的经济内容,不能只就数量论
数量,而应该注意时间序列中各个指标内容的统一。

（三）总体范围应该一致

时间序列中各指标包括的总体范围即行政区划、管理体制、分组范围等前后应该保持一致。如果总体范围有了变动，则前后各期的指标数值不能直接对比，必须将资料加以适当调整。例如，某一地区行政区划发生变动，该地区的人口数、土地面积、国内生产总值等指标都要作相应的调整，才能使编制的时间序列具有可比性。

（四）指标的计算方法应该统一

时间序列各项指标的计算方法包括统计方法、计算公式、计算价格、计量单位等，都要前后统一。

第二节　时间序列的水平指标

常用的时间序列水平指标有发展水平、平均发展水平、增长量和平均增长量四种。

一、发展水平

发展水平，又称发展量，就是时间序列中的每一项具体的指标数值，它反映社会经济现象在不同时间状态下所达到的规模或水平。如表9-1至表9-4中的每个指标数值就反映了不同现象在不同时间状态下的发展水平。发展水平可以是绝对数水平，也可以是相对数或平均数水平。

发展水平按其在时间序列中所处位置的不同可分为：最初水平、中间水平、最末水平。最初水平就是时间序列中第一项水平。最末水平就是时间序列中最后一项水平。除了最初水平和最末水平以外的各项水平称为中间水平。

设时间序列为 $a_0, a_1, a_2, \cdots, a_{n-1}, a_n$，其中，$a_0$ 为最初水平，a_n 为最末水平，$a_1, a_2, \cdots, a_{n-1}$ 为中间水平；发展水平按其在动态分析中所起的作用不同可分为：基期水平和报告期水平。基期水平是指作为比较基础时期的发展水平；报告期水平是指所要分析研究的那个时期的发展水平。如表9-6。

表 9-6　我国 2004—2008 年国内生产总值情况表

年　份	发展水平/亿元	增长量/万吨		发展速度/%		增长速度/%	
		逐期	累计	环比	定基	环比	定基
甲	(1)	(2)	(3)	(4)	(5)	(6)	(7)
2004	159 878.3	—	—	—	100	—	—
2005	183 217.4	23 339.1	23 339.1	114.6	114.6	14.6	14.6
2006	211 923.5	28 706.1	52 045.2	115.7	132.6	15.7	32.6
2007	257 305.6	45 382.1	97 427.3	121.4	160.9	21.4	60.9
2008	300 670	43 364.4	140 791.7	116.9	188.1	16.9	88.1

资料来源:中国统计年鉴(2009)

在该时间序列中,2004 年为最初水平,即 $a_0 = 159\ 878.3$ 亿元;2008 年为最末水平,即 $a_n = 300\ 670$ 亿元;如果 2005 年和 2004 年对比,2005 年是报告期,2004 年是基期;如果 2007 年和 2004 年对比,则 2007 年为报告期,2004 年为基期。

可见,发展水平的概念不是固定不变的,它们随研究目的改变而改变。今年的报告期水平可能是将来的基期水平;这个序列的最末水平可能是另一序列的最初水平。发展水平在文字说明上习惯用"增加到"、"增加为"或"降低到"、"降低为"表示。如我国 1998 年的工业总产值为 119 048 亿元,1999 年增加到 126 111 亿元。

二、平均发展水平

平均发展水平也叫序时平均数,是对时间序列中不同时间单位上的发展水平求平均数,也叫动态平均数。序时平均数与一般平均数相比存在明显的区别。首先,一般平均数是根据变量数列计算的,而序时平均数是根据时间序列计算的。其次,一般平均数是静态平均数,是对总体各单位某一标志值求平均,将该标志值在总体各单位之间的差异抽象化。而序时平均数是动态平均数,是对时间序列中不同时间上的某一标志值求平均,它是将该标志值在不同时间上的差异抽象化。最后,一般平均数是说明总体各单位某一标志值的一般水平,而序时平均数是说明现象某一指标在一定时期内的一般水平。

由于时间序列有总量指标时间序列、相对指标时间序列和平均指标时间序列,所以计算序时平均数的方法也因时间序列的性质不同而有差异,其中总量指标序时平均数是最基本的序时平均数,其他的序时平均数都是在总量指标序时平均数的基础上计算而得的。

(一)总量指标时间序列的序时平均数

总量指标时间序列分为时期序列和时点序列,由于两者资料特点不同,计算序时平均数的方法也不相同。

1. 时期序列序时平均数的计算

由于时期序列中各项指标数值可以直接相加,所以,由时期序列计算序时平均数可采用简单算术平均数的方法,就是把时期序列的各项指标数值相加,然后除以时期序列的项数。其计算公式为:

$$\bar{a} = \frac{a_1 + a_2 + \cdots + a_n}{n} = \frac{\sum a}{n} \tag{9-1}$$

式中:$\bar{a}$ 代表序时平均数;a 代表各期发展水平;n 代表时期序列的项数。

[**例 9-1**] 表 9-1 就是一个时期序列,其序时平均数的计算方法是:

$$\bar{a} = \frac{159\,878.\,3 + 183\,217.\,4 + 211\,923.\,5 + 257\,305.\,6 + 300\,670}{5} \text{亿元}$$

$$= 222\,598.\,96 \text{亿元}$$

2. 时点序列序时平均数的计算

要计算时点序列的序时平均数,按理应有连续的时点序列资料。严格意义上的时点是"某一时刻"或"某一瞬间",但要取得"某一时刻"或"某一瞬间"的连续时点资料,是一件非常繁杂的事情。为了简化起见,在统计实践中,通常把"日"看作是时间序列中非严格意义上的时点。如果根据每日资料编制成时间序列,那么序列中的资料称作连续性时点资料;否则就称作为非连续性时点资料或间断性时点资料。不管是连续性时点资料,还是间断性时点资料都可分为间隔相等和间隔不等两种情况,不同情况的资料计算序时平均数的方法也有所不同。

(1)间隔相等的连续性时点序列序时平均数的计算。这种资料的特点是相邻两个时点的间隔都是 1 日,即具有连续每日登记的时点资料。计算序时平均数也用简单算术平均数的方法,即将各时点的指标数值相加,然后除以时点的个数或日数。公式为:

$$\bar{a} = \frac{a_1 + a_2 + \cdots + a_n}{n} = \frac{\sum a}{n} \tag{9-2}$$

式中:$\bar{a}$ 代表序时平均数;a 代表各时点数值;n 代表时点个数或日数。

[例 9-2] 某单位 2010 年 6 月上旬职工出勤人数如表 9-7 所示。

表 9-7 职工出勤人数统计表

日　　期	1	2	3	4	5	6	7	8	9	10
出勤人数/人	230	234	232	236	238	235	233	236	238	234

$$\bar{a} = \frac{\sum a}{n} = \frac{230 + 234 + 232 + 236 + 238 + 235 + 233 + 236 + 238 + 234}{10} 人$$

$$= \frac{2\ 346}{10} 人 = 235 人$$

说明该单位 6 月上旬平均每日的出勤人数为 235 人。

（2）间隔不等的连续性时点序列序时平均数的计算。这种资料的特点是相邻两个时点的间隔日数不相等，即没有每日连续登记的时点资料，只有现象发生变动时登记的时点资料。计算序时平均数时，须以两个时点的间隔日数为权数进行加权平均计算。公式为：

$$\bar{a} = \frac{a_1 f_1 + a_2 f_2 + \cdots + a_n f_n}{f_1 + f_2 + \cdots + f_n} = \frac{\sum af}{\sum f} \tag{9-3}$$

式中：$\bar{a}$ 代表序时平均数；a 代表各时点指标数值；f 代表相邻时点间隔日数。

[例 9-3] 某企业 2010 年 10 月份某产品库存情况如表 9-8 所示。

表 9-8 某产品 10 月份库存情况统计表

日　　期	1—5 日	6—12 日	13—17 日	18—24 日	25—30 日
库存量/万件	18	30	16	25	20

$$\bar{a} = \frac{\sum af}{\sum f} = \frac{18 \times 5 + 30 \times 7 + 16 \times 5 + 25 \times 7 + 20 \times 6}{5 + 7 + 5 + 7 + 6} 万件$$

$$= \frac{675}{30} 万件 = 22.5 万件$$

说明该企业 2010 年 10 月份该产品每日库存量平均为 22.5 万件。

（3）间隔相等的间断性时点序列序时平均数计算。根据间隔相等的间断性时点序列计算序时平均数，一般是假定所研究现象在两个相邻时点之间的变动是均匀的，这样可以采用简单平均的方法，把相邻两个时点指标数值相加后除以 2，求得两时点之间的序时平均数。然后，再根据这些相邻时点之间的序时平均数,求得整个序列的序时平均数。

[**例 9-4**] 现有某企业 2010 年第三季度职工人数资料,计算该企业第三季度平均职工人数。

表 9-9 某企业 2010 年第三季度职工人数 单位:人

日 期	6 月 30 日	7 月 31 日	8 月 31 日	9 月 30 日
职工人数	320	350	348	360

7 月份平均职工人数 = (320 + 350)/2 人 = 335 人

8 月份平均职工人数 = (350 + 348)/2 人 = 349 人

9 月份平均职工人数 = (348 + 360)/2 人 = 354 人

第三季度平均职工人数 = (335 + 349 + 354)/3 人 = 346 人

把上面计算过程合并,计算式如下:

$$\bar{a} = \frac{\dfrac{320+350}{2} + \dfrac{350+348}{2} + \dfrac{348+360}{2}}{3}$$

$$= \frac{\dfrac{320}{2} + 350 + 348 + \dfrac{360}{2}}{3} \text{ 人} = 346 \text{ 人}$$

上式用符号表示,即:

$$\bar{a} = \frac{\dfrac{a_1}{2} + a_2 + a_3 + \dfrac{a_4}{2}}{4 - 1}$$

如果时点序列有 n 项,则由间隔相等的间断性时点序列资料计算序时平均数的计算公式为:

$$\bar{a} = \frac{\dfrac{a_1}{2} + a_2 + a_3 + \cdots + a_{n-1} + \dfrac{a_n}{2}}{n - 1} \tag{9-4}$$

式中:$\bar{a}$ 代表序时平均数;a 代表各时点指标数值;n 代表时点序列项数。

(4)间隔不等的间断性时点序列序时平均数的计算。如果时点指标之间间隔不相等。计算其序时平均数的方法为:假定两个时点指标之间变动是均匀的,用简单平均法求出它们的平均数,然后用各相邻时点之间的间隔时间(如天数、月数、季数)为权数,对此计算加权算术平均数。

[**例 9-5**] 某企业 2010 年成品仓库中某产品的库存量资料如表 9-10 所示。试计算月平均库存量。

表 9-10　某企业 2010 年某产品库存量资料　　　　　　　　单位:台

日　期	1 月 1 日	4 月 1 日	8 月 1 日	10 月 1 日	12 月 31 日
库存量	50	65	40	59	0

1—3 月平均库存量 $= \dfrac{50+65}{2}$ 台 $= 57.5$ 台

4—7 月平均库存量 $= \dfrac{65+40}{2}$ 台 $= 52.5$ 台

8—9 月平均库存量 $= \dfrac{40+59}{2}$ 台 $= 49.5$ 台

10—12 月平均库存量 $= \dfrac{59+0}{2}$ 台 $= 29.5$ 台

全年月平均库存量 $\bar{a} = \dfrac{57.5 \times 3 + 52.5 \times 4 + 49.5 \times 2 + 29.5 \times 3}{3+4+2+3}$ 台 $= 48$ 台

把上面计算合并:

$$\bar{a} = \frac{\dfrac{50+65}{2} \times 3 + \dfrac{65+40}{2} \times 4 + \dfrac{40+59}{2} \times 2 + \dfrac{59+0}{2} \times 3}{3+4+2+3} \text{ 台} = 48 \text{ 台}$$

如果时点序列为 n 项,计算公式用符号表示为:

$$\bar{a} = \frac{\dfrac{a_1 + a_2}{2} f_1 + \dfrac{a_2 + a_3}{2} f_2 + \cdots + \dfrac{a_{n-1} + a_n}{2} f_{n-1}}{f_1 + f_2 + \cdots + f_{n-1}} \tag{9-5}$$

式中: $\bar{a}$ 代表序时平均数; a 代表各时点指标数值; f 代表各时点间隔时间(即权数)。

（二）相对指标和平均指标时间序列序时平均数的计算

相对指标和平均指标时间序列一般是由两个互有联系的总量指标时间序列相应项对比派生而来的。计算其序时平均数时,不能根据序列中的相对指标和平均指标直接计算,而是先分别计算分子、分母序列的序时平均数,然后加以对比,即得相对指标和平均指标时间序列的序时平均数。其基本公式为:

$$\bar{c} = \frac{\bar{a}}{\bar{b}} \tag{9-6}$$

式中: $\bar{c}$ 代表相对指标和平均指标时间序列的序时平均数; $\bar{a}$ 代表分子序列的序时平均数; $\bar{b}$ 代表分母序列的序时平均数。

1. 分子分母都是时期序列计算序时平均数

$$\bar{c} = \frac{\bar{a}}{\bar{b}} = \frac{\dfrac{a_1 + a_2 + \cdots + a_n}{n}}{\dfrac{b_1 + b_2 + \cdots + b_n}{n}} =$$

$$\frac{a_1 + a_2 + \cdots + a_n}{b_1 + b_2 + \cdots + b_n} = \frac{\sum a}{\sum b} \tag{9-7}$$

[**例9-6**] 表9-3 所列示的某地粮食单产情况,就是由两个时期序列对比形成的平均指标时间序列。平均单产的计算方法如下:

$$\bar{c} = \frac{\bar{a}}{\bar{b}} = \frac{\sum a}{\sum b}$$

$$= \frac{46\,946.9 + 48\,404.2 + 49\,804.2 + 56\,160.3 + 52\,870.9}{101\,606 + 104\,278 + 104\,958 + 105\,638 + 106\,793} = \frac{254\,186.5}{523\,273}$$

$$= 0.486(万吨 / 千公顷)$$

2. 分子、分母都是时点序列计算序时平均数

由于时点资料分为间隔相等和间隔不等的连续性时点资料和间断性时点资料,所以,序时平均数的计算也因构成时间序列的分子、分母时点资料的性质不同而需采用不同的计算式。

[**例9-7**] 表9-4 所列示的某机械厂2010年上半年工人人数占职工人数的比例情况就是两个间隔相等的间断性时点序列对比形成的时间序列。计算该厂2010年下半年工人人数占职工人数的平均比例。其公式为:

序时平均数 $\quad \bar{c} = \dfrac{\bar{a}}{\bar{b}} = \dfrac{\dfrac{\dfrac{a_1}{2} + a_2 + \cdots + \dfrac{a_n}{2}}{n-1}}{\dfrac{\dfrac{b_1}{2} + b_2 + \cdots + \dfrac{b_n}{2}}{n-1}} =$

$$\frac{\dfrac{a_1}{2} + a_2 + \cdots + \dfrac{a_n}{2}}{\dfrac{b_1}{2} + b_2 + \cdots + \dfrac{b_n}{2}} \tag{9-8}$$

则工人数占职工人数的比例 =

$$\frac{\dfrac{1\ 400}{2} + 1\ 440 + 1\ 634 + 1\ 480 + 1\ 575 + 1\ 638 + \dfrac{1\ 760}{2}}{\dfrac{2\ 000}{2} + 2\ 000 + 2\ 150 + 2\ 000 + 2\ 100 + 2\ 100 + \dfrac{2\ 200}{2}} =$$

$$\frac{9\ 347}{12\ 450} = 75\%$$

3. 分子、分母分别是时期序列和时点序列计算序时平均数

[例9-8]　表 9-5 所列示的某企业 2010 年下半年劳动生产率情况就是由一个时期序列和一个时点序列对比形成的序列。计算该企业 2010 年下半年平均劳动生产率。

序时平均数　$\bar{c} = \dfrac{\bar{a}}{\bar{b}} = \dfrac{\dfrac{a_1 + a_2 + \cdots + a_n}{n}}{\dfrac{\dfrac{b_1}{2} + b_2 + \cdots + \dfrac{b_n}{2}}{n - 1}} =$

$$\frac{\dfrac{706\ 100 + 737\ 100 + 761\ 400 + 838\ 300 + 901\ 000 + 1\ 082\ 400}{6}}{\dfrac{\dfrac{790}{2} + 810 + 810 + 830 + 850 + 880 + \dfrac{910}{2}}{7 - 1}}\ \text{元／人} =$$

$$\frac{5\ 026\ 300}{5\ 030}\ \text{元／人} = 999\ \text{元／人}$$

三、增长水平指标

(一)增长量

增长量是以绝对数形式表示的动态指标,它是报告期水平与基期水平之差,表明社会经济现象在一定时期内增加或减少的绝对量。计算公式如下:

$$\text{增长量} = \text{报告期水平} - \text{基期水平} \tag{9-9}$$

当报告期水平大于基期水平时,增长量为正值,表示现象水平的增加。当报告期水平小于基期水平时,增长量为负值,表示现象水平的下降。

由于采用基期的不同,增长量可分为逐期增长量和累计增长量两种。逐期增长量是以报告期的前一期为基期所计算的增长量,它等于报告期水平与前一期水平之差,说明现象逐期增减的绝对数量;累计增长量是以某一固定时期为基期所计算的增长量,它等于报告期水平与某一固定基期水平(通常为最初水平)相减的差额,说明现象在较长时间内的总增长数量。设用 a_0 代表最初水平, $a_1, a_2, \cdots, a_n$ 表示时间序列的各期发展水平,则:

逐期增长量：$a_1 - a_0, a_2 - a_1, \cdots, a_n - a_{n-1}$

累计增长量：$a_1 - a_0, a_2 - a_0, \cdots, a_n - a_0$

逐期增长量与累计增长量存在着如下数量关系：

（1）各逐期增长量之和等于相对应的累计增长量。即

$$(a_1 - a_0) + (a_2 - a_1) + \cdots + (a_n - a_{n-1}) = a_n - a_0$$

（2）相邻两个累计增长量之差，等于相应时期的逐期增长量。即：$(a_i - a_0) - (a_{i-1} - a_0) = a_i - a_{i-1}$

逐期增长量和累计增长量的计算见表9-6。

此外，在统计实践中，还常常用本期发展水平减去上年同期发展水平，计算年距增长量指标，表明今年某一时期发展水平比上年同期发展水平的增减数量，即：

$$年距增长量 = 本期发展水平 - 上年同期发展水平 \qquad (9-10)$$

（二）平均增长量

平均增长量是现象在一定时期内平均每期增加的绝对量。它既可以用逐期增长量之和除以逐期增长量的项数求得；也可以用全期累计增长量除以时间序列中发展水平的项数减1求得。计算公式为：

$$平均增长量 = \frac{逐期增长量之和}{逐期增长量项数} = \frac{累计增长量}{时间数列项数 - 1} \qquad (9-11)$$

用符号表示为：

$$平均增长量 = \frac{(a_1 - a_0) + (a_2 - a_1) + \cdots + (a_n - a_{n-1})}{n - 1} =$$

$$\frac{a_n - a_0}{n - 1} \qquad (9-12)$$

[例9-9]　表9-6我国国内生产总值2004—2008年平均增长量为：

$$均增长量 = \frac{23\ 339.1 + 28\ 706.1 + 45\ 382.1 + 43\ 364.4}{4}$$

$$= \frac{300\ 670 - 159\ 878.3}{5 - 1}$$

$$= \frac{140\ 791.7}{4} = 35\ 197.925（亿元）$$

第三节 时间序列的速度指标

为了进一步对社会经济现象在不同时间上的动态情况进行分析,还需计算一系列时间序列速度指标。常用的速度指标有发展速度、增长速度、平均发展速度和平均增长速度。

一、发展速度

发展速度是以相对数形式表示的动态指标,它是报告期水平与基期水平之比,用以说明报告期水平是基期水平的若干倍或百分之几。其计算公式为:

$$发展速度 = \frac{报告期水平}{基期水平} \times 100\%$$ (9-13)

发展速度一般用百分数表示,有时也用倍数或系数表示。

发展速度由于采用基期的不同,分为定基发展速度和环比发展速度。定基发展速度是报告期水平与某一固定时期水平(通常是最初水平)的对比,说明社会经济现象在一个较长时间内的变动程度,也称"总速度";环比发展速度是各期水平与前一期水平的对比,说明报告期的水平相对前一期水平逐期发展变动的情况。若用 a_0 代表最初水平,用 $a_1, a_2, \cdots, a_n$ 表示时间序列的各期发展水平,则:

定基发展速度:$\dfrac{a_1}{a_0}, \dfrac{a_2}{a_0}, \cdots, \dfrac{a_n}{a_0}$

环比发展速度:$\dfrac{a_1}{a_0}, \dfrac{a_2}{a_1}, \cdots, \dfrac{a_n}{a_{n-1}}$

定基发展速度与环比发展速度的计算见表9-6。它们之间存在着以下两种换算关系:

(1)定基发展速度等于环比发展速度的连乘积。即:

$$\frac{a_1}{a_0} \times \frac{a_2}{a_1} \times \cdots \times \frac{a_n}{a_{n-1}} = \frac{a_n}{a_0}$$

表9-6中,2008年的定基发展速度等于2004—2008年各年环比发展速度的连乘积;即 $188.1\% = 114.6\% \times 115.7\% \times 121.4\% \times 116.9\%$。

(2)相邻时期定基发展速度相除等于相应的环比发展速度。即:

$$\frac{a_i}{a_0} \div \frac{a_{i-1}}{a_0} = \frac{a_i}{a_{i-1}}$$

表 9-6 中,2008 年的定基发展速度除以 2007 年的定基发展速度等于 2008 年的环比发展速度:

$$188.1\% \div 160.9\% = 116.9\%$$

利用上述关系可以进行两种发展速度之间的推算。例如,已知一些年份的环比发展速度,即可推算出某一年的定基发展速度;如果已知定基发展速度和其他年份的环比发展速度,则可推算出某个未知年份的环比发展速度。

计算定基发展速度时,可结合特定的研究目的适当地选择基期,如为了研究特定的五年计划时期发展变化的程度,就可以选择"五年计划时期前一年"为基期来计算定基发展速度;如为了分析企业的产品产量、产值、成本、单耗、利润等指标与历史最好水平相比的发展变化情况,应当选择历史上最好水平的时期为基期来计算定基发展速度。

此外,在统计分析中,有时为了消除季节变动的影响,还需要计算年距发展速度,用以说明本期发展水平与上年同期发展水平的相对发展程度。即:

$$年距发展速度 = \frac{本期发展水平}{上年同期发展水平} \times 100\% \tag{9-14}$$

二、增长速度

增长速度是反映现象增长的相对程度的动态比较指标。它的计算可以用报告期增长量除以基期水平求得,也可用发展速度减 1 求得。计算结果说明报告期水平比基期水平增长的百分比或若干倍。计算公式为:

$$增长速度 = \frac{增长量}{基期水平} = \frac{报告期水平 - 基期水平}{基期水平} =$$

$$发展速度 - 1(或 100\%) \tag{9-15}$$

当发展速度大于 1 时,增长速度为正值,表明现象的增长程度,说明现象的发展方向是上升的;当发展速度小于 1 时,增长速度为负值,表明现象的降低程度,说明现象的发展方向是下降的。

增长速度与发展速度相对应,由于计算时采用的基期不同,增长速度也分为环比增长速度和定基增长速度两种。定基增长速度是累计增长量与固定基期水平之比,或是定基发展速度减 1,表明现象在较长时期内增长的相对程度;环比增长速度是逐期增长量与前一期发展水平之比,或是环比发展速度减 1,表明现象逐期增长的相对程度。其计算公式为:

$$定基增长速度: \frac{a_1}{a_0} - 1, \frac{a_2}{a_0} - 1, \cdots, \frac{a_n}{a_0} - 1$$

$$环比增长速度: \frac{a_1}{a_0} - 1, \frac{a_2}{a_1} - 1, \cdots, \frac{a_n}{a_{n-1}} - 1$$

定基增长速度和环比增长速度的计算见表9-6。

定基增长速度和环比增长速度都是发展速度的派生指标,它们只反映现象增长部分的相对程度。环比增长速度与定基增长速度这两个指标之间没有直接的换算关系。如果进行换算,先要将环比增长速度加"1"化为环比发展速度后,再连乘得定基发展速度,然后减"1",才能求得定基增长速度。

此外,在实际工作中通常还计算年距增长速度,其作用与年距发展速度相似。

$$年距增长速度 = \frac{年距增长量}{上年同期发展水平} = 年距发展速度 - 1 \qquad (9\text{-}16)$$

由于速度指标都是相对数,它会掩盖现象的绝对水平。因此,在经济分析中必须把相对指标与绝对指标结合应用,才能全面说明问题。增长1%的绝对值指标就是把速度指标和发展水平结合运用的一个动态分析指标。

增长1%的绝对值,是指在环比增长速度中,报告期水平比前期水平每增长1%所增加的绝对数量,它等于逐期增长量除以环比增长速度,即前一期水平的1%。

$$增长1\%的绝对值 = \frac{逐期增长量}{环比增长速度} \times 1\% =$$

$$\frac{报告期水平 - 前期水平}{\dfrac{报告期水平 - 前期水平}{前期水平}} \times 1\% = \frac{前期水平}{100} \qquad (9\text{-}17)$$

表9-6中,2004—2008年我国国内生产总值各年增长1%的绝对值分别为:1 598.783亿元、1 832.174亿元、2 119.235亿元、2 573.05亿元。

三、平均发展速度和平均增长速度

平均速度指标是各个时期环比速度的平均数,说明社会经济现象在较长时期内逐期平均发展变化的程度。平均速度指标有平均发展速度和平均增长速度。平均发展速度减1即为平均增长速度。平均发展速度是时间序列中各期环比发展速度的序时平均数,即总速度的平均数,但社会经济现象发展的总速度,不等于各年环比发展速度之和,而是等于各年环比发展速度的连乘积。因此在求环比发展速度的平均数时,不能采用算术平均数的计算方法,只能根据需要采用几何平均法和方程法计算。

由于平均增长速度=平均发展速度-1(或100%),所以当平均发展速度大于 1 时,平均增长速度为正值,说明现象在一定时期内逐期平均增长的变化程度,称为平均递增速度;反之,指标为负值,说明现象在一定时期内逐期平均下降的变化程度,称为平均递减速度。

（一）几何平均法（也称水平法）

设 $\overline{X}$ 表示平均发展速度,X_i 表示各时期的环比发展速度,n 表示环比发展速度的项数,则平均发展速度等于各期环比发展速度连乘开 n 次方根。计算公式为:

$$\overline{X} = \sqrt[n]{X_1 \cdot X_2 \cdots X_n} = \sqrt[n]{\prod X_i} \qquad (9\text{-}18)$$

由于各期环比发展速度的连乘积等于全期定基发展速度,因此可得:

$$\overline{X} = \sqrt[n]{\frac{a_1}{a_0} \cdot \frac{a_2}{a_1} \cdots \frac{a_n}{a_{n-1}}} = \sqrt[n]{\frac{a_n}{a_0}} \qquad (9\text{-}19)$$

式中 $\frac{a_n}{a_0}$ 是全期定基发展速度,又称总速度,若用 R 代替,则:

$$\overline{X} = \sqrt[n]{R} \qquad (9\text{-}20)$$

以上 3 个计算公式,只是形式不同,其计算内容和计算结果完全一样。

[**例 9-10**]　现以表 9-6 所示的资料说明平均发展速度的求法。

解　如果已知 2004—2008 年各年国内生产总值的环比发展速度,计算2004—2008 年国内生产总值的平均发展速度用公式(9-18),即:

$$\overline{X} = \sqrt[n]{X_1 \cdot X_2 \cdots X_n} = \sqrt[n]{\prod X_i}$$
$$= \sqrt[4]{1.146 \times 1.157 \times 1.214 \times 1.169}$$
$$= 117.1\%$$

如果已知 2008 年和 2004 年两年的国内生产总值,计算 2004—2008 年的平均发展速度用公式(9-19),即:

$$\overline{X} = \sqrt[n]{\frac{a_n}{a_0}} = \sqrt[4]{\frac{300\,670}{159\,878.3}} = 117.1\%$$

如果已知 2004 年与 2008 年相比的定基发展速度,计算 2004—2008 年国内生产总值的平均发展速度用公式(9-20),即:

$$\overline{X} = \sqrt[n]{R} = \sqrt[4]{188.1\%} = 117.1\%$$

平均增长速度 = 平均发展速度 − 1(或 100%) = 117.1% − 100% = 17.1%

(二)方程法(也称累计法)

方程法是通过研究某一社会经济现象在一定阶段中各期实际水平之和对基期水平之比,列出相应的方程式,求解该方程式来计算平均发展速度的一种方法。这种方法的基本出发点是,根据求解方程式得出的平均发展速度,分别计算出的各期理论水平之和应等于实际水平之和。

设用 a_0 代表时间序列的最初水平,用 $a_1,a_2,\cdots,a_n$ 代表时间序列的各期发展水平,用 $\overline{X}$ 代表平均发展速度,则按 $\overline{X}$ 计算的各期理论水平为:

第一时期:$a_0\overline{X}$

第二时期:$(a_0\overline{X})\overline{X}=a_0\overline{X}^2$

第三时期:$(a_0\overline{X}^2)\overline{X}=a_0\overline{X}^3$

……

第 n 个时期:$(a_0\overline{X}^{n-1})\overline{X}=a_0\overline{X}^n$

则方程式为:

$$a_0\overline{X}+a_0\overline{X}^2+a_0\overline{X}^3+\cdots+a_0\overline{X}^n=a_1+a_2+\cdots+a_n=\sum a$$

上式化简后得:

$$(\overline{X}+\overline{X}^2+\overline{X}^3+\cdots+\overline{X}^n)-\frac{\sum a}{a_0}=0$$

这是一个一元高次方程,解出这个方程的正根就是所求的平均发展速度。但求解该方程式是比较复杂的,一般采用查《平均增长速度查对表》的方法。下面简单介绍该方法的操作步骤。

(1)判断所研究经济现象的发展类型 —— 递增型或递减型;计算 $\frac{\sum a}{a_0}$ 与 n 的比值,若其值大于 100%,表明各期的定基发展速度平均在 100% 以上,则经济现象属于递增型;若其值小于 100%,则属于递减型;若其值正好等于 100% 或十分接近 100%,这说明没有明显的增长速度,也就没有必要计算平均发展速度。

(2)根据不同的类型和 $\frac{\sum a}{a_0}$ 的值,查不同的平均速度表。当经济现象属于递增型,查递增速度部分的表;反之,查递减速度部分的表。表 9-11 是递增速度查对表的一部分。

表 9-11 累计法查对表增长速度部分 间隔期:5 年

平均递增率/%	五年发展水平总和为基期的百分比/%	平均递增率/%	五年发展水平总和为基期的百分比/%	平均递增率/%	五年发展水平总和为基期的百分比/%
1	515.2	11	691.3	21	918.3
2	530.8	12	711.5	22	944.2
3	546.8	13	732.3	23	970.8
4	563.3	14	753.5	24	998.0
5	580.2	15	775.4	25	1 025.9
6	597.5	16	797.7	26	1 054.4
7	615.3	17	820.7	27	1 083.7
8	633.3	18	844.2	28	1 113.6
9	652.3	19	868.3	29	1 144.2
10	671.6	20	893.0	30	1 175.6

[**例 9-11**] 我国最近五年研究生在学人数的资料如表 9-12 所示,求平均每年增长速度。

表 9-12 我国最近五年研究生在学人数资料 单位:人

年 份	2004	2005	2006	2007	2008
在学人数	819 896	978 610	1 104 653	1 195 047	1 283 046

资料来源:《中国统计年鉴》(2009)

$n = 5$ 年

$\sum a = 819\,896 + 978\,610 + 1\,104\,653 + 1\,195\,047 + 1\,283\,046 = 5\,381\,252$（人）

$a_0 = 651\,260$（人）

$\dfrac{\sum a}{a_0} = \dfrac{5\,381\,252}{651\,260} = 8.262\,8$ 即 826.28%

$\dfrac{826.28\%}{5} = 165.26\% > 100\%$,查递增速度部分。

查表 9-11 得平均递增速度为 17%,说明最近五年我国研究生在学人数在以每年超过17%的速度递增。

　　通过两种平均速度方法的计算,可以看出两种方法的计算依据、计算方法和应用条件都不相同。几何平均法是从最末水平与基期水平对比计算平均速度;平均速度数值的大小、增长或下降直接取决于最末水平和基期水平,而不反映中间各年水平的变化。就是说,侧重于考察末期水平,即从基期水平出发按怎样的平均速度发展才能达到末期水平。在实际统计工作中,用于工业增加值、主要产品产量、工资总额、国内生产总值等经济指标的平均速度的计算。方程法是从各年发展水平的总和与基期水平对比计算平均速度;其数值大小、增长或下降,取决于各年发展水平的总和与基期水平。就是说,侧重于考察整个时期中各年发展水平的总和,即从基期水平出发按怎样的平均速度发展才能使各年发展水平的总和与各年实际水平的总和相一致。在实际统计工作中,用于基本建设投资额、培养的大学生、研究生人数、造林面积等指标平均速度的计算。

第四节　　长期趋势的测定

一、长期趋势测定的意义

　　长期趋势就是社会经济现象在较长时期内发展变化的基本趋势。我国自改革开放到现在,国民生产总值、人均粮食产量、人均纯收入等都呈现上升趋势;随着生产力水平的不断提高,高新技术在生产中的应用,产品的单位成本、原材料消耗呈现下降趋势。这些长期趋势,有的是直线增长趋势,有的是曲线增长趋势。对长期趋势的测定和分析,就是使用统计特有的方法,消除现象在长期发展变化中所受到的偶然的、短期因素的影响,使原序列得到修匀,使现象的长期趋势表现得更明显。

　　长期趋势是影响时间数列变动的主要因素,分析、测定长期趋势是非常有意义的。通过对长期趋势的研究,可以预测过去一段相当长的时间内现象持续增长或持续下降的趋势,从而掌握现象发展变化的规律;能够根据事物过去的发展趋势预测现象未来的情况;可以把长期趋势的影响从时间序列中分离开来,以便更好地研究其他因素。

二、长期趋势测定的方法

长期趋势的分析、测定是通过对时间序列进行修匀,测定时间序列变动的长期趋势,据以对现象的变动趋势进行预测。常用的方法有3种。

(1)时距扩大法。就是把原来时距较短的时间序列中各个时期资料加以合并,扩大每段计算所包括的时间范围,加工整理为时距较长的新时间序列,用以消除由于时距较短受偶然因素和季节变动影响所引起的波动,使现象的发展趋势和规律性明显地表现出来。

[例9-12] 现以某企业某种产品在2009年1月至2010年12月的各月生产量资料为例说明时距扩大法的应用,具体资料如表9-13所示。

表9-13 各月生产量资料统计表 万台

日期	生产量	扩大到 3月	扩大到 6月	日期	生产量	扩大到 3月	扩大到 6月
2009. 1	4.5			2010. 1	5.4		
2	4.3	12.6		2	4.7	14.7	
3	3.8		24.8	3	4.6		31.3
4	3.6			4	4.7		
5	4.3	12.2		5	5.3	16.6	
6	4.3			6	6.6		
7	4.2			7	6.4		
8	4.6	13.2		8	6.5	19.6	
9	4.4		28.7	9	6.7		39.4
10	4.7			10	6.5		
11	5.2	15.5		11	6.7	19.8	
12	5.6			12	6.6		

从表9-13可以看出,该企业在2009年1月至2010年12月,该产品生产量的长期趋势是上升的,但各月生产量有升有降,上升趋势不明显;当把时距扩大到季度时,所得时间序列的上升趋势仍不明显;当把时距扩大到半年时,这种上升趋势得以明显体现。

(2)移动平均法。这种方法也是把原来时间序列的时距扩大,并采用逐项移动平均的方法计算扩大时距的序时平均数。这样就可以得出一个由序时平均数构成的新的时间序列,这个新的时间序列就能消除序列中由于偶然因素所引起的不规则变动,以反映现象的总趋势。

[**例 9-13**]　我国 1994—2008 年国内能源生产总量资料如表 9.14,用移动平均法进行修匀。

单位:万吨标准煤

表 9-14

年　份	能源生产总量	3 年移动平均	5 年移动平均	7 年移动平均
1994	118 729	—	—	—
1995	129 034	126 793	—	—
1996	132 616	131 353.33	127 407.8	—
1997	132 410	129 758.67	128 849	127 421.67
1998	124 250	127 531.59	128 837.7	130 095.44
1999	125 935	126 387.55	129 803.6	132 206.28
2000	128 978	130 786.03	132 083.6	136 667.07
2001	137 445	136 744.38	140 001.9	144 514.37
2002	143 810	148 365.6	152 283.2	156 175.23
2003	163 842	164 997.5	167 662.8	169 763.98
2004	187 341	185 686.23	184 384.9	184 969.28
2005	205 876	204 757.72	202 705.9	202 477.07
2006	221 056	220 782.33	221 937.6	—
2007	235 415	238 823.67	—	—
2008	260 000	—	—	—

资料来源:《中国统计年鉴》(2007)

　　用移动平均法修匀时间序列,主要问题是确定扩大时距后所包括的项数,移动平均项数的多少直接影响到对时间序列的修匀程度的高低。时距越长,包括的项数越多,偶然因素影响就越小,长期趋势越明显;反之长期趋势就会因偶然因素的影响变得模糊不清。移动平均可以按奇数项平均,也可按偶数项平均。按奇数项平均后所得序时平均数放在与奇数项中间一项平行的位置上;按偶数项平均需进行两次平均,即在第一次移动平均的基础上,再进行一次两项移动平均。

　　从表 9-14 可以看出,原始时间序列中能源生产总量时高时低,但经过三年移动平均、五年移动平均,特别是七年移动平均之后,能源生产总量逐年增多的趋势明显的表现出来。

　　分析现象发展趋势的一个重要目的,是对现象的发展作出科学的预测。按移动平均法修匀后的趋势值首尾损失若干项,因此不便于直接根据修匀后的序列进行预测,表明这还不是确定长期趋势的理想方法。

(3)最小平方法。又叫最小二乘法,是分析长期趋势最常用的方法。其实质是通过数学模型,配合一条较为理想的趋势线。这条趋势线必须满足两个条件:一是原序列观察值与趋势值的离差之和为零;二是原序列观察值与趋势值的离差平方和为最小。用公式表示为:

$$\sum (y - \hat{y}) = 0$$

$$\sum (y - \hat{y})^2 = 最小值$$

最小平方法既可对社会经济现象的发展趋势配合直线,也可配合曲线。具体要根据被研究现象发展变化的情况和原有序列反映出来的现象变动特点来确定。下面介绍用最小二乘法配合趋势直线的过程。

设趋势直线方程为: $\hat{Y} = a + bt$

式中:$\hat{Y}$代表根据直线方程计算出来的趋势值;a代表直线在y轴上的截距;b代表直线的斜率,表示t每变动一个单位$\hat{Y}$的变动值;t代表时间序号,可以是年、月、日。

将$\hat{Y} = a + bt$代入$\sum (y - \hat{y})^2 = 最小值$中,根据数学二元函数求极值的方法,用偏导数求解$a$和$b$,经过整理可得到下面两个标准方程式:

$$\begin{cases} \sum Y = na + b \sum t \\ \sum tY = a \sum t + b \sum t^2 \end{cases} \tag{9-21}$$

解方程组得:

$$\begin{cases} a = \dfrac{\sum Y}{n} - b \dfrac{\sum t}{n} \\ b = \dfrac{n \sum tY - \sum t \sum Y}{n \sum t^2 - (\sum t)^2} \end{cases} \tag{9-22}$$

[**例**9-14] 现以我国近十年国内旅游人次为例,说明最小二乘法的应用。

表9-15　我国最近十年国内旅游人次长期趋势计算表

年　份	国内旅游人数（百万人次）y	序时值 t	计算栏		趋势值 $\hat{y}$
			t^2	ty	
1999	719	1	1	719	576. 4
2000	744	2	4	1 488	693. 3
2001	784	3	9	2 352	810. 2
2002	878	4	16	3 512	927. 1
2003	870	5	25	4 350	1 044
2004	1 102	6	36	6 612	1 160. 9
2005	1 212	7	49	8 484	1 277. 8
2006	1 394	8	64	11 152	1 394. 7
2007	1 610	9	81	14 490	1 511. 6
2008	1 712	10	100	17 120	1 628. 5
合计	11 025	55	385	70 279	—

资料来源:《中国统计年鉴》

将表中计算结果代入计算 a、b 的计算公式,得:

$$b = \frac{\sum ty - \frac{1}{n}\sum t \sum y}{\sum t^2 - \frac{1}{n}\left(\sum t\right)^2}$$

$$= \frac{70\ 279 - \frac{1}{10} \times 55 \times 11\ 025}{385 - \frac{1}{10} \times 55^2}$$

$$= \frac{9\ 641.5}{82.5} = 116.9$$

$$a = \frac{\sum y}{n} - b\frac{\sum t}{n}$$

$$= \frac{11\ 025}{10} - 116.9 \times \frac{55}{10}$$

$$= 1\ 102.5 - 643.0 = 459.5$$

则直线趋势方程 $\hat{y} = 459.5 + 116.9t$

说明每增加 1 年,国内旅游人次就增加 116.9 百万人次。

将年份序号值 t 分别代入直线趋势方程,即得各年趋势值(见表 9-14 最后一栏),例如:

1999 年: $\hat{y} = 459.5 + 116.9 \times 1 = 576.4$(百万人次)

2000 年: $\hat{y} = 459.5 + 116.9 \times 2 = 693.3$(百万人次)

2008 年: $\hat{y} = 459.5 + 116.9 \times 10 = 1\ 628.5$(百万人次)

假如要预测 2012 年的国内旅游人次,则 $t = 14$

$\hat{y} = 459.5 + 116.9 \times 14 = 2\ 096.1$(百万人次)

第五节　季节变动的测定

季节变动是由于季节更换对社会经济现象所引起的变动。许多社会经济现象,如客运量的变化、啤酒的销售量、农副产品的收购、以农副产品为原料的工业生产、服装、鞋帽的生产、销售等 1 年之内都存在明显的季节性变化。测定与分析季节变动,掌握现象随着季节变换而变动的规律性是非常重要的。一方面通过消除季节变动的影响,可以在不同月份之间进行比较;另一方面对于组织生产和供应、安排生活、进行企业管理和宏观调控都有着积极的意义。测定季节变动的主要方法是计算季节比率,反映季节变动的规律性。季节比率高,说明是"旺季";反之,说明是"淡季"。计算季节比率的方法从是否考虑长期趋势的影响分为两种:一是不考虑长期趋势的影响,直接根据原始的时间序列来计算;二是将原序列中的长期趋势剔除后再进行计算。前者称为按月(季)平均法,后者称为趋势剔除法。但不管用哪种方法,都必须具备至少有 3 年按月(季)排列的资料,以正确反映现象的季节变动情况。

一、按月(季)平均法

按月(季)平均法是根据时间序列月度(或季度)数据,先求得若干年内同月(季)平均数,再求出若干年内总的月(季)平均数,然后将二者对比,求得各月(季)的季节比率。计算公式为:

$$月(季)的季节比率 = \frac{月(季)平均数}{总的月(季)平均数} \tag{9-23}$$

现有某市近 5 年各季某商品销售量资料如表 9-16 所示,试计算该商品销售量的季节比率。

表 9-16　某市近 5 年某商品销售量季节比率计算表　　　　　　万件

年　份	第一季度	第二季度	第三季度	第四季度	合　计
2000	77	125	240	155	597
2001	113	140	335	130	718
2002	148	193	370	155	866
2003	160	215	390	187	952
2004	172	231	452	207	1 062
5 年合计	670	904	1 787	834	4 195
分季平均数	134	181	357	167	210
季节比率/%	63.8	86.2	170.0	79.5	400

第一步　计算 5 年间同季的平均销售量。即分别计算第一、二、三、四季度各季度的平均销售量。如：

$$第一季度平均销售量 = \frac{77 + 113 + 148 + 160 + 172}{5} 万件 = 134 \ 万件$$

第二步　计算 5 年间总的季平均销售量。即计算 5 年总共 20 个季度的平均销售量。

$$总的季平均销售量 = \frac{4 \ 195}{20} 万件 = 210 \ 万件$$

第三步　计算各季度的季节比率。如：

$$第一季度的季节比率 = \frac{134}{210} = 63.8\%$$

其他各季的季节比率按照同样的方法计算(表 9-16 最后一行)，这样就可形成一个季节比率时间序列，从此时间序列中就能清楚地看出该市这 5 年内该商品销售量的季节性变动趋势,第三季度是销售旺季。

月(季)平均法的优点是计算简便,容易理解。但是,在事物发展过程中,特别是在年数较多的情况下,除了季节变动之外,还包含着长期趋势等因素在内,而按月(季)平均法并未考虑,要解决这个问题,需要用另一种方法——趋势剔除法。

二、长期趋势剔除法

长期趋势剔除法是先把时间序列中的长期趋势剔除掉,然后再进行季节变动的测定。长期趋势一般采用移动平均法计算,其计算步骤和方法如下:

(1)用表列出现象 3 年以上分月(季)资料;

(2)计算移动平均数,剔除偶然因素影响:如果是月份资料,采用 12 项移动平均;如果是季度资料,采用 4 项移动平均。由于是偶数项移动平均,趋势值 $\hat{Y}$ 需分两步求得(如表 9-17)。

(3)用时间序列中各月(季)的实际值 Y 与其相对应的趋势值 $\hat{Y}$ 对比,计算 $Y/\hat{Y}$ 的百分比数值;

(4)把 $Y/\hat{Y}$ 的百分比数值按月(季)排列,计算出各年同月(季)的总数和平均数;这个平均数就是各月(季)的季节比率;

(5)把各月(季)的季节比率加起来,其合计应等于 1 200%(若是季资料其合计应等于 400%),如果不符,还应把 1 200%与实际加总的各月季节比率相比求出校正系数,把校正系数分别乘上各月的季节比率。这样求得的季节比率就是一个剔除了长期趋势影响后的季节比率。

[**例** 9-15] 现以某商店某商品的销售量资料为例,说明其计算方法。如表 9-17、9-18。

将表 9-18 中各月季节比率相加,得 1 193.58%小于 1 200%,需用

$$\frac{1\ 200\%}{1\ 193.58\%} = 100.54\%$$

作为校正系数,分别乘上各月季节比率,即得剔除长期趋势影响后的季节比率(如表 9-18 最后一栏)。

计算结果表明,该地某商品销售存在明显季节变动。每年从 9 月份进入旺季,一直持续到次年 3 月,从 4 月起迅速回落,一直到 8 月都是销售淡季。

表 9-17　某商店某商品销售量的季节变动表　　　　　　百件

年　份	月　份	销售量 Y	移动平均 （12 个月）	$\hat{Y}$	$\dfrac{Y}{\hat{Y}} \times 100\%$
	1	40			
	2	34			
	3	36			
	4	34			
	5	35			
2002	6	32			
	7	28	35.17	35.09	79.79
	8	34	35.00	34.92	97.37
	9	34	34.83	35.00	97.14
	10	37	35.17	35.09	105.44
	11	38	35.00	34.88	108.94
	12	40	34.75	34.63	115.51
	1	38		34.66	109.62
	2	32	34.58	34.71	92.19
	3	40	34.75	34.75	115.11
	4	32	34.67	34.79	91.98
	5	32	34.83	34.67	92.30
2003	6	30	34.75	34.67	86.53
	7	30	34.58	34.50	86.96
	8	33	34.75	34.42	95.89
	9	36	34.25	34.46	104.48
	10	36	34.58	34.54	104.23
	11	36	34.33	34.46	104.47
	12	42	34.75	34.13	123.06
	1	32	34.17	34.13	93.76
	2	26	34.08	34.17	105.36
	3	37	34.17	34.00	108.82
	4	31	34.17	33.79	91.74
	5	31	33.83	33.79	91.74
2004	6	29	33.75	34.25	84.67
	7	31	33.83		
	8	33	34.67		
	9	32			
	10	35			
	11	37			
	12	52			

表 9-18 某商店某商品销售量的季节比率计算表 %

	2002	2003	2004	合 计	平 均	季节比率
1	—	109.62	93.76	203.38	101.69	102.24
2	—	92.19	105.36	197.55	98.78	99.31
3	—	115.11	108.82	223.93	111.97	112.57
4	—	91.98	91.74	183.72	91.86	92.36
5	—	92.30	91.74	184.04	92.02	92.52
6	—	86.53	84.67	171.20	85.60	86.06
7	79.79	86.96	—	166.75	83.38	83.83
8	97.37	95.89	—	193.26	96.63	97.15
9	97.14	104.48	—	201.62	100.81	101.35
10	105.44	104.23	—	209.67	104.84	105.41
11	108.94	104.47	—	213.41	106.71	107.29
12	115.51	123.06	—	238.57	119.29	119.93
合计	—	—	—	—	1 193.58	1 200.02

【小 结】

1. 时间序列就是将反映社会经济现象的某一指标数值按时间先后顺序排列而成的数列,又称为时间数列或动态数列。根据统计指标编制的时间序列,可分为总量指标时间序列、相对指标时间序列和平均指标时间序列。其中总量指标时间序列又分为时期序列和时点序列。

2. 时间序列的水平指标有发展水平、平均发展水平、增长量和平均增长量。发展水平就是时间序列中的每一项具体的指标数值;平均发展水平是对时间序列中不同时间单位上的发展水平求平均数;增长量是报告期水平与基期水平之差;平均增长量是现象在一定时期内平均每期增加的绝对量。

3. 时间序列的速度指标有发展速度、增长速度、平均发展速度和平均增长速度。发展速度是报告期水平与基期水平之比;增长速度是报告期增长量与基期水平之比;平均速度是各个时期环比速度的平均数;平均发展速度减 1 即为平均增长速度。

4. 长期趋势的测定方法有时距扩大法、移动平均法和最小平方法。

5. 季节变动的测定方法有按月平均法和长期趋势剔除法。

【思考与练习】

1. 什么是时间序列？其基本构成要素是什么？

2. 如何区分时期序列和时点序列？

3. 编制时间序列应遵循哪些原则？

4. 什么是序时平均数？它与静态平均数有何区别？

5. 用几何平均法和方程法计算平均发展速度有何区别？

6. 什么是长期趋势？测定长期趋势有何意义？

7. 什么是现象的季节变动？为什么要测定季节变动？

8. 某企业 2008 年度各月总产值资料如下表：

月 份	总产值	月 份	总产值
1	185	7	272
2	190	8	270
3	236	9	275
4	240	10	280
5	230	11	278
6	255	12	285

试计算各季平均每月总产值和全年平均每月总产值。

9. 某商店 2008 年第一季度商品库存额资料如下（单位：万元）：

1 月 1 日　5.2　　1 月 31 日　4.8　　2 月 28 日　4.4

3 月 31 日　3.6

试计算该商店 2008 年第一季度平均库存额。

10. 某地区 2008 年各月月初人口资料如下表：

万人

月份	1 月	3 月	6 月	8 月	12 月	次年 1 月
月初人口数	23	24	25	26	26	26

试计算该地区全年平均人口数。

11. 某管理局所属两个企业 1 月份产值及每日在册工人数资料如下：

企 业	总产值/万元	每日在册人数/人		
		1—15 日	16—21 日	22—31 日
甲	31.5	230	212	245
乙	35.2	232	214	228

试计算各企业月劳动生产率并综合两企业的月劳动生产率。

12. 某厂近 6 年的销售量资料如下表：

年　度	销售量/万件	增长量		发展速度/%		增长速度/%	
		累计	逐期	定基	环比	定基	环比
1999	285	—	—				
2000			90				—
2001		106					
2002						45.2	
2003					136.0		
2004							3.2

要求：(1)计算表中所缺数字；
　　　(2)计算该厂各年增长 1% 的绝对值；
　　　(3)计算这 6 年的平均发展速度和平均增长速度。

13. 某商店 2004—2009 年商品销售额资料如下表：

万元

年　份	2004	2005	2006	2007	2008	2009
商品销售额	451	494	517	526	542	596

要求：(1)用最小平方法计算数列趋势值。
　　　(2)预测 2012 年的商品销售额。

第十章

SE 统计指数

第一节 统计指数的意义和种类

一、指数的概念

统计指数是一种特殊的相对数,它产生于 18 世纪的欧洲,最先应用于物价的变动。200 多年来,统计指数的理论、概念、运用在不断地扩大和发展。

统计指数的概念有广义和狭义之分。所有的相对数都称为指数,这是广义的概念;狭义的指数是指以相对数的形式综合反映多种事物在数量上总变动的一种统计方法。

二、指数的作用

(一)综合反映现象变动方向和变动程度

指数一般是用百分比表示的相对指标。它反映现象变动的方向和变动程度,其比值大于或小于100%,表示上升或下降的方向;比100%大多少或小多少,则说明升降变动的相对程度。如某地今年第一季度生活消费品零售价格指数是上年同期的105%,说明该地生活消费品综合价格上涨了5%。计算统计指数中的分子和分母是总量指标,它们之差则反映绝对变动程度。

(二)分析多因素影响现象的总变动中各个因素的影响方向和影响程度

现象的总量指标是若干个因素的乘积,它对应的指数也是若干个因素指数的乘积。如:

商品销售额 = 商品销售量×单位商品价格

商品销售额指数 = 商品销售量指数×单位商品价格指数

商品销售额的变动受到商品销售量和商品价格变动的影响,可以通过指数体系用因素分析法从相对数和绝对数两方面分析各因素影响的方向和影响程度。

(三) 反映现象在长时间内的变动趋势

利用指数数列可以反映和研究现象的长期变化趋势。还可用于对比分析有联系而性质不同的时间数列变动关系,解决它们之间不能对比的困难。

三、指数的分类

根据不同的目的和任务,统计指数可以划分为不同的种类

(一) 根据反映现象的范围不同,分为个体指数和总指数

反映单一事物变化的比较指标就是个体指数。如反映一种商品价格变动的个体价格指数,反映一种产品产量变动的个体产量指数,反映一种商品销售量变动的个体销售量指数,反映一种产品成本变动的个体成本指数等。反映多种事物综合变动的比较指标就是总指数。如反映多种商品价格综合变动的批发价格指数、零售价格指数,反映多种产品产量综合变动的工业品产量总指数,以及商品销售量总指数、成本总指数等。

(二) 根据统计指标的不同,分为数量指标指数和质量指标指数

数量指标指数是用数量指标对比得出的指数,它是反映总体规模变动情况的指数,如产品产量指数、商品销售量指数、职工人数指数等;质量指标指数是用质量指标对比得出的指数,它是反映总体内涵数量变动情况的指数,如商品价格指数、工资水平指数、单位产品成本指数等。

(三) 根据统计指标的表现形式不同,分为综合指数和平均数指数、平均指标指数

综合指数是通过对两个有联系的综合总量指标进行对比计算出来的总指数;平均数指数是用个体指数以加权平均的方法计算出来的总指数,有算术平均数指数和调和平均数指数之分;平均指标指数是通过两个有联系的加权平均数对比计算的总指数。

(四) 根据指数说明的因素多少不同,分为两因素指数和多因素指数

两因素指数是反映由两个因素构成的总体变动情况指数;多因素指数则是反映 3 个或 3 个以上因素构成的总体变动情况的指数。

（五）根据指数采用的基期不同,分为定基指数和环比指数

一系列在时间上前后衔接的统计指数形成指数数列。在同一指数数列中的各个指数都是以某一固定时期作为基期的,称为定基指数;而各个指数都是以前一时期作为基期的,则称为环比指数。

第二节　个体指数与综合指数

一、个体指数

反映单一事物变化的比较指标就是个体指数。常用的个体指数有销售量指数、价格指数、生产量指数、原材料消耗量指数等。

[例 10-1]　现以某商店销售资料说明个体指数的编制方法。

表 10-1　个体指数计算举例

商品名称	销售量		销售价格/元	
	基期 q_0	报告期 q_1	基期 p_0	报告期 p_1
甲	100 千克	120 千克	5	6
乙	50 件	40 件	20	20
丙	1 000 米	1 000 米	2	1.5

k 代表个体指数,q 代表数量指标(如产量、销售量),p 代表质量指标(如价格、单位产品成本),下标 1 代表报告期,下标 0 代表基期。

（1）数量指标个体指数。两个同一经济内容的数量指标相对比即为数量指标个体指数。

计算公式 $$k_q = \frac{q_1}{q_0} \qquad\qquad (10\text{-}1)$$

上表 10-1 中各商品销售量个体指数:$k_{甲} = \dfrac{120}{100} = 120\%$;$k_{乙} = \dfrac{40}{50} = 80\%$;

$$k_{丙} = \frac{1\ 000}{1\ 000} = 100\%$$

计算结果表明,甲商品报告期销售量是基期的 120%、报告期比基期增加了 20%,乙商品报告期销售量是基期的 80%,报告期比基期减少了 20%,丙

商品报告期销售量是基期的100%,报告期与基期相同。

（2）质量指标个体指数。两个同一经济内容的质量指标相对比即为质量指标个体指数。

计算公式：
$$k_p = \frac{p_1}{p_0} \tag{10-2}$$

上表10-1中各商品销售价格个体指数：

$$k_甲 = \frac{6}{5} = 120\% ; k_乙 = \frac{20}{20} = 100\% ; k_丙 = \frac{1.5}{2} = 75\%$$

说明甲商品报告期的价格是基期的120%,提高了20%;乙商品报告期价格是基期的100%,无变化;丙商品报告期的价格是基期的75%,下降了25%。

二、综合指数

综合指数是总指数的基本形式。多种事物的计量单位不同,是不能直接相加的,如:不同产品的产量、销售量、单位产品成本、销售价格等。为了反映它们的总变动情况,就要把不能直接相加的总体过渡到能相加的总体,把不能相加的物量指标变为能相加的价值指标,如上述的不同产品的产值、销售额、总成本是可以相加的。为了把不能相加的物量指标变为可相加的价值指标,就要引进同度量因素。同度量因素就是把不能直接相加的指标过渡到可以相加指标的因素。如为了反映多种商品销售量的总变动,各种商品的销售量是不能相加的,而销售额是可以相加的,引进销售价格,使销售量乘以销售价格就等于可相加的销售额。

综合指数的编制方法是先综合后对比,即先解决不能相加的问题,后才能进行对比,凡是一个总量指标可以分解为两个或两个以上的因素指标时,将其中一个或一个以上的因素指标固定下来,仅观察一个因素指标的变动方向和程度,这样的总指数就是综合指数。

综合指数有两种:数量指标指数和质量指标指数。两者在计算形式上基本原理是一样的,但在处理方法上有联系也有区别。

（一）数量指标综合指数

1. 数量指标综合指数公式的建立

[例10-2] 现以商品销售量指数来说明数量指标综合指数公式的建立过程。

表 10-2　商品销售量综合指数计算表

商品	销售量		价格/元			销售额/元					
	q_0	q_1	p_0	p_1	p_n	$q_0 p_0$	$q_1 p_1$	$q_1 p_0$	$q_0 p_1$	$q_0 p_n$	$q_1 p_n$
甲	100kg	120kg	5	6	4	500	720	600	600	400	480
乙	50 件	40 件	20	20	10	1 000	800	800	1 000	500	400
丙	1 000 米	1 000 米	2	1.5	1	2 000	1 500	2 000	1 500	1 000	1 000
合计	—	—	—	—	—	3 500	3 020	3 400	3 100	1 900	1 880

数量指标指数

$$K_q = \frac{\sum q_1 p}{\sum q_0 p} \tag{10-3}$$

数量指标变动对总量指标影响的绝对额 $= \sum q_1 p - \sum q_0 p$ （10-4）

式中 p 为同度量因素,是同一时期的质量指标(价格),可以是报告期的、基期的、还可以是某一时期的不变价格。但统计学界一直有不同的看法和主张,因而就产生了采用不同时期的同度量因素的各种指数公式。对于相同的资料,其计算结果也不相同。

2. 以基期的价格作为同度量因素的综合销售量指数

销售量指数 $K_q = \dfrac{\sum q_1 p_0}{\sum q_0 p_0} = \dfrac{3\ 400}{3\ 500} = 97.14\%$

销售量变动影响的销售额 $= \sum q_1 p_0 - \sum q_0 p_0 =$
$$(3\ 400 - 3\ 500) 元 = -100 元$$

说明在基期价格的条件下,3 种商品的综合销售量报告期是基期的 97.14%,减少了 2.86%;由于综合销售量的减少而使销售额减少了 100 元。

3. 以报告期的价格作为同度量因素的综合销售量指数

销售量指数 $K_q = \dfrac{\sum q_1 p_1}{\sum q_0 p_1} = \dfrac{3\ 020}{3\ 100} = 97.42\%$

销售量变动影响的销售额 $= \sum q_1 p_1 - \sum q_0 p_1 =$
$$(3\ 020 - 3\ 100) 元 = -80 元$$

说明在报告期价格的条件下,报告期的综合销售量是基期的 97.42%,减少了 2.58%;由于综合销售量的减少而使销售额减少了 80 元。

4. 以某一时期的不变价格作为同度量因素的综合销售量指数

销售量指数　　$K_q = \dfrac{\sum q_1 p_n}{\sum q_0 p_n} = \dfrac{1\,880}{1\,900} = 98.95\%$

销售量变动影响的销售额 $= \sum q_1 p_n - \sum q_0 p_n = (1\,880 - 1\,900)\,元 = -20\,元$

说明在不变价格的条件下,报告期的综合销售量是基期的 98.95 %,减少了 1.05 %;由于综合销售量的减少而使销售额减少了 20 元。

如上同样资料计算的结果可知,用不同时期的价格(质量指标)作为同度量因素,编制的销售量综合指数各不相同。习惯上,在编制数量指标指数时用基期的质量指标(如例 10-2 中的基期价格)作为同度量因素,即 $K_q = \dfrac{\sum q_1 p_0}{\sum q_0 p_0}$。在实际应用中也常用不变价格作同度量因素,即

$$K_q = \frac{\sum q_1 p_n}{\sum q_0 p_n} \tag{10-5}$$

(二) 质量指标综合指数

1. 质量指标综合指数计算公式

质量指标指数　　$K_p = \dfrac{\sum p_1 q}{\sum p_0 q}$　　　　　　　(10-6)

质量指标变动对总量指标影响的绝对额 $= \sum p_1 q - \sum p_0 q$　　(10-7)

式中同度量因素 q 是同一时期的数量指标(销售量),可以是报告期的、基期的、还可以是某一时期的销售量。但统计学界一直有不同的看法和主张,因而就产生了采用不同时期的同度量因素的各种指数公式。对于相同的资料,其计算结果也不相同。

2. 以基期的销售量为同度量因素的综合价格指数

销售价格指数　　$K_p = \dfrac{\sum p_1 q_0}{\sum p_0 q_0} = \dfrac{3\,100}{3\,500} = 88.57\%$

销售价格变动影响的销售额 $= \sum p_1 q_0 - \sum p_0 q_0 =$

$(3\,100 - 3\,500)\,元 = -400\,元$

计算结果说明了:在基期销售量的条件下,3 种商品的综合价格报告期是基期的 88.57%、下降了 11.43%,由于价格水平的下降使销售额减少了

400 元。

3. 以报告期的销售量为同度量因素的综合价格指数

销售价格指数　　　　$K_p = \dfrac{\sum p_1 q_1}{\sum p_0 q_1} =$

$$\dfrac{3\ 020}{3\ 400} = 88.82\%$$

销售价格变动影响的销售额 $= \sum p_1 q_1 - \sum p_0 q_1 =$

$$(3\ 020 - 3\ 400)\ 元 = -380\ 元$$

计算结果说明了:在报告期销售量的条件下,3 种商品的综合价格报告期是基期的 88.82%,下降了 11.18%,由于价格水平的下降使销售额减少了 380 元。

4. 以固定时期的销售量为同度量因素的综合价格指数

销售价格指数　　　　　　$K_p = \dfrac{\sum p_1 q_n}{\sum p_0 q_n}$　　　　　　(10-8)

销售价格变动影响的销售额 $= \sum p_1 q_n - \sum p_0 q_n$　　　(10-9)

如上同样资料计算的结果可知,用不同时期的销售量(数量指标)作为同度量因素,编制的销售价格综合指数各不相同。习惯上,在编制质量指标指数时用报告期的数量指标(如例 10-2 中的报告期销售量)作为同度量因素即

$K_p = \dfrac{\sum p_1 q_1}{\sum p_0 q_1}$。在实际应用中也常用固定权数作同度量因素。

第三节　平均数指数

综合指数是编制总指数的基本形式。但在实际工作中,有时由于所掌握的资料的限制或其他原因,不能直接或不需用综合指数公式编制总指数,而以个体指数为基础采取平均指数形式编制的总指数就是平均数指数,有加权平均数形式、调和平均数形式两种。

一、加权平均数指数的基本形式

(一)加权算术平均数指数

加权算术平均数指数就是由个体指数用加权算术平均的方法计算的平均数指数。

1. 数量指标指数

$$\bar{K}_q = \frac{\sum q_1 p_0}{\sum q_0 p_0} = \frac{\sum \frac{q_1}{q_0} \cdot q_0 p_0}{\sum q_0 p_0} = \frac{\sum k_q \cdot q_0 p_0}{\sum q_0 p_0} \qquad (10\text{-}10)$$

[例 10-3] 仍用表 10-1 资料计算得下表 10-3 为例,说明平均数指数的计算方法。

表 10-3 平均数指数的计算

商品名称	个体指数		销售额/元	
	销售量 $\frac{q_1}{q_0}$	价格 $\frac{p_1}{p_0}$	基期 $q_0 p_0$	报告期 $q_1 p_1$
甲	1.20	1.20	500	720
乙	0.80	1.00	1 000	800
丙	1.00	0.75	2 000	1 500
合计	—	—	3 500	3 020

销售量平均指数 $\bar{K}_q = \dfrac{\sum k_q \cdot q_0 p_0}{\sum q_0 p_0} =$

$$\frac{1.20 \times 500 + 0.80 \times 1\,000 + 1.00 \times 2\,000}{500 + 1\,000 + 2\,000} =$$

$$\frac{3\,400}{3\,500} = 97.14\%$$

销售量变动影响的销售额 $= \sum k_q \cdot q_0 p_0 - \sum q_0 p_0 =$
$$(3\,400 - 3\,500) 元 = -100 元$$

2. 质量指标指数

$$\bar{K}_p = \frac{\sum p_1 q_0}{\sum p_0 q_0} = \frac{\sum \frac{p_1}{p_0} \cdot p_0 q_0}{\sum p_0 q_0} = \frac{\sum k_p \cdot p_0 q_0}{\sum p_0 q_0} \qquad (10\text{-}11)$$

价格平均指数:

$$\overline{K_p} = \frac{\sum k_p \cdot p_0 q_0}{\sum p_0 q_0} =$$

$$\frac{1.20 \times 500 + 1.00 \times 1\,000 + 0.75 \times 2\,000}{500 + 1\,000 + 2\,000} =$$

$$\frac{3\,100}{3\,500} = 88.57\%$$

销售价格变动影响的销售额 $= \sum k_p \cdot p_0 q_0 - \sum p_0 q_0 =$
$$(3\,100 - 3\,500)\, 元 = -400\, 元$$

(二)加权调和平均数指数

加权调和平均数指数就是由个体指数用加权调和平均的方法计算的平均数指数。

1. 数量指标指数

$$\overline{K_q} = \frac{\sum q_1 p_1}{\sum q_0 p_1} = \frac{\sum q_1 p_1}{\sum \dfrac{q_1 p_1}{\dfrac{q_1}{q_0}}} = \frac{\sum q_1 p_1}{\sum \dfrac{q_1 p_1}{k_q}} \tag{10-12}$$

销售量平均指数

$$\overline{K_q} = \frac{\sum q_1 p_1}{\sum \dfrac{q_1 p_1}{k_q}} = \frac{720 + 800 + 1\,500}{\dfrac{720}{1.20} + \dfrac{800}{0.80} + \dfrac{1\,500}{1.00}} = \frac{3\,020}{3\,100} = 97.42\%$$

销售量变动影响的销售额 $= \sum q_1 p_1 - \sum \dfrac{q_1 p_1}{k_q} =$
$$(3\,020 - 3\,100)\, 元 = -80\, 元$$

2. 质量指标平均指数

$$K_p = \frac{\sum p_1 q_1}{\sum p_0 q_1} = \frac{\sum p_1 q_1}{\sum \dfrac{p_1 q_1}{\dfrac{p_1}{p_0}}} = \frac{\sum p_1 q_1}{\sum \dfrac{p_1 q_1}{k_p}} \tag{10-13}$$

销售价格指数

$$K_p = \frac{\sum p_1 q_1}{\sum \dfrac{p_1 q_1}{k_p}} = \frac{720 + 800 + 1\,500}{\dfrac{720}{1.20} + \dfrac{800}{1.00} + \dfrac{1\,500}{0.75}} = \frac{3\,020}{3\,400} = 88.82\%$$

销售价格变动影响的销售额 $= \sum p_1 q_1 - \sum \dfrac{p_1 q_1}{k_p} =$

$$（3\ 020 - 3\ 400）元 = -380 元$$

以上计算结果表明:在同样资料的情况下,以加权平均数形式或调和平均数形式计算的平均数指数与综合指数形式计算总指数的结果是一样的。

二、平均数指数的应用

在实际应用中,平均数指数常常作为综合指数的变形来使用外,还有其独立形式。

（一）平均数指数权数的选择

在平均数指数的编制和应用中,权数的选择是一个需要研究的问题。要根据统计分析的需要和资料取得的难易以及平均数指数与综合指数变形的关系来综合考虑。选择权数的一般规则是:要综合反映数量指标的变动,习惯以基期价值指标为权数,对个体数量指标指数计算加权算术平均数,得到加权算术平均数数量指标指数;要综合反映质量指标的变动,习惯以报告期价值指标为权数,对个体质量指标指数计算加权调和平均数,得到加权调和平均数质量指标指数。另外,在实际应用中还常常采用有代表性的非全面资料,以固定权数的形式编制平均数指数,如我国物价指数。

（二）作为综合指数的变形的平均数指数

由于资料来源的原因,所掌握的资料是个体指数和基期或报告期的价值指标时,利用加权算术平均法或加权调和平均法可以算出现象总体的总指数。这种方法不需知道各物品的销售量和价格,既可用全面调查资料也可用非全面调查的有代表性的资料。

（三）固定权数加权平均数指数

在编制平均数指数中,采用固定权数编制加权平均数指数在国内外得到广泛应用。由于缺乏或不需要全面统计资料,无法或不需要直接用综合指数编制指数时,采用加权平均数指数公式计算编制指数。这种指数所使用的权数可以用各种有关的抽样调查资料,用相对数（比例）的形式固定下来,一定时期内不变（如 5 年、10 年等）,我国的物价指数就是用这种方法计算和编制的,所用的权数是经过调整的基期销售额。

三、我国物价指数的编制

我国物价指数包括居民消费指数和商品零售价格指数,它们是采用加权算术平均数指数的方法逐层编制而成的,计算公式为:$K_p = \dfrac{\sum k_p \cdot q_0 p_0}{\sum q_0 p_0} =$

$$\sum k_p \cdot W \left(\text{其中 } W = \frac{q_0 p_0}{\sum q_0 p_0} \right)。$$

居民消费指数的统计调查范围包括居民日常生活消费的全部商品和服务的价格;商品零售价格指数统计调查范围包括各级经济类型的工业、商业、饮食业和其他行业的零售商品以及农民对非农民出售商品的价格,售给农民的农业生产资料价格。现以居民消费指数为例说明物价指数的编制方法。

具体编制步骤如下:

第一步,由各种代表的规格商品(选择几百种商品)的平均价格计算各种商品的个体指数,用个体指数并以每种商品的基期零售额为权数去计算小类商品的物价指数。

第二步,由小类商品的物价指数计算中类物价指数。其计算方法是:用小类商品物价指数以小类商品基期零售额为权数去计算中类商品的物价指数。

第三步,由中类商品的物价指数计算大类物价指数。其计算方法是:用中类商品物价指数以中类商品基期零售额为权数去计算大类商品的物价指数。现分为 8 大类:食品类、衣着类、家庭设备及用品类、医疗保健类、交通和通信工具类、娱乐教育文化用品类、居住类、服务项目类。

第四步,由大类商品的物价指数去计算居民消费指数。其计算方法是:用大类商品物价指数以大类商品基期零售额为权数,对大类商品的物价指数计算加权算术平均数,得到居民消费指数。

第四节　指数体系与因素分析

一、指数体系的概念和意义

(一)指数体系的概念

如果社会经济现象之间存在着如下数量关系:

销售额 = 销售量 × 价格

工资总额 = 职工人数 × 平均工资

则它们的指数也存在着下述的数量关系:

商品销售收入指数 = 商品销售量指数 × 商品价格指数

工资总额指数 = 职工人数指数 × 平均工资指数

我们把这种在经济上有联系,数量上保持着数量对等关系的若干个指数所构成的整体,称为指数体系。指数体系由总变动指数和因素指数组成,通常总变动指数在等式的左边,而因素指数在等式的右边。

(二)建立指数体系的条件

构成指数体系的若干个指数应具有如下条件:

(1)现象的总变动指标可以分解为两个或两个以上的影响因素指标,并且现象总指标等于因素指标的乘积。如:销售额 = 销售量 × 价格。

(2)要素指标要配对。现象总变动指标分解成的因素指标,总是一个(或一个以上)是数量指标,另一个(或一个以上)是质量指标,因素数量指标指数和因素质量指标指数都按上两节所述的惯用规则编制,这就是配对。如:数量指标指数采用基期的质量指标作同度量因素的综合指数或以基期的价值指标作同度量因素的加权算术平均数指数,质量指标指数采用以报告期的数量指标为同度量因素的综合指数或以报告期的价值指标为权数的加权调和平均数指数。

当然,也可以不按惯用规则编制,如数量指标指数采用报告期的质量指标作同度量因素的综合指数或以报告期的价值指标作同度量因素的加权算术平均数指数,质量指标指数采用以基期的数量指标为同度量因素的综合指数或以基期的价值指标为权数的加权调和平均数指数。

另外,也可以应用非配对条件,即数量指标因素指数和质量指标因素指数都采用基期同度量因素(或都采用报告期同度量因素)的综合指数。这样编制的指数体系就会产生一个共同影响因素指数。

(三)指数体系的作用

指数体系在实践中应用很广泛,可概括为:

(1)根据指数体系进行因素分析。

(2)利用指数体系各指数之间的关系来推算某个指数。

二、因素分析法的意义

因素分析就是借助指数体系来分析现象总变动中各影响因素变动发生作用的影响程度。因素分析是指数体系的主要作用之一。

(一)因素分析法的特点

(1)因素分析法的对象是受多因素影响的现象。这类现象可以分解为各个因素指标的乘积,因素分析的任务就是测定各个因素变动对现象总变动的影响程度。

（2）因素分析法的基本特点是将其他因素固定下来，逐个分析测定其中一个因素的影响程度。

（3）指数体系是因素分析法的依据和手段，因素分析法是指数体系的应用。

（4）因素分析法的结果可以表现为相对数和绝对数两种形式。相对数形式是通过总指数等于各因素指数的乘积关系进行，绝对数形式则是通过总指数的分子与分母之差等于各因素指数的分子与分母之差的总和的关系进行的。

（二）因素分析的步骤

第一步，计算所研究现象的总变动指数，并以该指数的分子减去分母，得到总变动的绝对值。

第二步，计算各因素指标的指数。依据所掌握的资料状况选综合指数形式或平均数指数形式，一般采用惯用规则公式计算，得到各因素指数；同时，计算各因素指数的分子与分母之差，得到影响的绝对值。

第三步，用指数体系的两种表现形式检验上述计算结果。

第四步，写出分析结论。

三、总量指标变动的两因素分析

当现象总体指标变动受到两个因素指标影响时，可进行两因素分析。现象总体分为简单现象总体和复杂现象总体，总量指标的两因素分析也分别按这两种不同性质的总体来进行。

（一）简单现象总体的总量指标变动的两因素分析

[**例**10-4]　现以销售额指标变动的因素分析来说明两因素分析法。

我们知道：销售额＝销售量×价格

它们存在着如下的指数体系：

销售额指数＝销售量指数×价格指数

设 Q 为销售量，P 为价格，则：

$$k_{qp} = \frac{Q_1 P_1}{Q_0 P_0} = \frac{Q_1 P_0}{Q_0 P_0} \cdot \frac{Q_1 P_1}{Q_1 P_0} \text{ 或 } k_{qp} = \frac{Q_1 P_1}{Q_0 P_0} = \frac{Q_1}{Q_0} \cdot \frac{P_1}{P_0} \qquad (10\text{-}14)$$

销售额变动额：

$$Q_1 P_0 - Q_0 P_0 = (Q_1 P_0 - Q_0 P_0) + (Q_1 P_1 - Q_1 P_0)$$

或

$$Q_1 P_1 - Q_0 P_0 = (Q_1 - Q_0) P_0 + (P_1 - P_0) Q_1 \qquad (10\text{-}15)$$

表 10-4　假定某商店某商品资料

	基　期	报告期	指数/%
销售量/件	2 000	2 500	125
价格/(元·件$^{-1}$)	10	12	120
销售额/元	20 000	30 000	150

销售额指数

$$k_{qp} = \frac{Q_1 P_1}{Q_0 P_0} = \frac{2\ 500 \times 12}{2\ 000 \times 10} = \frac{30\ 000}{20\ 000} = 150\%$$

销售额变动额 $= Q_1 P_1 - Q_0 P_0 =$
$$(30\ 000 - 20\ 000)元 = 10\ 000\ 元$$

其中:销售量指数 $k_q = \dfrac{Q_1}{Q_0} = \dfrac{2\ 500}{2\ 000} = 125\%$

由于销售量变动而影响的销售额 $= (Q_1 - Q_0)P_0 =$
$$(2\ 500 - 2\ 000) \times 10\ 元 = 5\ 000\ 元$$

价格指数 $k_p = \dfrac{P_1}{P_0} = \dfrac{12}{10} = 120\%$

由于价格变动而影响的销售额 $= Q_1(P_1 - P_0) =$
$$2\ 500 \times (12 - 10)元 = 5\ 000\ 元$$

以上各因素之间的关系为:
$$150\% = 125\% \times 120\%$$
$$10\ 000\ 元 = 5\ 000\ 元 + 5\ 000\ 元$$

计算结果表明,该商品的销售额报告期比基期的销售额增长了 50%、增加了 10 000 元,是由于销售量增长了 25% 而使销售额增加 5 000 元和价格提高了 20% 而使销售额增加 5 000 元的结果。

(二)复杂现象的总量指标变动的因素分析

复杂现象的总量指标是两个影响因素指标乘积的总和,进行因素分析时,利用综合指数形式,利用相互联系的指数构成的指数体系来进行分析。

[例 10-5]　现以销售额指标变动因素分析说明复杂现象总量指标的两因素分析法。

若 q, p, qp 分别表示销售量、销售价格、销售额,则:
销售额指数

$$K_{qp} = \frac{\sum q_1 p_1}{\sum q_0 p_0} = \frac{\sum q_1 p_0}{\sum q_0 p_0} \cdot \frac{\sum q_1 p_1}{\sum q_1 p_0} \qquad (10\text{-}16)$$

销售额变动绝对额:

$$\sum q_1 p_1 - \sum q_0 p_0 = \left(\sum q_1 p_0 - \sum q_0 p_0 \right) + \left(\sum q_1 p_1 - \sum q_1 p_0 \right) \quad (10\text{-}17)$$

表 10-5 某商店销售 3 种商品的假定资料

产品	销 售 量		销售价格/元		销售额/元		
	基期 q_0	报告期 q_1	基期 p_0	报告期 p_1	基期 $q_0 p_0$	报告期 $q_1 p_1$	假定 $q_1 p_0$
甲	100 台	120 台	10	12	1 000	1 440	1 200
乙	10 吨	8 吨	100	80	1 000	640	800
丙	1 000 m²	1 200 m²	2	2.5	2 000	3 000	2 400
合计	—	—	—	—	4 000	5 080	4 400

销售额指数:

$$K_{qp} = \frac{\sum q_1 p_1}{\sum q_0 p_0} = \frac{5\ 080}{4\ 000} = 127\%$$

销售额变动绝对额:

$$\sum q_1 p_1 - \sum q_0 p_0 = (5\ 080 - 4\ 000) \, 元 = 1\ 080 \, 元$$

其中,销售量的变动情况为:销售量指数

$$K_q = \frac{\sum q_1 p_0}{\sum q_0 p_0} = \frac{4\ 400}{4\ 000} = 110\%$$

由于销售量变动而影响的销售额为:

$$\sum q_1 p_0 - \sum q_0 p_0 = (4\ 400 - 4\ 000) \, 元 = 400 \, 元$$

销售价格指数:

$$K_p = \frac{\sum q_1 p_1}{\sum q_1 p_0} = \frac{5\ 080}{4\ 400} = 115.45\%$$

由于销售价格变动而影响的销售额为:

$$\sum q_1 p_1 - \sum q_1 p_0 = (5\ 080 - 4\ 400) \, 元 = 680 \, 元$$

以上计算结果的指数体系关系为:

$$127\% \ = 110\% \ \times 115.45\%$$

$$1\ 080\ \text{元}\ = 400\ \text{元} + 680\ \text{元}$$

以上计算结果表明,该商店 3 种商品的销售额报告期比基期增长了27%、增加了 1 080 元,是由于销售量增长了 10% 而使销售额增加 400 元和销售价格提高了 15.45% 而使销售额增加 680 元的结果。

四、总量指标的多因素分析

社会经济现象中,有许多现象总指标的变动受到 3 个或 3 个以上的因素的影响。例如,产品原材料费用的变动受到产品产量、单位产品原料消耗量、单位原料价格 3 个因素的影响。我们同样可以利用指数体系进行因素分析,分析各因素变动对总指标变动的影响程度和方向,我们把 3 个或 3 个以上影响因素的总量指标的因素分析称为多因素分析。

由于多因素分析中影响因素多,指数编制的过程比较复杂,以下两点是编制多因素指数体系时要特别加以注意的问题。

(1)在编制多因素指标所组成的综合指数时为了测定某一因素指标变动对总现象变动的影响,要把其他两个或两个以上的因素固定下来,仍用综合指数编制的惯用原则来确定固定因素的时期,即在测定数量指标因素变动对总变动的影响时,应以基期的质量指标为同度量因素;而在测定质量指标因素变动对总变动的影响时,应以报告期的数量指标为同度量因素。

(2)对综合指数中的多因素排列顺序,要具体分析现象总体的经济内容,依据现象因素之间的逻辑关系具体加以确定,使因素指标之间的乘积具有现实的经济意义。如产品原材料费用额的因素分析,按照它们之间的联系关系,排列顺序为:产品产量、单位产品原料消耗量、单位原料价格,即:

原材料费用总额 = 产品产量 × 单位产品原料消耗量 × 单位原料价格。

这样:产品产量 × 单位产品原料消耗量 = 原材料消耗量

　　　原材料消耗量 × 单位原料价格 = 原材料费用总额

或　　　单位产品原料消耗量 × 单位原料价格 = 单位产品原材料费用

　　　产品产量 × 单位产品原材料费用 = 原材料费用总额

只有这样因素指标之间才能保持指标之间彼此适应和相互结合的逻辑关系。

(一)简单现象总体总量指标变动多因素分析

[**例 10-6**] 现以某产品的某种材料费用的假定资料(见表 10-6)为例说明多因素分析法。我们知道:

材料费用 = 产品产量 × 单位产品消耗材料 × 单位材料价格

同样存在着这样的指数关系：

材料费用指数 = 产品产量指数 × 单位产品消耗材料指数 × 单位材料价格指数

材料费用变动绝对额 = 产品产量变动影响的费用额 + 单位产品消耗材料变动影响的费用额 + 单位材料价格变动影响的费用额

若 Q, M, P 分别表示产量、单位产品消耗材料、单位材料价格，材料费用为 QMP，则有：材料费用指数 $= \dfrac{Q_1 M_1 P_1}{Q_0 M_0 P_0} = \dfrac{Q_1 M_0 P_0}{Q_0 M_0 P_0} \cdot \dfrac{Q_1 M_1 P_0}{Q_1 M_0 P_0} \cdot \dfrac{Q_1 M_1 P_1}{Q_1 M_1 P_0}$

或

$$\frac{Q_1 M_1 P_1}{Q_0 M_0 P_0} = \frac{Q_1}{Q_0} \cdot \frac{M_1}{M_0} \cdot \frac{P_1}{P_0} \tag{10-18}$$

材料费用变动额为：

$$Q_1 M_1 P_1 - Q_0 M_0 P_0 =$$
$$(Q_1 M_0 P_0 - Q_0 M_0 P_0) + (Q_1 M_1 P_0 - Q_1 M_0 P_0) + (Q_1 M_1 P_1 - Q_1 M_1 P_0)$$

或

$$Q_1 M_1 P_1 - Q_0 M_0 P_0 =$$
$$(Q_1 - Q_0) \cdot M_0 P_0 + (M_1 - M_0) \cdot Q_1 P_0 + (P_1 - P_0) \cdot Q_1 M_1 \tag{10-19}$$

表 10-6　假定某产品的某种材料费用情况

	产量 /件	单耗 /(千克·件$^{-1}$)	材料价格 /(元·千克$^{-1}$)	材料费 /元
基期	1 000	100	4	400 000
报告期	1 200	95	5	570 000
指数/%	120	95	125	142.5

材料费用指数 $= \dfrac{Q_1 M_1 P_1}{Q_0 M_0 P_0} = \dfrac{570\ 000}{400\ 000} = 142.5\%$

材料费用变动绝对额 $= Q_1 M_1 P_1 - Q_0 M_0 P_0 =$
$$(570\ 000 - 400\ 000) 元 = 170\ 000\ 元$$

由于：产品产量变动的影响情况

产量指数 $= \dfrac{Q_1}{Q_0} = \dfrac{1\ 200}{1\ 000} = 120\%$

产量变动而影响的材料费用：

$$Q_1 M_0 P_0 - Q_0 M_0 P_0 = (1\ 200 \times 100 \times 4 - 1\ 000 \times 100 \times 4) 元 =$$
$$(480\ 000 - 400\ 000) 元 = 80\ 000\ 元$$

单位产品消耗材料变动的影响情况

单位产品消耗材料指数 $= \dfrac{M_1}{M_0} = \dfrac{95}{100} = 95\%$

单位产品消耗材料变动而影响的材料费用额：

$$Q_1M_1P_0 - Q_1M_0P_0 = (1\,200 \times 95 \times 4 - 1\,200 \times 100 \times 4)元 =$$
$$(456\,000 - 480\,000)元 = -24\,000 元$$

单位材料价格变动的影响情况

单位材料价格指数 $= \dfrac{P_1}{P_0} = \dfrac{5}{4} = 125\%$

单位材料价格变动而影响的材料费用额：

$$Q_1M_1P_1 - Q_1M_1P_0 = (1\,200 \times 95 \times 5 - 1\,200 \times 95 \times 4)元 =$$
$$(570\,000 - 456\,000)元 = 114\,000 元$$

以上结果的关系为：

$$142.5\% = 120\% \times 95\% \times 125\%$$
$$170\,000 元 = 80\,000 元 + (-24\,000)元 + 114\,000 元$$

以上分析说明：报告期该产品的该种材料费用额比基期增长 42.5%、增加费用 170 000 元，是由于产品产量增加 20% 使费用增加 80 000 元、单位产品消耗材料减少 5% 而使费用减少 24 000 元和单位材料价格提高 25% 而增加费用 114 000 元的结果。

(二)复杂现象总量指标变动的多因素分析

[例 10-7]　现以原材料费用总额的假定资料(表 10-7)的因素分析来说明复杂现象的多因素分析法。我们知道：

原材料费用总额 = 产品产量 × 单位产品原料消耗量 × 单位原料价格

同样各指标的指数之间存在如下的关系：

原材料费用总额指数 = 产品产量指数 × 单位产品原料消耗量指数 × 单位原料价格指数

原材料费用变动绝对额 = 产品产量变动影响的绝对额 + 单位产品原料消耗量变动影响的绝对额 + 单位原料价格变动影响的绝对额

q, m, p 分别表示产品产量、单位产品原料消耗量、单位原料价格，原材料费用总额为 qmp，则有如下指数体系：

$$\frac{\sum q_1 m_1 p_1}{\sum q_0 m_0 p_0} = \frac{\sum q_1 m_0 p_0}{\sum q_0 m_0 p_0} \times \frac{\sum q_1 m_1 p_0}{\sum q_1 m_0 p_0} \times \frac{\sum q_1 m_1 p_1}{\sum q_1 m_1 p_0} \quad (10\text{-}20)$$

由于产品产量、单位产品原材料消耗量、单位原材料价格变动引起的原材料费用额变动的绝对额之间的关系为：

$$\left(\sum q_1 m_1 p_1 - \sum q_0 m_0 p_0\right) = \left(\sum q_1 m_0 p_0 - \sum q_0 m_0 p_0\right) +$$
$$\left(\sum q_1 m_1 p_0 - \sum q_1 m_0 p_0\right) +$$
$$\left(\sum q_1 m_1 p_1 - \sum q_1 m_1 p_0\right) \qquad (10\text{-}21)$$

表 10-7　某单位原材料费用资料(假设)及计算表

产品	产量/件		原材料	单产消耗/(千克·件⁻¹)		原材料价格/(元·千克⁻¹)		原材料费用/元			
	q_0	q_1		m_0	m_1	p_0	p_1	$q_0 m_0 p_0$	$q_1 m_1 p_1$	$q_1 m_0 p_0$	$q_1 m_1 p_0$
甲	100	120	A	10	10	50	50	50 000	60 000	60 000	60 000
			B	5	4.8	100	120	50 000	69 120	60 000	57 600
乙	10	8	A	10	8	50	50	5 000	3 200	4 000	3 200
			B	40	41	100	120	40 000	39 360	32 000	32 800
合计	—	—		—	—			145 000	171 680	156 000	153 600

由表 10-7 数据:

$$原材料费用总额指数 = \frac{\sum q_1 m_1 p_1}{\sum q_0 m_0 p_0} = \frac{171\ 680}{145\ 000} = 118.40\%$$

$$原材料变动绝对额 = \sum q_1 m_1 p_1 - \sum q_0 m_0 p_0 =$$
$$(171\ 680 - 145\ 000)\ 元 = 26\ 680\ 元$$

由于:产量变动的影响情况

$$产量指数 = \frac{\sum q_1 m_0 p_0}{\sum q_0 m_0 p_0} = \frac{156\ 000}{145\ 000} = 107.59\%$$

$$产量变动影响的原材料费用额 = \sum q_1 m_0 p_0 - \sum q_0 m_0 p_0 =$$
$$(156\ 000 - 145\ 000)\ 元 = 11\ 000\ 元$$

单位产品原材料消耗量变动的影响情况

$$单位产品原料消耗量指数 = \frac{\sum q_1 m_1 p_0}{\sum q_1 m_0 p_0} = \frac{153\ 600}{156\ 000} = 98.46\%$$

$$单位产品原料消耗量变动影响的原材料费用额 = \sum q_1 m_1 p_0 - \sum q_1 m_0 p_0 =$$
$$(153\ 600 - 156\ 000)\ 元 = -2\ 400\ 元$$

单位原材料价格变动的影响情况

单位原材料价格指数 $= \dfrac{\sum q_1 m_1 p_1}{\sum q_1 m_1 p_0} = \dfrac{171\ 680}{153\ 600} = 111.77\%$

单位原材料价格变动影响的原材料费用额 $= \sum q_1 m_1 p_1 - \sum q_1 m_1 p_0 =$

$(171\ 680 - 153\ 600)$ 元 $= 18\ 080$ 元

以上计算结果的关系：

$118.40\% = 107.59\% \times 98.46\% \times 111.77\%$

$26\ 680$ 元 $= [11\ 000 + (-2\ 400) + 18\ 080]$ 元

综合上述计算结果说明：产品原材料总费用报告期比基期增长了 18.40%、增加了 26 680 元,是由于产品产量增加了 7.59% 而增加费用 11 000 元、单位产品原材料消耗量减少 1.54% 而减少费用 2 400 元和原材料价格提高 11.77% 而增加费用 18 080 元综合作用的结果。

五、平均指标变动的因素分析

(一)平均指标指数与平均指标变动因素分析的意义

由两个同一经济内容的平均指标对比而形成的相对数就是平均指标指数,常用于同一经济内容的平均指标在不同时间上、不同空间上的对比。如,平均工资、平均劳动生产率、产品平均价格、平均单位成本等的对比。对平均指标指数的编制和分析是社会经济统计中经常遇到的,利用平均指标指数体系分析影响平均指标的各因素变动对平均指标变动的影响程度和方向,就是平均指标变动的因素分析,在现实中有广泛的应用。

(二)平均指标指数体系的编制

平均指标指数是两个平均指标的对比,其计算公式为：

$$K_{\bar{x}} = \dfrac{\bar{x}_1}{\bar{x}_0} \tag{10-22}$$

式中：$\bar{x}_0$,$\bar{x}_1$ 分别是基期和报告期某同一经济内容的平均指标。

根据平均指标的构成因素,现以平均工资指数为例,对平均指标指数的特点进行分析。

我们知道,在分组的情况下,平均指标表现为加权算术平均数形式,即：

$$\bar{x} = \dfrac{\sum xf}{\sum f} = \sum x \cdot \dfrac{f}{\sum f}$$

则平均工资指数：

$$K_{\bar{x}} = \frac{\bar{x}_1}{\bar{x}_0} = \frac{\dfrac{\sum x_1 f_1}{\sum f_1}}{\dfrac{\sum x_0 f_0}{\sum f_0}} = \frac{\sum x_1 \cdot \dfrac{f_1}{\sum f_1}}{\sum x_0 \cdot \dfrac{f_0}{\sum f_0}} \qquad (10\text{-}23)$$

从上式中可以看出：平均指标指数受到两个因素变动的影响，即受到各组工人工资水平变动的影响和各组工人数及其在总工人数中所占比例的影响。平均指标指数的共有特点：平均指标指数受到所平均的经济指标和总体内部单位数结构（比例）变动的影响。这样就形成如下平均指标指数体系：

可变构成指标指数 = 结构影响指标指数 × 固定构成指标指数

$$K_{\bar{x}} = \frac{\bar{x}_1}{\bar{x}_0} = \frac{\dfrac{\sum x_1 f_1}{\sum f_1}}{\dfrac{\sum x_0 f_0}{\sum f_0}} = \frac{\dfrac{\sum x_0 f_1}{\sum f_1}}{\dfrac{\sum x_0 f_0}{\sum f_0}} \times \frac{\dfrac{\sum x_1 f_1}{\sum f_1}}{\dfrac{\sum x_0 f_1}{\sum f_1}} \qquad (10\text{-}24)$$

或

$$K_{\bar{x}} = \frac{\bar{x}_1}{\bar{x}_0} = \frac{\sum x_1 \cdot \dfrac{f_1}{\sum f_1}}{\sum x_0 \cdot \dfrac{f_0}{\sum f_0}} =$$

$$\frac{\sum x_0 \cdot \dfrac{f_1}{\sum f_1}}{\sum x_0 \cdot \dfrac{f_0}{\sum f_0}} \times \frac{\sum x_1 \cdot \dfrac{f_1}{\sum f_1}}{\sum x_0 \cdot \dfrac{f_1}{\sum f_1}} \qquad (10\text{-}25)$$

总平均工资变动的绝对额：

$$\bar{x}_1 - \bar{x}_0 = \frac{\sum x_1 f_1}{\sum f_1} - \frac{\sum x_0 f_0}{\sum f_0} =$$

$$\left(\frac{\sum x_0 f_1}{\sum f_1} - \frac{\sum x_0 f_0}{\sum f_0} \right) + \left(\frac{\sum x_1 f_1}{\sum f_1} - \frac{\sum x_0 f_1}{\sum f_1} \right) \qquad (10\text{-}26)$$

或

$$\bar{x}_1 - \bar{x}_0 = \sum x_1 \cdot \frac{f_1}{\sum f_1} - \sum x_0 \cdot \frac{f_0}{\sum f_0} =$$

$$\left(\sum x_0 \cdot \frac{f_0}{\sum f_1} - \sum x_0 \cdot \frac{f_0}{\sum f_0} \right) +$$

$$\left(\sum x_1 \cdot \frac{f_1}{\sum f_1} - \sum x_0 \cdot \frac{f_1}{\sum f_1} \right) \qquad (10\text{-}27)$$

（三）平均指标指数分析

[例10-8]　现以某单位工资资料说明其计算和分析方法。

表10-8　某单位月平均工资指数计算表

工龄/年	工人数/人		工人比重/%		人均月工资/元		工资总额/元			
	f_0	f_1	$\dfrac{f_0}{\sum f_0}$	$\dfrac{f_1}{\sum f_1}$	x_0	x_1	$x_0 f_0$	$x_1 f_1$	$x_0 f_1$	$x_1 f_0$
10以下	10	50	12.5	50.0	2 500	2 750	25 000	137 500	125 000	27 500
10~20	30	30	37.5	30.0	3 000	3 250	90 000	97 500	90 000	97 500
20以上	40	20	50.0	20.0	3 500	3 750	140 000	75 000	70 000	150 000
合计	80	100	100.0	100.0	3 187.5	3 100	255 000	310 000	285 000	275 000

由表10-8资料：

基期月平均工资

$$\bar{x}_0 = \frac{\sum x_0 f_0}{\sum f_0} = \frac{255\ 000}{40} = 3\ 187.5(元)$$

或

$$\bar{x}_0 = \sum x_0 \cdot \frac{f_0}{\sum f_0}$$

$$= 2\ 500 \times 12.5\% + 3\ 000 \times 37.5\% + 3\ 500 \times 50\% = 3\ 187.5(元)$$

报告期月平均工资

$$\bar{x}_1 = \frac{\sum x_1 f_1}{\sum f_1} = \frac{310\ 000}{100} = 3\ 100(元)$$

或

$$\bar{x}_1 = \sum x_1 \cdot \frac{f_1}{\sum f_1}$$

$$= 2\ 750 \times 50\% + 3\ 250 \times 30\% + 3\ 750 \times 20\% = 3\ 100(元)$$

平均工资指数(可变构成指数) $= \dfrac{\overline{x}_1}{\overline{x}_0} = \dfrac{3\ 100}{3\ 187.5} = 97.25\%$

平均工资变动绝对额 $= \overline{x}_1 - \overline{x}_0 = 3\ 100 - 3\ 187.5 = -87.5(元)$

说明该单位报告期月平均工资比基期下降了 2.75%、人均月工资减少了 87.5 元。

其中:(1)工人结构(比重)变动的影响为:

工人结构(比重)影响平均工资指数 $= \dfrac{\dfrac{\sum x_0 f_1}{\sum f_1}}{\dfrac{\sum x_0 f_0}{\sum f_0}} = \dfrac{\dfrac{285\ 000}{100}}{3\ 187.5} = \dfrac{2\ 850}{3\ 187.5} =$

89.41%

或

$$\dfrac{\sum x_0 \cdot \dfrac{f_1}{\sum f_1}}{\sum x_0 \cdot \dfrac{f_0}{\sum f_0}} = \dfrac{2\ 500 \times 50\% + 3\ 000 \times 30\% + 3\ 500 \times 20\%}{3\ 187.5}$$

$$= \dfrac{2\ 850}{3\ 187.5} = 89.41\%$$

由于工人结构(比重)变动而影响的总平均工资额为:

$$\dfrac{\sum x_0 f_1}{\sum f_1} - \dfrac{\sum x_0 f_0}{\sum f_0} = \sum x_0 \cdot \dfrac{f_1}{\sum f_1} - \sum x_0 \cdot \dfrac{f_0}{\sum f_0}$$

$$= 2\ 850 - 3\ 187.5 = -337.5(元)$$

(2)组工人工资水平变动的影响为:

固定构成平均工资指数 $= \dfrac{\dfrac{\sum x_1 f_1}{\sum f_1}}{\dfrac{\sum x_0 f_1}{\sum f_1}} = \dfrac{3\ 100}{\dfrac{285\ 000}{100}} = \dfrac{3\ 100}{2\ 850} = 108.77\%$

或

$$= \dfrac{\sum x_1 \cdot \dfrac{f_1}{\sum f_1}}{\sum x_0 \cdot \dfrac{f_1}{\sum f_1}}$$

$$= \frac{3\ 100}{2\ 500 \times 50\% + 3\ 000 \times 30\% + 3\ 500 \times 20\%}$$

$$= \frac{3\ 100}{2\ 850} = 108.77\%$$

由于各组工人工资水平变动而影响的总平均额为:

$$\frac{\sum x_1 f_1}{\sum f_1} - \frac{\sum x_0 f_1}{\sum f_1} = \sum x_1 \cdot \frac{f_1}{\sum f_1} - \sum x_0 \cdot \frac{f_1}{\sum f_1}$$

$$= 3\ 100 - 2\ 850 = 250(元)$$

以上各因素之间的指数关系为:

$$97.25\% = 89.41\% \times 108.77\% - 87.5(元) = -337.5(元) + 250(元)$$

以上计算结果说明:该单位报告期总人均工资水平下降了 2.75%、人均减少了 87.5 元,是由于各组工人结构变动(低工资的短工龄工人比重提高而高工资的长工龄工人比重下降)引起总平均工资水平下降 10.59%、人均减少 337.5 元和各组工人工资水平提高而使总平均工资水平提高 8.77%、人均工资增加 250 元共同作用的结果。

在应用中,还可分析数量指标、平均指标变动所影响的总量指标变动的绝对额。如上例资料中工人数量、平均工资变动引起的工资总额的变动:

$$工资总额变动额 = \sum x_1 f_1 - \sum x_0 f_0$$

$$= 310\ 000 - 255\ 000 = 55\ 000(元)$$

其中,由于工人数量变动引起的工资总额的变动的绝对额为:

$$\left(\sum f_1 - \sum f_0 \right) \cdot x_0 = (100 - 80) \times 3\ 187.5 = 63\ 750(元)$$

由于总平均工资变动引起的工资总额的变动的绝对额为:

$$\left(\frac{\sum x_1 f_1}{\sum f_1} - \frac{\sum x_0 f_0}{\sum f_0} \right) \cdot \sum f_1 = (3\ 100 - 3\ 187.5) \times 100 = -8\ 750(元)$$

其中,由于各组工人数结构的变动影响的绝对额为:

$$\left(\frac{\sum x_0 f_1}{\sum f_1} - \frac{\sum x_0 f_0}{\sum f_0} \right) \cdot \sum f_1 = (2\ 850 - 3\ 187.5) \times 100 = -33\ 750(元)$$

由于各组工人工资水平的变动影响的绝对额为:

$$\left(\frac{\sum x_1 f_1}{\sum f_1} - \frac{\sum x_0 f_1}{\sum f_1} \right) \cdot \sum f_1 = (3\ 100 - 2\ 850) \times 100 = 25\ 000(元)$$

以上数值的关系为:

$$55\ 000\ 元 = 63\ 750 + (-8\ 750)元$$

$$= 63\ 750 + [(-33\ 750) + 25\ 000](元)$$

六、指数体系中的因素推算

指数体系除了用于分析现象总变动中,各因素指标变动的影响程度和方向之外,还可以利用指数体系中总变动指数等于各因素指数的乘积、总变动绝对额等于各因素变动所影响的绝对额之和的对等关系,由已知指数数值或绝对额推算出其中一个指数的数值或绝对额。

[例10-9]　2010 年某企业销售额为 25 000 万元,是上年的 115% ,产品销售价格比上年增长 5% 。问该企业 2010 年销售量与上年对比的变动情况怎样?

我们知道:销售额指数 = 销售量指数 × 销售价格指数

则:　　销售量指数 $= \dfrac{销售额指数}{销售价格指数} = \dfrac{115\%}{100\% + 5\%} = \dfrac{115\%}{105\%} = 109.52\%$

即该企业 2010 年销售量是上年的 109.52% ,比上年增加了 9.52% 。

第五节　指数数列

把若干个不同时期的同类指数按照时间的先后顺序排列起来所形成的数列就是指数数列。通过指数数列,可以从较长期更好地分析现象变化的趋势和其发展变化情况。常用的指数数列是以综合指数的形式编制的。

一、指数数列的种类

(一)按采用的基期不同,分为定基指数数列和环比指数数列

指数数列中各个指数都是采用同一时期为基期计算出来的,称为定基指数数列;指数数列中各个指数都是采用前一时期为基期计算出来的,称为环比指数数列。

(二)按同度量因素时期是否变动,分为可变权数指数数列和不可变权数指数数列

指数数列中各指数使用的不同时期的同度量因素是变动的,称为可变权数指数数列;指数数列中各指数使用的同度量因素固定在同一时期水平上不

变动的,称为不变权数指数数列。

下面以销售量和价格为代表说明数量指标数列和质量指标数列的编制。

1. 以基期质量指标为同度量因素的数量指标指数数列

定基指数数列

时序	1	2	3	4	5
指数	$\dfrac{\sum q_1 p_0}{\sum q_0 p_0}$	$\dfrac{\sum q_2 p_0}{\sum q_0 p_0}$	$\dfrac{\sum q_3 p_0}{\sum q_0 p_0}$	$\dfrac{\sum q_4 p_0}{\sum q_0 p_0}$	$\dfrac{\sum q_5 p_0}{\sum q_0 p_0}$

环比指数数列

时序	1	2	3	4	5
指数	$\dfrac{\sum q_1 p_0}{\sum q_0 p_0}$	$\dfrac{\sum q_2 p_1}{\sum q_1 p_1}$	$\dfrac{\sum q_3 p_2}{\sum q_2 p_2}$	$\dfrac{\sum q_4 p_3}{\sum q_3 p_3}$	$\dfrac{\sum q_5 p_4}{\sum q_4 p_4}$

2. 以报告期数量指标为同度量因素的质量指标指数数列

定基指数数列

时序	1	2	3	4	5
指数	$\dfrac{\sum p_1 q_1}{\sum p_0 q_1}$	$\dfrac{\sum p_2 q_2}{\sum p_0 q_2}$	$\dfrac{\sum p_3 q_3}{\sum p_0 q_3}$	$\dfrac{\sum p_4 q_4}{\sum p_0 q_4}$	$\dfrac{\sum p_5 q_5}{\sum p_0 q_5}$

环比指数数列

时序	1	2	3	4	5
指数	$\dfrac{\sum p_1 q_1}{\sum p_0 q_1}$	$\dfrac{\sum p_2 q_2}{\sum p_1 q_2}$	$\dfrac{\sum p_3 q_3}{\sum p_2 q_3}$	$\dfrac{\sum p_4 q_4}{\sum p_3 q_4}$	$\dfrac{\sum p_5 q_5}{\sum p_4 q_5}$

上列指数数列中最具现实意义的是用可变权数编制的质量指标指数,它在各期实际数量指标构成的情况下,反映各个时期质量指标的变动状态,还可以分析由于质量指标变动所取得的绝对额。

二、特殊运用的不变权数指数数列

在实际中,用不变价格为同度量因素编制数量指标指数,如产量指数、销售量指数等,就是一种特殊运用的不变权数。这种不变价格是根据某一时期全国平均价格水平确定的。在较长时期内固定不变,如过去曾用过的 1952 年、1957 年、1970 年、1980 年、1990 年不变价格。

（一）定基指数

| 时序 | 1 | 2 | 3 | 4 | 5 |

指数 $\dfrac{\sum q_1 P_n}{\sum q_0 P_n}$ $\dfrac{\sum q_2 P_n}{\sum q_0 P_n}$ $\dfrac{\sum q_3 P_n}{\sum q_0 P_n}$ $\dfrac{\sum q_4 P_n}{\sum q_0 P_n}$ $\dfrac{\sum q_5 P_n}{\sum q_0 P_n}$

（二）环比指数数列

时序 　　1　　　　2　　　　3　　　　4　　　　5

指数 $\dfrac{\sum q_1 P_n}{\sum q_0 P_n}$ $\dfrac{\sum q_2 P_n}{\sum q_1 P_n}$ $\dfrac{\sum q_3 P_n}{\sum q_2 P_n}$ $\dfrac{\sum q_4 P_n}{\sum q_3 P_n}$ $\dfrac{\sum q_5 P_n}{\sum q_4 P_n}$

用不变价格计算的产量指数数列,具有这样的特点:不仅便于现象发展的长期趋势分析,而且保持着逐期环比指数的连乘积等于定基指数。

如: $\dfrac{\sum q_1 P_n}{\sum q_0 P_n} \times \dfrac{\sum q_2 P_n}{\sum q_1 P_n} \times \dfrac{\sum q_3 P_n}{\sum q_2 P_n} \times \dfrac{\sum q_4 P_n}{\sum q_3 P_n} \times \dfrac{\sum q_5 P_n}{\sum q_4 P_n} = \dfrac{\sum q_5 P_n}{\sum q_0 P_n}$

表 10-9　某地以 1990 年不变价格计算的国民生产总值指数情况

年　份	1996	1997	1998	1999	2000
以上年为 100	105.00	110.00	115.00	112.00	110.00
以 1995 年为 100	105.00	115.50	132.83	148.76	163.64

上表指数数列之间有:105% ×110% ×115% ×112% ×110% =163.64%

【小　结】

1. 统计学中的指数是一种特殊的相对数。指数用来反映不能直接加总的事物构成的复杂现象总体数量上的变动,还具有分析现象总体变动中各个因素的影响和通过指数数列进行长期发展变化分析的作用。按不同的分类方法可把指数分为不同的种类。

2. 综合指数的编制首先要解决复杂现象不能直接加总的问题,要引进作为同度量因素的指标,使不同使用价值的产品(商品)变为价值形态,并把同度量因素指标固定下来,仅研究指数化因素的变动程度。

3. 平均数指数是总指数的另一种重要形式,它是通过个体指数采用加权平均的方法编制的,有加权算术平均数指数和加权调和平均数指数两种。

4. 经济上有联系,数量上保持着数量对等关系的若干个指数所构成的整体,称为指数体系,因素分析就是借助指数体系来分析现象总变动中各影响因素变动的影响程度。因素分析包括相对数分析和绝对数分析两种,前者是用各个指数计算结果本身的数字来分析;后者则是利用各指数的分子与分母之差所形成的绝对值上的因果关系进行的,常称为"影响绝对值"。

5. 将若干个不同时期的同类指数按时间的先后顺序排列所得的数列就是指数数列。用于分析复杂现象总体数量上的变动趋势与规律。

【思考与练习】

1. 何谓统计指数? 它有何作用?

2. 编制综合指数时,同度量因素是如何确定的?

3. 何谓指数体系、因素分析? 它们之间有何联系?

4. 在因素分析时,应注意什么? 怎样进行两因素分析?

5. 对多因素现象变动进行因素分析时,应特别注意什么问题? 怎样进行?

6. 由个体指数怎样编制总指数?

7. 资料:

产　品	销售量		销售价格/元	
	2009 年	2010 年	2009 年	2010 年
A	10 吨	12 吨	400	420
B	100 件	90 件	100	105
C	100 台	110 台	500	500

试计算和分析:(1)各产品的销售量、销售价格的个体指数。

(2)3 种产品的销售额、销售量和销售价格的总指数。

(3)对各产品的销售额变动进行因素分析。

(4)对 3 种产品销售额总变动进行因素分析。

8. 某公司有如下资料:

产　品	个体指数		销售额/万元	
	销售量	价格	基期	报告期
甲	1.25	1.00	1 000	1 250
乙	1.20	0.85	500	510
丙	0.80	1.25	500	500

计算:总产品的销售量和销售价格指数。

9. 某厂某产品销售资料:

产品等级	销售量/吨		价格/(元·吨$^{-1}$)	
	基期	报告期	基期	报告期
一	10 000	30 000	800	780
二	15 000	12 000	750	730
三	15 000	8 000	700	680

要求:(1)对产品平均价格变动进行因素分析;

(2)分析总收入变动情况。

10. 2004 年某地实际消费的社会消费品价格为 152 亿元,比上年增长了 15%,扣除物价因素,实际增长 12%。问该地物价上涨了多少?

11. 某厂可比产品原材料成本总额比上年增加了 41.12%,而产品产量增加了 20%,原材料平均价格提高了 20%,则产品的原材料消耗是怎样变化的?

第十一章

ℐℰ 统计综合分析

第一节 统计综合分析的基本理论

一、统计分析的概念

一个完整的统计工作过程包括既有区别又有联系的四个阶段,这就是统计设计、统计调查、统计整理和统计分析。统计调查可以采用多种调查方法,比如统计报表、普查、重点调查、典型调查以及抽样调查等。其主要任务是用科学的调查方法,搜集有关社会及经济发展情况的丰富资料。但统计调查所取得的资料,还是分散的、零乱的。所以,必须通过统计资料的整理,把调查所取得的资料进行分类、加工整理,使分散、零乱的资料,变成系统的、能说明社会经济现象特征的资料。但是经过加工整理的统计资料,也只能说明社会经济现象的现状、所达到的规模和水平以及内部构成等特征,而不能说明社会经济现象的本质及规律性。也就是说,统计资料经过整理后,只能说明"是什么"或者"怎么样",而不能回答"为什么",不能说明造成社会经济"状况"的原因是什么。只有进行统计分析,才能回答"为什么",才能说明形成事物现状的原因,说明事物发展变化的规律性。

统计分析,就是在科学的经济理论指导下,密切结合企事业单位的实际和国民经济运行的现状,在详细占有资料的基础上,用科学的分析方法,对微观经济组织或宏观社会经济现象进行系统的分析研究,阐明问题产生的原因,解释事物之间的内在联系,以认识社会经济现象的本质和发展变化的规律,为企业的经营和社会管理服务。

统计分析是统计活动的一个重要阶段,是关系到能否充分发挥统计的信息、咨询和监督整体功能的一项重要工作。近年来,随着统计人员业务水平的提高和计算机的广泛应用,出现了许多优秀的统计分析报告,其针对性和及时性较强、量化水平较高、对策建议比较切合实际而受到了各级各部门领导的重视和采纳,对确定经济发展战略目标、把握好宏观调控力度、制定正确的政策和宏观调控措施发挥了积极的作用。

实践证明,统计分析是整个统计活力的集中表现,是提高统计资料的利用程度,发挥统计整体功能的有效形式。

需要说明的是,统计机构编写、提供统计分析报告,是我国统计工作的一大特点,是西方国家统计所没有的。西方统计学家通常认为,统计工作只要搜集、整理、提供统计数据,就算完成统计工作的任务。但在我国,统计机构不仅是调查机构,而且兼有经济研究和经济监督的职能,进行统计分析是我国统计工作基本任务的一个组成部分。同时,统计分析也不限于统计部门,党政机关、管理部门、科研机构以及人民群众也都可以利用统计资料进行分析研究。例如,广大股民利用公布的证券信息对股市进行技术分析,也属于统计分析的一种。

二、统计分析的作用

(一)开展统计分析,可以完整地实现统计工作的职能

参与社会经济的管理,是统计部门的重要功能之一,主要表现为反馈信息,提供咨询,实行监督,参与决策。这些职能相互作用,相辅相成,组成一个整体,形成统计的整体功能。统计信息的职能要求搜集、整理、存储和提供准确、及时、全面、系统的统计数据;咨询职能要求依据统计信息,运用统计方法,进行统计分析,为科学决策和管理提供咨询建议和对策方案;监督职能要求在统计调查、整理、分析的基础上,准确、及时地反映国民经济运行的总体状况,并对其实行全面、系统的定量检查、监督和预警,促进国民经济按客观规律正常运行。开展统计分析,编制统计分析报告,收集统计数据、情况、问题和解决问题的建议与对策方案于一体,把定性分析与定量分析结合起来,使要说明的问题得到更集中、更系统、更具体、更鲜明、更生动的反映,便于领导和公众阅读、理解、利用和选择。这就比单纯地提供统计信息,或只有抽象的建议和无数字依据为基础的监督更能实现统计的整体功能。因此,要发挥统计的整体功能,必须搞好统计分析,而统计分析则成为实现统计整体功能的重要手段。

（二）可以综合反映统计工作的水平和统计人员的素质

统计分析虽是个相对独立的阶段,但从内容和方法上讲,它与前几个阶段是密切联系的。开展统计分析既是对前期工作质量的检查,又可以在一定程度上补充过去工作的不足。尤其是统计分析报告既是统计工作最终成果的重要表现形式,也是统计工作水平的综合反映。要进行统计分析,写好分析报告,要有比较全面的知识和技能。不仅要掌握统计的理论和方法,而且要有社会主义市场经济理论,熟悉国家的方针和政策,了解经济运行和社会发展状况,还要有较高的写作水平,使统计分析报告观点鲜明,论据充分,论证有力,结构严谨,语言简洁,文笔流畅。一篇统计分析报告可以综合反映统计机构和统计人员的水平。

（三）开展统计分析,可以充分发挥统计工作服务与教育的职能

服务于社会公众与教育社会公众是统计工作的又一个重要的职能。统计部门掌握了大量的、准确的、客观的、灵敏的统计信息,统计分析利用这些丰富的数字语言,有效地帮助社会公众认识和了解社会,使广大人民群众知道国家生产建设的成就和前进中的困难,从而促进他们发挥主人翁意识、充分调动他们的劳动积极性,无疑具有重大的现实意义。

（四）开展统计分析,有利于促进统计工作的改革与发展

统计分析通过资料的加工整理与研究,往往能够发现统计指标的设置不配套,指标口径不统一,核算方法不科学,数字质量有问题等,然后将这些问题反馈到有关专业统计部门,促进统计方法制度的改革和统计调查、统计资料整理、统计信息传输方式等方面的不断完善。

（五）开展统计分析,有利于扩大统计的社会影响

统计活动和统计方法的运用是广泛的,统计的作用也是广泛的。然而,在现实生活中,尽管统计在宏观领域的作用越来越大,但在微观领域和广大人民群众中,却没有得到充分的重视。其主要原因是统计方法不普及和从中没有得到"实惠"有关。开展统计分析,一方面要普及统计基础知识,另一方面,除了强调为国家宏观决策服务外,还要强调为企业的微观决策和社会公众服务,使人们真正认识它在企业管理、家庭理财、个人投资等方面的作用,使统计走向大众。

三、统计分析的特点

统计分析与一般的科学研究、工作研究具有明显不同的特点。

（一）分析的实证性

总的来说,对社会经济问题的研究可分为两大类:一类是规范性研究,一类是实证性研究。所谓规范性研究,是根据已有的一般理论、概念和定律,对某个时期的有关问题进行分析和推演,对它的性质和规律得出一定的结论。而实证性研究,是在科学的理论指导下,对大量的事实和材料进行研究,透过事物现象解释事物的内在本质、表现形式和发展规律性,增强对客观事物的论证和认识,作为制定政策和指导工作的依据。统计分析不同于一般经济分析,它要综合运用各种分析方法和统计指标,对统计调查和整理取得的数字资料,密切结合实际情况,进行定量和定性研究,概括实践经验,密切为生产和管理服务。例如,股市的技术分析、商品销售额的季节变化分析等。

（二）明确的目的性

进行统计分析首先要有明确的目的,即分析什么？向领导和社会公众说明哪些问题,宣传哪些观点,传递哪些统计信息,提供哪些建议和决策方案,以满足他们了解情况、制定政策、加强管理、改进工作的需要。有了明确的目的,才能进一步确定所需要的数字资料,所采用的统计方法和指标等。统计分析是主观的,满足实际需要是客观的。统计人员一定要从实际出发,来确定自己的研究目的,使主观和客观统一起来,做到有的放矢,提高统计分析报告的利用程度。

（三）强烈的时效性

统计分析要及时地抓住现实问题进行研究,尽可能快地提交分析成果。这是确保统计信息具有较高价值的重要条件,"雪中送炭",发挥作用大。"雨后送伞",就会劳而无功。一般来说,进度统计分析报告,要越快越好,力争走在其他部门信息之前,以利于领导掌握动态,指导工作;专题分析和历史资料分析可以花费较多的时间来进行,但也要及早动手,深入分析,适时提供,以满足领导研究某一专题的需要。一般情况都要灵敏地作出反应,特别是月季度定期分析、偶发事件专题分析,都应按照信息特点,在短时间内完成分析研究任务,提出统计分析报告。

（四）角度的整体性

统计的一个重要特点就是从整体上去认识社会经济现象。统计分析同样要具有整体性,要从整体上去考虑问题,对事物的内在联系、相互关系和发展规律进行综合分析,得出比较全面的符合实际的结论。因而对任何一项社会经济现象的变动进行分析时,不要抓住总体内部的某些片面和个别现象做文章,也不要仅局限于个别的指标上,而要纵观全局,进行全面系统的分析研究。

（五）数字的准确性

统计分析的重要特点,是从数量入手,分析研究诸种社会经济现象之间的对比关系,从数量对比关系中发现并提出问题,然后予以分析。所以说,统计分析是一种以统计资料为主要依据的定量分析。在统计分析中,无论是摆情况,讲问题,分析矛盾,或者提出建议方案,都要以数字为依据,可以说,离开了统计数据的分析,就不能成为统计分析。"用数字说话",就是强调数据的准确性。准确是统计的生命,准确就是要实事求是,如实地反映情况,不能弄虚作假。只有这样,才能显示统计数据的权威性。

四、统计分析的原则

（一）统计分析要从实际出发,坚持实事求是的原则

统计分析必须从客观实际情况出发,经过系统的分析和科学地抽象,从中得出结论或规律性的认识。一切分析的结论都来源于分析研究的末尾,而不是在分析研究的先头。这样才符合马克思主义的认识论。那种先有结论,后找材料的方法是反科学的。一切从实际出发,实事求是,这是唯物主义的基本原则。在统计分析中,从实际出发就是从反映客观实际的统计资料出发,对具体问题进行实事求是的具体分析,不能以主观想象代替客观存在,更不允许拼凑数字,伪造情况,谎报成绩,掩盖问题。

（二）全面地看问题,系统地收集和研究统计资料

事物是错综复杂的,是由各个方面的因素决定的。看问题不能只从单方面看,而要从各个方面去看。在统计分析中,坚持全面的观点,首先要求搜集统计资料必须全面系统,不能零碎不全。其次要求分析问题必须全面看问题,且忌片面性,既要看到成绩,又要看到不足;既要看到有利的一面,又要看到不利的一面;既要看到主观因素,又要看到客观因素。进行统计分析,只有全面地看问题,系统地搜集和研究统计资料,才会得出正确的结论,提出解决问题的有效措施。

（三）要用发展的眼光、一分为二的观点来观察问题和分析问题

社会经济现象是处在不断地发展变化之中的,因此,在进行统计分析时,不能用静止的观点看问题,而必须用发展的观点看问题。要分析事物发展变化的过程和趋势,分析事物发展变化的历史联系和条件,从中探索事物发展变化的规律。在进行统计分析时要一分为二,既要分析矛盾对立的一面,也要分析矛盾统一的一面。不能肯定一切,也不能否定一切。在分析各种矛盾和矛盾各方面的基础上,要抓住主要矛盾和矛盾的主要方面,提出解决矛盾的措

施,推动工作的发展。

(四)要以科学的经济理论为指导

我国从计划经济到有计划的商品经济,再到社会主义市场经济。统计分析必须适应这种变化,以社会主义市场经济理论为指导,尊重客观经济规律。不仅如此,进行各种专题统计分析时,还应当以部门经济理论和经济规律为指导。例如,分析工业经济发展变化情况,应当以工业经济理论为指导;分析农业经济发展变化时,应当以农业经济理论为指导,等等。离开了一定的经济理论的指导,统计分析就不可能充分地、准确地运用统计资料,就抓不住问题的要害,找不出主要矛盾和矛盾的主要方面。

五、统计分析的种类

统计分析的种类很多,但每一种统计分析都是根据一定的分析目的,满足一定的需要而进行的。统计分析主要有两种分类方法:一种是按分析的内容不同进行分类,可以分为计划执行情况的分析和方针、政策执行情况的分析;第二种是按分析的内容所包括的范围不同,可分为专题分析和综合分析。

除此之外,统计分析按观察的时间不同,又可分为定期分析和不定期分析。定期分析又可分为月度、季度、半年和年度统计分析。这类定期分析,一般是根据定期统计报表资料,将这一时期经济发展的进度情况反映出来,概括出若干个特点,并指出存在的主要问题,以及解决的建议。定期分析以外的那些专题分析,如某一重要问题的分析,某个时期历史经验的研究等,都属于不定期分析。

(一)计划执行情况的分析

社会经济现象的实际运行,许多是事前安排和设想的,所以,对其计划的付诸实施过程与结果,很有必要进行一番分析。

计划执行情况的分析,一般应包括以下几部分内容:

(1)用每一统计指标的实际完成数与其计划数进行对比,以观察计划的完成程度。

(2)分析完成计划或未完成计划的原因。

(3)总结计划执行中的成绩和经验,并指出计划执行中存在的主要问题。

(4)针对计划执行中存在的问题,提出改进意见。

由于对计划完成情况分析的目的不同,这种分析又可分为以下三种:

1.期末分析

这种分析是在计划期结束后,对计划执行情况的分析。如对月度、季度、年度计划执行情况进行分析。由于这种分析在各种计划期(月、季、年)结束后都要进行,所以这种分析也称为定期分析。具有如下特点:

(1)这种分析是利用定期统计报表所取得的资料和调查得到的实际情况,对本地区、本部门或本企业的各项指标完成情况综合起来进行分析。

(2)这种分析带有总结性。进行这种分析时,要对本地区、本部门或本企业的计划执行情况作出总的评价。

2. 进度分析

进度分析是对计划在贯彻执行过程中实施情况的分析和评价。是按日、旬、月和季进行检查和分析计划执行进度和完成的程度。通过与时间进程的比较,评价计划的实际完成程度和时间推进是否相适应。一般而言,上旬要完成月计划的 $\frac{1}{3}$,首月要完成季计划的 $\frac{1}{3}$,上半年要完成年度计划的 $\frac{1}{2}$,即所谓时间过半,任务完成过半,都说明了计划执行的顺利和理想。

进度分析中,发现计划执行得不好,可以及时分析原因,抓住问题的症结,采取有效措施,克服不利条件,防患于未然,保证顺利地完成预期设想。

3. 预计分析

预计分析也是一种对计划在贯彻执行过程中实施情况的分析和评价。一般是在计划期结束前,根据计划完成的进度,结合当时的主客观条件,预计到计划期结束时,计划完成的程度。预计分析的特点,是以已过时间的计划执行的实际结果为主要依据,即以计划期内实际的平均日完成情况为主要依据,来预测整个计划期结束时计划的完成程度。

预计分析的作用是:①预计分析可以起预警的作用。通过预计分析,可以预报计划能否完成。这对组织指挥生产,提前采取措施,保证计划的完成,是个重要的参考;②预计分析还可以为群众提出完成计划的目标日期。通过预计分析,可以预计出提前多少天完成计划,使群众有一个奋斗的目标,并借以动员群众和激励群众的斗志。

如何进行预计分析,有两种情况:①预计分析提前完成计划的天数;②预计分析到计划期末计划完成程度。但不论哪一种情况,都是以制度工作日为标准来进行预计。

(二)专题分析

专题分析是就某一专门问题或某一专门现象,进行集中而深入的分析研究。比如,对市场疲软问题的研究,对产品市场占有率问题的研究,对企业核心竞争力问题的研究等。它既可以是现实性的问题,也可以是长远性的问题,研究的范围可大可小。这种分析的特点:①内容单一,重点突出。②选题准确,研究深入。③分析的灵敏度高,往往具有典型意义或者是客观实际的热点、焦点和敏感点。

专题分析的内容应根据实际需要确定,大致从两个方面考虑:首先,根据政治经济任务的需要进行专题分析。对现实生活中的热点、焦点、敏感点和关注点,抓住不放,深入进去,作出有成效的分析和中肯的结论,及时向领导和群众反映,引起共鸣与重视。其次,是针对统计报表中反映的问题或日常管理工作中突出的问题进行专门分析。

(三)综合分析

综合分析是对国民经济或企业中综合性问题的分析研究。如对整个国民经济、地区和部门的经济发展情况的分析,基本国情国力的分析,以及企业供产销和人财物的分析等。综合分析是把某一个"全局"作为一个整体,多方面、多环节联系起来进行的分析研究。这种分析的特点:一是研究对象的复杂性;二是分析方法的综合性;三是分析问题的全面概括性。

综合分析的内容,从宏观经济和微观经济两方面来考虑。

对宏观经济的分析,应着重观察总体的平衡,从整个国民经济出发,包括社会总供给和总需求的平衡,财政信贷、物资、外汇的平衡,发展速度、比例和效益的关系,部门之间、地区之间的比例关系,消费和积累的比例关系,市场疲软、扩大内需与促进经济持续发展的关系等。

对微观经济的分析,应重视观察企业的生产经营状况、发展的能力与后劲、经济效益以及品种、质量、市场占有率、资产负债率和核心竞争力等。同时,注意分析企业是否偏离了宏观的指导和管理,宏观经济对企业的影响和作用,以及企业的承受能力等。

六、统计分析的基本步骤

开展统计分析,通常分为如下几步:

(一)明确分析的目的,选好分析的题目

进行统计分析要做到有的放矢,必须明确统计分析的目的。只有明确了统计分析的目的,才能选好统计分析的题目,使统计分析主题突出,内容清楚,切合实际,说明问题。同时,才能够据此拟定统计分析提纲,明确统计分析的范围,规定搜集统计资料的来源,确定统计分析报告的章篇结构。总之,只有明确了统计分析的目的,才能使统计分析具有针对性。目的不明,为分析而分析,便失去了统计分析的意义。

（二）拟定分析提纲

这是根据统计分析目的的要求，提出对题目如何进行分析的设想。其内容包括：分析的目的、要说明什么问题以及从哪些方面进行论证、需要哪些材料、需要哪些统计指标、数据和实例等，以及采用什么形式来表现分析的结果。

分析提纲是进行统计分析前的设想。有了分析提纲，使统计分析有所遵循，不至于作一些与问题无关的工作，以免贻误分析时机。但是，在进行统计分析的过程中，也不要为分析提纲所限制，要随着分析工作的深入，不断地修改和补充分析提纲，使分析提纲更加完善。

（三）收集、整理、评价有关资料

统计分析的突出特点，就是对问题的分析要从统计资料出发，从定量分析入手，进行剖析，以完成对事物的判断。因此，拥有大量的经过加工整理的统计资料，是完成统计分析的基础，同样是分析客观事实的依据。

收集统计资料，要充分利用现有的统计资料，包括统计报表和专门调查的资料，除此之外，要收集与分析问题有关业务部门的统计资料、同行业国内外先进水平的资料等。由于资料的来源不同，必须对收集的资料进行整理和评价。首先评价资料的准确性；其次，评价当时取得资料的历史背景和具体情况，前后指标的口径和算法是否一致。评价之后，要对所使用的统计资料进行调整、补充和修正。

（四）进行分析，得出结论，提出建议

这是统计分析最重要的环节，是运用多方面的知识，使用多种多样的统计方法，对统计资料进行具体的分析过程。只有通过具体分析，才能从事物内在的联系中解释现象发展的规律性，并根据存在的问题，提出解决问题的对策建议。这是整个统计分析工作中关键性的一步。

（五）写出统计分析报告

这是完成统计分析的最后一步，也是最为关键的一步。对大量统计资料经过系统和深入地分析之后，提炼出观点、对策和建议并用文字报告的形式表达出来，便形成了统计分析报告。上报党政机关或提供给有关部门使用。

第二节　统计分析方法（一）

统计分析的方法很多，提法不尽一致，内容多有交叉，分属于不同的专业和学科。从分析问题的角度看,有现状和规律分析、评价和监控、预测和决策3 大类;从应用的领域来看,可用于国民经济的宏观分析与综合研究、企业的生产经营分析等;从统计分析方法的拓展看,又可分为常规统计分析方法和现代统计分析方法。这些方法大部分在前面各章都作了详细的阐述。在此考虑到学习对象的特点,重点介绍统计分析方法在微观企业经营中的应用。使同学们感到学而有用,学而能用,学而会用。

一、对比分析法

对比分析法是通过各指标数值之间的对比,来解释指标之间的差异,从而发现问题和分析问题的方法。它是统计分析中最常用的基本方法。常用的对比分析主要有:

(一)同一指标的实际数与计划数的对比分析

实际数与计划数对比,就是用报告期的某一指标的实际完成数与其计划数进行对比,以反映计划的完成程度,并进一步分析形成对比结果的原因。同理,用指标的实际数与其定额对比,以反映定额的完成程度;用指标的实际数与其合同数进行对比,可以反映合同的执行情况。

(二)本期实际数与上期实际数的对比分析

用本期的某一指标的实际数与上期同类指标的实际数进行对比,可以观察报告期的水平比基期水平是增长了还是下降了,分析增长或下降的原因。

(三)本期实际数与去年同期实际数的对比分析

用本期某一指标的实际数与去年同期同类指标的实际数进行对比(年距发展速度),可以观察某一指标的变动情况,并进一步分析变动的原因。进行这种对比的原因是为了消除季节变动的影响。

在统计分析时,常将上述 3 种对比方式结合起来运用。这就是统计分析中常用的"三对比"分析法。

[例 11-1] 某运输公司 2003 年第三季度主要指标计划完成情况及发展变化情况,可用表 11-1 进行对比分析。

(四)本期实际数与历史最好水平的对比分析

历史最好水平是指本企业历史上曾经达到的最高或最低的水平。由于统计指标的性质不同,有些指标的最好水平就是其历史上达到的最高水平。如产品产量、国内生产总值、资金利润率、设备利用率、产品的市场占有率等。有些指标的历史最好水平就是其历史上达到的最低水平,如产品成本、流通费用率、流动资金占用率、流动资金周转天数等。用本期实际数与历史最好水平进行对比分析,可以观察报告期的水平是否达到了历史上的最好水平,要分析两者之间的差距有多大以及形成差距的原因,以便有针对性地采取措施。

表 11-1　某运输公司 2003 年第三季度主要指标对比分析表

指标名称	本期计划	本期实际	上期实际	去年同期实际	对比分析指标		
					本期实际与计划对比/%	本期实际与上期实际对比/%	本期实际与去年同期实际对比/%
1.利润总额							
2.营业收入							
3.利润率							
4.总资产报酬率							
5.货物发送吨数							
6.旅客发送人数							
7.货物周转量/吨·千米							
8.全员劳动生产率							
9.每万换算/吨·千米成本/元							
10.每万换算/吨·千米占用流动资金/元							

在与历史水平进行对比时,可以采用对比分析表,表 11-2。

表 11-2　本期水平与历史最好水平对比分析表

指标名称	指标名称	历史最好水平		本期实际数与历史最好水平对比/%	差距产生的原因分析
		年份	指标水平		
1.利润总额					
2.营业收入					
3.利润率					
4.总资产报酬率					
5.货物发送吨数					
6.旅客发送人数					
7.货物周转量/吨·千米					
8.全员劳动生产率					
9.每万换算/吨·千米成本/元					
10.每万换算/吨·千米占用流动资金/元					

（五）部分与总体的对比分析

部分与总体对比分析,就是总体内部某一数值与总体的同类数值进行对比分析,以说明某种社会经济现象的内部构成或总体内部的结构。这种对比分析,往往和分组分析法结合起来运用。

（六）本单位的实际水平与国内先进水平的对比分析

用本单位的某种指标的实际水平与国内同行业的先进水平进行对比分析,可以观察本单位的水平与先进水平的差距,以揭露矛盾,查出本企业落后的原因,采取措施,赶超先进水平。

（七）本单位的实际水平与同行业国外先进水平的对比分析

用本单位的实际水平与国外同行业的先进水平对比,可以分析我们的水平与国际先进水平的差距及形成的原因,便于我们学习国外的先进管理经验和技术,促进我国技术水平的提高。

（八）对比分析的基本规则

在应用对比分析法进行分析时,应注意以下几点:

（1）要注意指标之间的可比性。注意用来对比的指标,在含义、口径、范围、计算方法、计算价格,以及计量单位等方面是否一致。一般来讲,只有在这些方面一致了,才能进行对比。对于不能直接对比的资料,要先调整,后比较,要注意各项指标形成的历史条件,做到具体问题具体分析。

（2）当绝对数不能对比时,要考虑采用相对数或平均数进行对比。

（3）不仅要单项指标进行对比,而且应当用指标体系进行对比,才能得出全面的认识。

（4）不仅要本单位内部纵向对比,还要进行单位之间的横向对比,才能得出全面的结论。

二、结构分析法

结构分析法是通过计算结构相对指标,来分析总体内部构成内容及其变化,以掌握其特点和变化趋势的方法。通常用百分数表示。

[例11-2]　近年来随着破产企业的增多和稳健性原则被广泛接受,优化资本结构是当前企业练好内功的重要方面之一,下面以优化资本结构为例,来说明结构分析法的应用。其基本思路是:研究企业的资产负债结构,计算各项目在总额中所占的比例,同理想的资产负债结构进行对比,寻找差距,并分析产生的原因及对企业的影响。具体分析步骤如下。

（一）确定理想（或标准）的资产负债结构

理想的资产负债结构,来自于行业的平均水平,同时,不同国家、不同行业和企业在发展的不同阶段都是不一样的,因此,理想的资产负债结构,要在行业平均水平的基础上进行适当的分析和调整。假设表 11-3 为机械加工行业理想的资产负债结构。

表 11-3　机械加工行业理想的资产负债表

流动资产：	60%	负债：	40%
速动资产30%		流动负债30%	
盘存资产30%		长期负债10%	
固定资产：	40%	所有者权益：	60%
		实收资本　20%	
		公积金　　30%	
		未分配利润10%	
总计：	100%	总计	100%

之所以说表 11-3 是理想的资产负债结构,是因为:①确定负债百分率和所有者权益百分率。在通常情况下,负债应小于自有资本,这样的企业在经济环境恶化时能保持稳定。但是过小的负债率,会使企业失去经济繁荣时期获取额外利润的机会。自有资本占 60%,负债占 40%,是比较理想的。当然,当企业的资金利润率高于银行贷款利率的时候,适当的举债经营对企业的发展是有好处的。这也是企业在高速增长时期体质弱的表现,经济稍不景气,由于利息负担过重,会使企业利润急剧下降,因此,使企业很不稳健。②确定固定资产占总资产的百分率。通常固定资产的数额应小于自有资本,占到自有资本的 2/3 为好。这种比例关系,可使企业自有资本中有 1/3 用于流动资产,不至于靠拍卖固定资产来偿债。这样固定资产就占 40%,流动资产就占 60%。③确定流动负债百分率。一般认为流动比率以 2 为宜,那么流动资产占 60% 的情况下,流动负债是其一半即占 30%,长期负债只能占 10%。④确定所有者权益的内部百分率结构。其基本要求是实收资本应小于各项积累,以积累为投入资本的 2 倍为宜。这种比例,可以减少分红的压力,使企业有可能重视长远的发展,每股净资产达到 3 元左右,可在股市上树立良好的公司形象。因此,实收资本为所有者权益（60%）的 1/3 即 20%,公积金和未分配利润是所有者权益（60%）的 2/3 即 40%。由于未分配利润的数字经常变化,公积金的数字应明显大于未分配利润,一般确定为 3:1 结构,前者占总资产的 30%,后者占 10%。⑤确定流动资产内部的结构。由于速动比率以 1 为适当,因此,

速动资产占总资产的比率与流动负债相同，也应为30%。余下的盘存资产（主要是存货）亦占总资产的30%，这也符合存货占流动资产一半的一般情况。

（二）将本单位的资产负债率与理想的资产负债率进行对比，并计算差异程度

如表11-4。

表11-4　资产负债率结构对比分析表

项　目	理想	实 际 绝对数	实 际 相对数	差 异 绝对数	差 异 相对数	项　目	理想	实 际 绝对数	实 际 相对数	差 异 绝对数	差 异 相对数
流动资产60%	1 200	700	0.35	− 500	− 0.25	负债40%	800	1 060	0.53	260	0.13
速动资产30%	600	462	0.23	− 138	− 0.07	流动负债30%	600	300	0.15	− 300	− 0.15
盘存资产30%	600	238	0.12	− 362	− 0.18	长期负债10%	200	760	0.38	560	0.28
						所有者权益60%	1 200	940	0.47	− 260	− 0.13
固定资产40%	800	1 300	0.65	500	0.25	实收资本20%	400	100	0.05	− 300	− 0.15
						公积金 30%	600	90	0.045	− 510	− 0.255
						未分配利润10%	200	750	0.375	500	0.275
总计100%	2 000	2 000	1.00	—	—	总计100%	2 000	2 000	1.00	—	—

（三）根据差异程度进行分析

通过比较资产负债表可以看出：流动资产较少，而固定资产较多，而且数额大于自有资本总额，使得企业依靠长期负债购置固定资产，必然长期承受利息负担。流动资金较少，会影响设备利用和均衡生产。

从负债结构来看，长期负债多，而流动负债少。在这种结构下，短期偿债能力不成问题，但长期偿债能力不足，没有足够的流动资产来偿还长期负债。一旦长期负债快要到期，需借新债还旧债，必然长期承担利息负担。

从所有者权益的结构来看，未分配利润较多，而实收资本和公积金较少。看来企业利润丰厚，每股净资产达9.4元之多。保留大量"未分配利润"的原因，可能是资金紧张。如果分红，会进一步增加负担，如果不分红则股东会有意见。

综上所述,关键是固定资产比例过大,应查明固定资产的利用效率、在建工程的进度等,设法改变资产固定率,这样其他指标都会有相应改变。

需要注意的是结构分析法的关键是寻找和制定比较的标准。

三、分组分析法

分组分析法是将研究现象总体按照有关标志划分成性质不同的若干组,借以了解总体内部的结构,认识现象的本质,以便研究和推广先进经验,发现问题和解决问题,充分挖掘内部的潜力。分组分析法主要解决以下几个方面的问题:

(一)利用类型分组法,分析各种社会经济现象产生的原因

例如,在分析工人生产定额完成情况时,可按定额完成程度分组;分析应收款和应付款的状况时,应按其发生时间长短分组;分析储备资金占用是否合理时,可按其使用情况分组。

(二)利用结构分组法,分析研究总体内部的结构及内部结构的变化

社会经济现象总体内部的结构,就是在分组的基础上,构成总体的各个部分占总体的比例,或者是各组成部分之间的比例。社会经济现象总体内部的结构,说明社会经济现象的性质。总体内部结构的变化,说明社会经济现象性质的变化,说明由量变到质变的变化过程。

(三)利用分析分组法,分析研究社会经济现象之间的相互依存关系

社会经济现象都是相互联系的,有些社会经济现象存在着相互依存关系。如机械设备的使用年限与维修费的关系、自动化程度与劳动生产率的关系、商业企业的规模与流通费用率之间的关系等。一种现象的变动,影响另一种现象的变动。利用分析分组法可以详细研究这种依存关系。

四、动态分析法

动态分析法是分析各时期现象的数量表现和数量关系的发展过程,认识其发展规律性并预测其发展趋势的一种统计分析方法。任何事物都是不断发展变化的,都有其过去、现在和将来。因此,统计可以对它在不同时期的发展变化过程进行分析研究,计算动态分析指标,并据此对事物的发展变化进行模拟和预测,这就是动态分析。动态分析常用的方法有:

(一)长期趋势的分析与预测

测定和分析现象变动的长期趋势,主要是对原有的时间数列进行修匀,以便使事物发展变化的规律和趋势更明显,在此基础上进行分析和预测。常用的方法有：时距扩大法、移动平均修匀法、半数平均法、三点法、指数平滑法、最小平方法等。

（二）中短期趋势的分析与预测

这种分析与预测方法主要是指利用增长速度进行短期经济的预测,利用平均增长速度进行中期经济的预测。

五、因素分析法

社会经济现象都是相互联系、相互制约的,一种现象的变动,往往会引起另一种现象的变动。各种经济现象的产生和发展都是经济因素运动的结果,各种经济因素之间存在着复杂的关系。因素分析法是指根据社会经济现象之间的客观经济联系,剖析制约现象总变动的各个因素的变动及其对总变动影响程度的分析方法。从现象变动的关系来看,因素分析法可归纳为以下几种类型:指数分析法、连环替代法、差额计算法以及总和因素分析法。

（一）指数分析法

指数分析法是统计分析中经常使用的一种因素分析方法。它是利用各个相乘的因素关系,分析各个因素变动对总变动的影响程度的分析方法。利用指数法进行因素分析,主要是利用指数体系进行的。常用的指数体系有两种:一种是综合指标指数体系,另一种是平均指标指数体系;按涉及到的影响因素不同又可分为:两因素分析和多因素分析。两种情形结合起来就有:①总量指标的两因素分析。②总量指标的多因素分析。③包含平均指标的两因素分析。④包含平均指标的多因素分析。

（二）连环替代法

连环替代法又叫连锁替代法,是因素分析法的基本形式。它是指在某项分析指标的几个相互联系的因素中,顺序地将其中一个因素作为可变因素,而其他因素作为不变因素,逐个地将各因素的计划(或基期)数值顺序地用实际(或报告期)数值替代,以测定各个因素对该分析指标的影响程度。可见,连环替代法的名称就是由其采用连环分析程序来测算各因素变动对分析指标影响数额的特点决定的。

1.连环替代法的分析程序

（1）按照统计指标和影响其变动的各因素之间的相互关系列成分析计算式。

（2）以计划(或基期)指标体系为计算的基础,用实际指标体系中每项因素的实际(或报告期)数逐步、顺序地替换其计划数;每次替换后实际数即被保留下来,有几个因素就替换几次;每次替换后计算出由于该因素变动所得的新结果。

(3)将每次替换后所得的结果与该因素被替换前的结果进行比较,两者的差额,即为该因素的变化对分析指标差异的影响程度。

(4)将各个因素的影响数值相加,其代数和应等于分析指标的实际数与计划数之间的总差额。

[例11-3] 设某公司的全员劳动生产率资料如表11-5。

表11-5 某公司全员劳动生产率资料

	计量单位	符号	2003年	2004年	%
全员劳动生产率	元		50 000	55 000	110
工人占全部职工的比例	%	a	50	49	98
平均每人制度工作时间	工时	b	2 295	2 295	100
工时利用率	%	c	84	81	96.43
生产定额完成率	%	d	1.2	1.3	108.33
每一定额工时产值	元	e	43.23	46.45	107.45

全员劳动生产率:$(55\,000 - 50\,000)$元 $= 5\,000$元

$a_0 b_0 c_0 d_0 e_0 = (0.5 \times 2\,295 \times 0.84 \times 1.2 \times 43.23)$元 $= 50\,003$元

$a_1 b_0 c_0 d_0 e_0 = (0.49 \times 2\,295 \times 0.84 \times 1.2 \times 43.23)$元 $= 49\,003$元

$a_1 b_1 c_0 d_0 e_0 = (0.49 \times 2\,295 \times 0.84 \times 1.2 \times 43.23)$元 $= 49\,003$元

$a_1 b_1 c_1 d_0 e_0 = (0.49 \times 2\,295 \times 0.81 \times 1.2 \times 43.23)$元 $= 47\,253$元

$a_1 b_1 c_1 d_1 e_0 = (0.49 \times 2\,295 \times 0.81 \times 1.3 \times 43.23)$元 $= 51\,191$元

$a_1 b_1 c_1 d_1 e_1 = (0.49 \times 2\,295 \times 0.81 \times 1.3 \times 46.45)$元 $= 55\,004$元

①由于工人占全部职工比例变动影响全员劳动生产率:

$$(49\,003 - 50\,000)元 = -997元$$

②由于平均每人制度工作时间变动影响全员劳动生产率:

$$(49\,003 - 49\,003)元 = 0元$$

③由于工时利用率变动影响全员劳动生产率:

$$(47\,253 - 49\,003)元 = -1\,750元$$

④由于生产定额完成率变动影响全员劳动生产率:

$$(51\,191 - 47\,253)元 = 3\,938元$$

⑤由于每一定额工时产值变动影响全员劳动生产率:

$$(55\,004 - 51\,191)元 = 3\,813元$$

⑥以上5个因素综合影响:

$[-997+0+(-1\ 750)+3\ 938+3\ 813]$元$=5\ 004$元

由此可以看出,该公司全员劳动生产率增加 5 004 元,主要是由于定额完成率(工人生产效率)提高而增加了 3 938 元,每一定额工时产值增大而增加 3 813 元,工人占职工人数的比例和工时利用率比上年下降影响全员劳动生产率分别减少 997 元和 1 750 元,从而影响了生产的进一步发展,应进一步分析原因。此外,每一定额工时产值的增加对全员劳动生产率的提高和产值的增长起了一定的作用,也应作进一步的分析。

2. 应用连环替代法时应注意的问题

(1)总体分析指标体系的组成因素,必须是确实能够反映形成该项指标差异的内在原因,否则就失去了其分析价值。

(2)分析某一因素变动对总体分析指标差异的影响程度时,必须假定其他因素不变,以便排除其他因素的影响。

(3)各因素对总体分析指标差异的影响,必须顺序地、连环地逐一计算,不可采用不连环的方法计算。否则算出的诸因素的影响程度之和就不等于总体分析指标的差异数。

(4)确定各因素影响时,是在该因素以前各因素已经变动而其后各因素尚未变动的基础上进行的。如果将各因素的替代顺序改变了,那么各因素的影响程度也就会发生变化。因此,在分析工作中必须确定正确的替代顺序。一般应遵循以下原则,即要从诸因素相互依存关系出发,并使分析结果有助于分清经济责任。实际工作中,往往将这一原则具体化为先替代数量指标,后替代质量指标;先替代实物指标,后替代价值指标;先替代基础指标,后替代派生指标。

(三)差额计算法

差额替代法是连环替代法的一种简化形式,它是利用各个因素的实际(或报告期)数与计划(或基期)数之间的差额,直接计算各个因素对分析指标的影响数值的分析方法。应用该方法与应用连环替代法的要求相同,不同的是在计算上简化些。其分析步骤如下:

(1)确定各因素的实际(或报告期)数与计划(或基期)数的差额。

(2)将各因素的差额乘上计算公式中列在该因素前面的各因素的实际(或报告期)数及列在该因素后面的各因素的计划数,即求得各因素的影响数值。

(3)将各因素的影响数值相加,其代数和应等于分析指标的实际数与计划数的差异。

不妨仍用表 11-5 的资料加以验证。

(四)总和因素分析法

前面所论及的指数分析法和连环替代法,所分析的都是复杂现象的变动,它等于影响它的各个因素变动的连乘积。总和因素分析法,是对总体总量的变动等于影响它的各个因素变动之和的现象进行分析的方法。这样的现象很多,例如,全厂总产值的变动等于各种产品产值变动之和,或者全厂产值变动等于该厂各车间产值变动之和。由于某些社会经济现象的总量变动不等于各因素变动的连乘积,而等于各因素变动之和,故不能用指数法来进行分析,而只能用总和因素分析法来进行分析。

总和因素分析法有两种算法:一种是差额分析法,一种是比例分析法。

1.差额分析法

差额分析法是指某因素的报告期(或实际)绝对量与基期(或计划)绝对量的离差与基期(或计划)对比,确定某因素变动对现象总变动影响程度的方法。一般公式为:

$$\frac{\text{某因素变动对现象}}{\text{总变动的影响程度}} =$$

$$\frac{\text{某因素报告期(或实际)绝对量} - \text{该因素基期(或计划)绝对量}}{\text{研究现象基期(或计划)总量}} \qquad (11-1)$$

[**例11-4**] 2010年某省工业生产发展情况如表11-6所示。

表11-6 某省2010年工业生产发展情况表

按轻重 工业分组	2009年		2010年		发展速度 /%	各部分变动对全省工业 发展的影响程度/%
	增加值 /亿元	比例 /%	增加值 /亿元	比例 /%		
轻工业	5 580	47.8	6 690	47.3	119.9	9.5
重工业	6 096	52.2	7 450	52.7	122.2	11.6
全省总计	11 676	100.0	14 140	100.0	121.1	21.1

根据上述公式计算出:

$$\text{工业增加值总变动程度} = \frac{14\ 140 - 11\ 676}{11\ 676} \times 100\% = 21.1\%$$

说明2010年完成工业增加值比上年增长了21.1%。轻重工业变动对工业增加值变动的影响程度分别为:

$$\frac{\text{轻工业增加值变动对工业}}{\text{增加值变动的影响程度}} = \frac{6\ 690 - 5\ 580}{11\ 676} \times 100\% = 9.5\%$$

$$\frac{\text{重工业增加值变动对工业}}{\text{增加值变动的影响程度}} = \frac{7\ 450 - 6\ 096}{11\ 676} \times 100\% = 11.6\%$$

表11-6的计算结果表明:全省工业增加值2010年比2009年增长了21.1%,其中轻工业贡献了9.5%,而重工业贡献了11.6%。其原因一是重工业增长速度比轻工业高2.3个百分点,二是重工业在全部工业中所占的比例比轻工业高4.4个百分点。

2. 比例分析法

比例分析法,是利用影响总体总量的各个因素的量占总体总量的比例,与各个因素的相对数离差相乘,来分析说明各个因素量的变动对总体总量变动的影响程度。比例分析法的一般公式为:

$$
\begin{aligned}
&\text{某因素变动对现象} \\
&\text{总变动的影响程度}
\end{aligned} =
\begin{aligned}
&\text{某因素基期(或计划)} \\
&\text{标志值占标志总量的比例}
\end{aligned} \times
\begin{aligned}
&\text{某因素报告期(或实际)与} \\
&\text{基期(或计划)的相对离差}
\end{aligned}
\tag{11-2}
$$

[**例11-5**] 如上例(表11-6)2010年全省工业生产增长速度为21.1%,运用比例分析法分析轻、重工业增加值变动对整个工业增加值变动的影响程度为:

轻工业的影响程度 $= 47.8\% \times 19.9\% = 9.5\%$

重工业的影响程度 $= 52.2\% \times 22.2\% = 11.58\%$

综合上述各因素变动对现象总变动影响程度之和,等于现象总变动。即:

$$9.5\% + 11.6\% = 21.1\%$$

从以上计算可知,利用差额分析法和利用比例分析法计算的结果完全相同。使用时可任选其一分析即可。

第三节　统计分析方法(二)

一、生产过程的质量分析与控制

生产过程的质量分析与控制就是在产品的生产制造过程中运用统计的方法对产品的质量进行分析与控制,使产品质量始终保持稳定的一种方法。目前,常用的方法有直方图法、控制图法和生产能力指数法。我们在这里仅介绍直方图法和生产能力指数法。

(一)产品质量分析与控制的理论依据

从理论上来说,产品的质量分析与控制实质上统计分析与控制方法,它依据概率和抽样原理,根据样本的实际资料,计算出一定样本的质量指标,用它对总体的质量指标作出正确的估计和判断,从而达到质量控制的目的。也就是用统计方法分析质量变异的因素和研究质量变异的分布规律。

1. 质量变异的因素分析

质量变异的影响因素是多种多样的,依据统计的理论,归纳起来不外乎有两大类:

(1)偶然性因素。例如原材料性质的微小差异,机床的微小振动,刀具的正常磨损,车间温度、湿度、电力的微小差别,工人操作的微小变化等。偶然性因素虽很多,但它对产品的质量影响不大,并且难以识别,在技术上也不宜剔除,从经济上看也不值得消除。

(2)系统性因素,也称为非偶然性因素。如原材料的规格和质量不符合要求,刀具的过度磨损,工人不遵守工艺规程,仪器、量具本身准确性差等。这种误差对产品质量影响较大,可以使产品变为废品或次品。但是在一般情况下,系统性的因素引起的误差常表现为周期性的变化,易于识别。质量分析与控制就是要对系统性因素造成的质量差异加以分析,并及时采取相应措施予以消除。

2. 质量变异的分布规律

在正常情况下,产品质量特性指标的分布是有规律性的,且多为正态分布。其数学表达式为:

$$F(x) = \frac{1}{\sqrt{2\pi}\sigma} \cdot e^{-\frac{(x-\bar{x})^2}{2\sigma^2}} \tag{11-3}$$

式中:x 表示正态分布曲线的横坐标值,即质量特性指标的各个数值;$F(x)$ 表示正态分布曲线的纵坐标值,即各种质量特性的样本出现的概率;$\bar{x}$ 表示各种质量特性指标的算术平均数;σ 表示各种质量特性指标的标准差。

根据正态分布的特征,产品质量特性在 $\bar{x} \pm 3\sigma$ 范围内的概率为 99.73%。在 $\bar{x} \pm 3\sigma$ 以外出现的质量特性的概率不到 3‰。因此可以认为,凡是在 $\bar{x} \pm 3\sigma$ 范围内的质量差异都是正常的,是不可避免的,是偶然因素作用的结果。如果超过了这个界限,说明生产过程发生了异常现象,需要立即查明原因,进行改正。在生产过程中,根据这种理论控制产品质量,称为控制图的"3‰"法则。

(二)直方图法

直方图法可以分为:数据整理、计算统计参数、作直方图、分析和判断生产过程的质量问题等几个步骤。现以机加工产品为例说明直方图的应用。

[例 11-6] 某车间加工一种泥浆泵曲轴箱的轴孔,规格为 $\phi245 +$

0.045 mm,其最小测定单位为 0.001 mm。从加工件中随机抽取 100 个,测的轴孔尺寸如表 11-7。

表 11-7　轴孔尺寸测定资料　(测定单位:0.001 mm)

15	20	45L	35	20	25	10	20	10	40
20	15	15	15	20	15	25	5S	20	20
25	25	10	5	30	20	10	25	20	20
10	15	20	15	15	25	20	30	15	20
10	30	15	10	20	15	20	20	15	20
10	20	15	15	25	20	15	15	20	20
15	30	15	15	30	20	15	40	20	20
5	35	15	10	20	15	10	15	15	15
20	20	10	25	20	25	15	20	25	5
20	30	15	10	15	15	20	25	15	20

第一步,找出 100 个数据的最大值(以 L 表示)和最小值(以 S 表示)。本例 $L = 45$;$S = 5$。

第二步,把 100 个数据分成若干组,根据经验确定组数,见表 11-8。通过大量统计抽样测试,抽取的样本数与适当的组数具有如表 11-8 所示的关系。本例确定取组数 $K = 9$(一般取奇数)。

表 11-8　抽取样本数与适当组数关系表

样本数/n	适当的分组数	一般使用的组数
50 ~ 100	6 ~ 10	
100 ~ 250	7 ~ 12	10
250 以上	10 ~ 20	

第三步,计算组距 h。一般按下列公式计算:

$$h = \frac{L - S}{K} = \frac{45 - 5}{8} = 5$$

第四步,计算各组的上下限。一般第一组按下列公式计算:

$$S \pm \frac{h}{2} = 5 \pm \frac{5}{2} = 2.5 \sim 7.5$$

其余各组的上下界限值的确定方法是:第一组的上限值就是第二组的下

限值,第二组的下限值加上组距 h,就是第二组的上限值,其余依此类推。

第五步,计算各组的组中值。

第六步,将 100 个测定的原始数据整理成频数分配表,如表 11-9 所示。

表 11-9　质量特性频数分配表

组号	组距分组	组中值/x	频数统计	频数/f
1	2.5~7.5	5	正	4
2	7.5~12.5	10	正正正	13
3	12.5~17.5	15	正正正正正正	30
4	17.5~22.5	20	正正正正正正	31
5	22.5~27.5	25	正正	11
6	27.5~32.5	30	正	6
7	32.5~37.5	35	丁	2
8	37.5~42.5	40	丁	2
9	42.5~47.5	45	一	1
合计	—	—		100

第七步,根据整理出的频数分布表,计算质量特性平均指标 $\bar{x}$ 和标准差 σ。

$$\bar{x} = 18.7(0.001 \text{ mm 测定单位})$$

$$\sigma = 7.4371(0.001 \text{ mm 测定单位})$$

第八步,作直方图。直方图纵坐标为各组样本数,即频数;横坐标为质量特性指标的数值,此处为测定的轴孔尺寸。以频数为高,以组距为底,画出一系列矩形,每个矩形的面积等于该组样本数占总样本数的百分比,所有的矩形面积总和应等于 1(或 100%)。现用直方图表示,见图 11-1。

第九步,对直方图观察分析。在产品生产过程中,常把直方图和公差作比较,借以发现产品在生产过程中的质量状况,从而采取措施,预防不合格品的产生。现以 B 表示实际的质量特性指标的分布范围,如本例中实际测量的轴孔误差尺寸的分布范围。以 T 表示公差,如本例中的公差 $T = +0.045 - 0 = 0.045$(即 45 个测定单位0.001 mm),作图加以说明,见图 11-2。

(a)B 充分在 T 中,平均数 $\bar{x}$ 正好在中央,这是很理想的质量分布状态;

(b)B 虽在 T 中,但平均数 $\bar{x}$ 接近公差下限,如果工序稍有变化,就可能出现废品,需加注意;

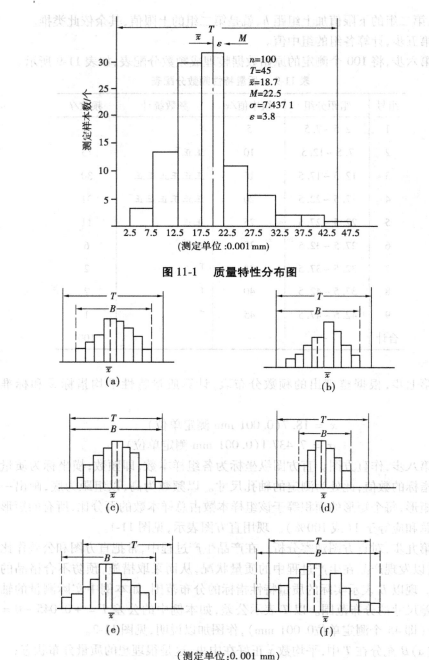

图 11-1　质量特性分布图

图 11-2　正常型直方图

（测定单位 :0.001 mm）

（c）B 和 T 正好一致，公差无富裕，所以操作不可放松，应多加注意；

　　(d)T大大超过B,能力过大,如果把T缩小或把B扩大,则更符合经济原则;

　　(e)平均数$\bar{x}$过于偏左,出现超差或废品,须把平均值校正到中心;

　　(f)实际尺寸分布范围B过大,须改变方法,使分布范围缩小。

(三)工序能力指数

　　工序能力指数是衡量生产过程对产品质量的保证能力的一个综合性指标。当公差中心数值与质量特性分布中心重合时,其计算公式为:

$$工序能力指数\ C_p = \frac{T}{P} = \frac{T}{6\sigma} \tag{11-4}$$

式中:T为公差范围;P为质量特性数据的分布范围,一般用6σ表示。

　　图11-3表示公差中心与分布中心重合的情况。

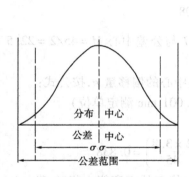

图11-3　公差中心与分布中心重合

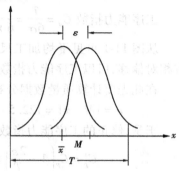

图11-4　质量数据分布中心与公差中心发生相对偏移

　　工序能力指数是公差范围与质量数据分布范围之比。质量数据分布愈集中,则标准差愈小,说明生产过程对产品质量的保证程度就愈大;反之,若质量数据愈分散,则标准差愈大,工序能力指数就愈小,说明生产过程对产品质量的保证程度也愈小。一般工序能力指数的判断标准是:

　　(1)当$C_p < 0.67$时,落在公差范围内的产品概率不到95.45%,表示加工精度不够,必须立即改进。

　　(2)当$0.67 < C_p < 1$时,落在公差范围内的产品概率为$95.45\% \sim 99.73\%$,表示加工时稍有不慎,可能出现少量不合格品。

　　(3)当$C_p = 1$时,产品可能都在公差范围内,表示加工精度合格,但仍需注意。

　　(4)当$1 < C_p < 1.33$时,表示加工精度最理想。

　　(5)当$C_p > 1.33$时,表示加工精度过高,应从经济角度加以考虑。

当质量数据的分布中心与公差中心发生相对偏移(如图11-4)时,不能直接应用上述公式,应对工序能力指数进行修正。其公式为:

$$修正的工序能力指数 \ C'_p = C_p \left(1 - \frac{2\varepsilon}{T} \right) \tag{11-5}$$

ε 表示质量数据分布中心相对于公差中心的偏移量,即 $\varepsilon = |M - \bar{x}|$。其中 M 代表公差范围的中心值。

现仍以表11-7的资料为例,说明修正的工序能力指数的计算方法。

根据表11-7计算得:

公差范围 $T = (245.045 - 245)\,\text{mm} = 0.045\,\text{mm} = 45$(测定单位 0.001 mm)

平均加工尺寸误差 $\bar{x} = 18.7$(0.001 mm 测定单位)

标准差 $\sigma = 7.437\,1$(0.001 mm 测定单位)

工序能力指数 $C_p = \dfrac{T}{6\sigma} = \dfrac{45}{6 \times 7.437\,1} = 1.008$

从图11-1可见平均加工尺寸误差 $\bar{x} = 18.7$ 与公差中心 $M = 45/2 = 22.5$ 有相对偏移,所以工序能力指数应进行修正。

在此先要计算质量数据分布中心相对公差中心的偏移量 ε,按公式:

$$\varepsilon = |M - \bar{x}| = |22.5 - 18.7| = 3.8\ (0.001\ \text{mm 测定单位})$$

于是,修正的工序能力指数是:

$$C'_p = C_p \left(1 - \frac{2\varepsilon}{T} \right) = 1.008 \times \left(1 - \frac{2 \times 3.8}{45} \right) = 0.838$$

说明该加工件虽然工序能力指数 $C_p > 1$,但修正的工序能力指数 $C'_p < 1$,应采取措施,消除或减少实际尺寸中心对公差中心的偏移量。

(四)分析产品质量变动的原因

利用直方图和工序能力指数对生产过程进行质量控制是一种行之有效的方法。但并没有对造成产品质量的原因进行分析。

影响产品质量升、降的原因很多,但大致可分为:①产品设计;②工艺规程;③原材料质量;④设备的性能、精密度等;⑤操作者的技术水平、生产经验和责任心等。

分析影响产品质量的原因,常用的一种方法是因果分析(也叫鱼刺图)法。它是以产品的最终质量为结果,以影响产品质量的原因为影响因素,进行原因分析。见图11-5。

因果分析图能帮助我们分析影响产品质量的大原因、中原因和小原因,并从中分析主要原因和次要原因,以抓住主要矛盾,采取针对性措施,提高产品质量。

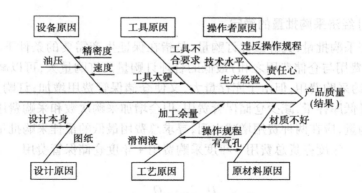

图 11-5　产品质量因果分析图

另外,也可利用排列图来分析影响产品质量的原因。其分析方法是:①按废品产生的地点进行分组,以便观察和分析各车间、各班组或各工序产生废品的多少和废品率的高低。这样,可以分清废品产生的责任。②将废品按工废和料废进行分组,以观察工废和料废各占多大比例,借以分清产生废品的主、客观原因。③将生产废品的工人按技术等级分组,以分析各级技术工人产生废品的情况。

二、存货分析与控制

(一) 存货分析与控制的意义

存货是指企业在生产经营过程中为销售或者耗用而储备的物资。包括:材料、燃料、低值易耗品、在产品、半成品、协作件、商品等。

如果企业能在生产投料时随时购入所需要的原材料,或者能在销售时随时购入该产品,就不需要存货了。因为有存货,就要占用资金,甚至资金占用量会很大。但实际上,企业总有储存存货的需要,这是因为:

(1)企业很少能做到随时购入生产或销售所需的各种物资。即使是市场供应充裕也是如此,这不仅因为不时会出现某种材料的市场短缺,还因为企业距供货点较远而需要必要的途中运输及可能出现的运输故障。生产经营一旦造成"等米下锅",损失将是惨重的。所以,企业需要储备存货。

(2)零售物资的价格往往较高,而整批购买在价格上常有优惠。但过多的存货要占用较大的资金,并且会增加包括仓储费、保险费、维护费等在内的各项开支。各项开支的增加将直接导致成本的上升。

进行存货分析与控制的意义就在于要尽量在各种存货成本与存货效益之间做出权衡,达到两者的最佳结合。

（二）经济采购批量的确定

经济采购批量，又称最优订购量，是指在保证生产需要的条件下，总费用（指采购费用与仓储费用之和）最低的合理订购量。订购量大，可以减少采购次数，节约采购费用，但由于库存量大，又使仓储保管费用增加；订购量小，固然可以降低库存量，减少仓储保管费用，但会增加采购次数和采购费用。因此决定订购量，应在两种费用增减之间，寻求总费用最低的最佳采购批量。

年度存货总费用 = 年度采购费用 + 年度仓储保管费用

即：

$$TC = \frac{D}{Q} \cdot K + \frac{Q}{2} \cdot P \cdot I \tag{11-6}$$

式中：TC 代表年度存货总费用；D 代表存货的年需要量；Q 代表经济采购批量；$\frac{Q}{2}$ 代表平均库存量；K 代表存货的一次采购费用；P 代表物资的单位价格；I 代表年度保管费率（即保管费用对库存物资金额的比率）；$P \cdot I = K_c$ 代表单位储存保管费用。

这是一个隐函数，为了使总费用 TC 最小，需要将 TC 对 Q 求偏导数，并令其结果为零。即：

$$\frac{\mathrm{d}TC}{\mathrm{d}Q} = -\frac{KD}{Q^2} + \frac{PI}{2} = 0$$

$$Q = \sqrt{\frac{2KD}{PI}} = \sqrt{\frac{2KD}{K_c}} \tag{11-7}$$

用文字表达即为：

$$经济采购批量 = \sqrt{\frac{2 \times 物资的一次采购费用 \times 物资的年需要量}{物资的单位价格 \times 年保管费用率}}$$

$$\tag{11-8}$$

$$经济采购批量 = \sqrt{\frac{2 \times 物资的一次采购费用 \times 物资的年需要量}{物资的单位存储成本}}$$

$$\tag{11-9}$$

这一公式称为经济采购批量的基本模型，求出每次采购量，可使总费用 TC 达到最小。其关系可用图 11-6 表示。

这个基本模型还可以演变为其他形式：

最佳订货次数（N）：

$$N = \frac{D}{Q} = \frac{D}{\sqrt{2KD/K_c}} = \sqrt{DK_c/2K} \tag{11-10}$$

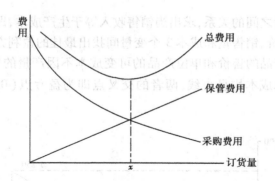

图 11-6　经济采购批量示意图

年存货总费用($TC_{(Q)}$)：

$$TC_{(Q)} = \frac{KD}{\sqrt{\frac{2KD}{K_c}}} + \frac{\sqrt{\frac{2KD}{K_c}}}{2} \cdot K_c = \sqrt{2KDK_c} \tag{11-11}$$

最佳订货周期(t)：

$$t = \frac{1}{N} = \frac{1}{\sqrt{DK_c/2K}} = \sqrt{2K/DK_c} \tag{11-12}$$

经济采购量占用资金(M)

$$M = \frac{Q}{2} \cdot p = \frac{\sqrt{2KD/K_c}}{2}P = \sqrt{\frac{KD}{2K_c}} \cdot P \tag{11-13}$$

[**例 11-7**]　某企业每年耗用某种原材料 3 600 千克,材料单位成本 10 元,单位储存成本为 2 元,一次定购费用 25 元。则：

经济订货量：$Q = \sqrt{2KD/K_c} = \sqrt{2 \times 3\ 600 \times 25/2}$ 千克 = 300 千克

每年最佳订货次数：$N = \dfrac{D}{Q} = \dfrac{3\ 600}{300}$ 次 = 12 次

年存货总费用：$TC_{(Q)} = \sqrt{2KDK_c} = \sqrt{2 \times 25 \times 3\ 600 \times 2}$ 元 = 600 元

$$\text{或} = \left(12 \times 25 + \frac{300}{2} \times 2\right) \text{元} = 600 \text{ 元}$$

最佳订货周期：$t = \dfrac{1 \text{年}}{N} = \dfrac{12 \text{月}}{12} = 1$ 月

经济订货占用资金：$M = \dfrac{Q}{2}P = \left(\dfrac{300}{2} \times 10\right)$ 元 = 1 500 元

三、产品的盈亏平衡分析

盈亏平衡分析也叫量本利分析,是通过分析销售收人、可变成本、固定成本和盈利等四者之间的关系,求出当销售收入等于生产成本,即盈亏平衡时的产量,从而在售价、销售量和成本 3 个变量间找出最佳的盈利方案。

假设单位产品的售价和单位产品的可变成本不因产量的增减而变化,则总销售收入和总成本均呈直线,两者的交叉点即为盈亏点(BEP),如图 11-7 所示。

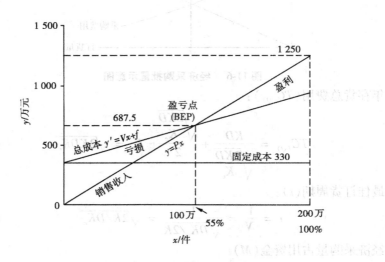

图 11-7　盈亏平衡分析示意图

在生产过程中固定成本和单位变动成本并非容易确定,可以产量(x)为自变量,以总成本(y)为因变量,用最小平方法建立回归模型($y=f+Vx$),来确定固定成本(f)和单位变动成本(V)。

盈亏点,总收入等于总成本,达到收支平衡,故盈亏点也叫盈亏平衡点。当收入或成本发生变化,则盈亏点也将随之发生变动。因此,进行盈亏平衡分析,就要确定盈亏平衡点。有 3 种表示方法。

(1)以 BEP_1 表示盈亏平衡点的生产(或销售)量,则:

$$总销售收入\ y=P\cdot x$$
$$总生产成本\ y'=f+Vx$$

当处于收支平衡点时,$y=y'$,则,$Px=f+Vx$,故:

$$BEP_1=x=\frac{f}{P-V} \tag{11-14}$$

式中:y 代表年总销售收入;y' 代表总生产成本;P 代表销售价格;V 代表单位产品成本中的可变成本;f 代表总成本中的固定成本;x 代表产品产量,即所求的盈亏平衡点。

[**例** 11-8] 当 $P = 6.25$ 元/件;$V = 3.25$ 元/件;$f = 330$ 万元,则:

$$BEP_1 = x = \frac{f}{P - V} = \frac{330}{6.25 - 3.25} 万件 = 110 万件$$

(2)以 BEP_2 表示盈亏平衡点的总销售收入,则:

$$BEP_2 = y = Px = (6.25 \times 110)万元 = 687.5 万元$$

(3)以 BEP_3 表示盈亏平衡点的生产能力利用率,又以 r 分别 V' 表示达到设计能力时的销售收入及总可变成本,则:

$$BEP_3 = \frac{f}{r - V'} \qquad\qquad (11\text{-}15)$$

分析销售收入、固定成本、单位变动成本及盈亏平衡点之间的关系,用图表示,一般可分为四种类型。如图 11-8。

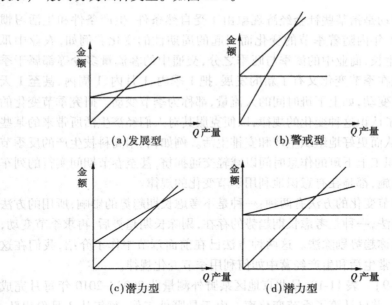

图 11-8 4 种类型盈亏平衡图

图 11-8(a)所示,低固定费用、低变动费用,盈亏平衡点处于低点,其安全系数较大,属于稳定发展型。

图 11-8(b)所示,高固定费用、高变动费用,盈亏平衡点处于高点,其安全系数较小,属于警戒型。

图 11-8(c)所示,低固定费用、高变动费用,盈亏平衡点也处于较高点,属于潜力型。这种类型的企业只要降低变动费用,如节约原材料消耗就可以使

企业总费用减少,盈亏平衡点就可以降低,从而提高企业的安全系数,扩大企业的盈利区域。

图 11-8(d)所示,高固定费用、低变动费用,也是属于潜力型的企业,只要增加了产量,固定费用就会相应降低,企业的盈利区域也会随之扩大,安全系数也就随之提高。

第四节　统计分析方法(三)

一、季节变动的测定与分析

季节变动是指某些社会经济现象由于受自然条件、生产条件和生活习惯的影响,在 1 年内随着季节的变化而引起的周期性的变化。例如,农业中瓜果、蔬菜的生长,商业中的淡季与旺季之分,交通中的客流量多少等都属于季节变化。现在季节变化又有了新的发展,把 1 季内、1 月内、1 周内、甚至 1 天内的周期性变动,如上下班时间的人流量,都称为季节变动。研究季节变化的目的,是为了认识这种变化的规律,以便克服其对人们经济生活所带来的某些不良影响,从而更好地组织生产和安排生活。例如,利用高科技生产的反季节蔬菜,错开职工上下班的作息时间以减轻交通拥挤,甚至春节期间实行的列车浮动票价措施,都是在有意识地利用季节变化的规律。

测定季节变化的方法有两种:一种是不考虑长期趋势的影响,所用的方法称两次平均法;一种是考虑长期趋势的存在,剔除长期趋势后,再求季节变动,所用的方法称趋势剔除法。这两种方法已在前面章节中作了介绍,我们在这里仅介绍日常生活和生产经营中如何利用季节变化规律。

[**例 11-9**]　表 11-10,是北京地区某野外测量队 2008—2010 年每月完成的工作日数,并已计算了季节变化率。由于是野外工作,每年从 3 月份出队,11 月份收队。每年野外工作时间为 9 个月,故季节变化率之和为 900% 。

(1)根据表 11-10 季节变化率的资料,绘制季节变化图,如图 11-9 所示。

(2)在季节指数 100% 处做一水平线,将季节变化曲线图分为两部分,一部分在 100% 以上,一部分在 100% 以下。在 100% 以上部分表示月工作日数大于全年平均月工作日数,是野外工作较好的季节;在 100% 以下部分是出勤效率不高,月工作日数没有达到全年的平均月工作日数。

表 11-10   北京地区某野外测量队每月完成的工作日统计表   工日

| 年份 | 月 份 | | | | | | | | | | | | 全年 |
	1	2	3	4	5	6	7	8	9	10	11	12	
2008	—	—	5	18	20	21	15	6	8	20	7	—	120
2009	—	—	7	16	24	26	14	5	6	24	10	—	132
2010	—	—	8	19	22	20	16	7	10	18	5	—	125
3 年合计	—	—	20	53	66	67	45	18	24	62	22	—	377
月平均数	—	—	6.7	17.7	22	22.3	15	6	8	20.7	7.3	—	14
季节变化率	—	—	47.9	126.4	157	159	107	42.9	57	147.8	52	—	900

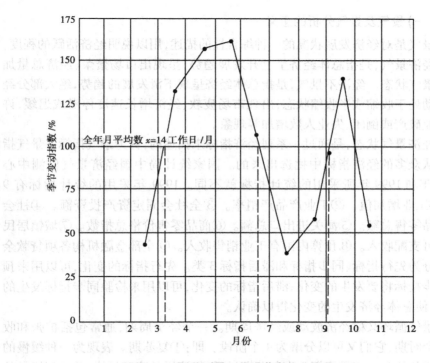

图 11-9 野外测量工作季节变化曲线图

(3)从季节比率 100%与季节变化曲线相交处,分别向下作垂线,与横轴相交于 4 月初、7 月中下旬、10 月初、10 月底。将整个季节变化曲线分为 5 部分,其经济含义是:从 3 月份开始出队,到 4 月初,野外气候较冷,不太适合野外工作,平均出工日数不超过 9 天;从 4 月初开始到 7 月中下旬是野外测量的黄金季节,平均野外工作天数都在 20 天以上,最高达到 26 天,最少也工作 14 天。要想提高野外的工作效率,应重点抓好这 3 个月的工作调配。从 7 月中下旬到 10 月初由于北方雨季的到来和秋季作物的生长特点,使野外工作不好开展,平均野外出勤天数在 6~8 天,测量队最好利用这一段时间进行野外工作资料的整理,并为下一阶段的野外工作作准备。从 10 月初到 10 月底又是野外工作的一个黄金时段,在这段时间北方天高气爽,气候宜人,农作物全部收获完毕,不影响野外工作的视线。进入 11 月天气逐步变冷,也不利于野外工作。

利用季节变化模型,还可以研究建筑工程的施工安排,商品销售量等问题。

二、景气分析与监测预警

(一) 景气及景气分析的意义

景气是对经济发展状况的一种综合性的描述,用以说明经济活跃的程度。所谓经济景气,是指总体经济呈上升发展趋势,呈现出市场繁荣、经济总量加快的景气状态。经济不景气,是指总体经济呈现下滑发展的趋势,绝大部分经济活动处于收缩或半收缩状态,出现市场疲软、经济增长速度停滞或迟缓、许多企业破产或倒闭、失业人数增加等现象。

经济景气状态,是通过一系列经济指标来描述的,称为景气指标。景气指标是从众多的经济指标中挑选出来的。国家统计局中国经济景气监测中心1996 年和 1999 年所采用的统计指标就不同。1999 年采用的统计指标有 9 项:①工业增加值。②工业产品产销率。③全社会固定资产投资额。④社会消费品零售总额。⑤海关进出口总额。⑥商品零售价格总指数。⑦城镇居民人均可支配收入。⑧预算内国有工业销售收入。⑨全部金融机构各项贷款余额。分为先行指标、同步指标和滞后指标 3 类。先行指标的变化,可以用来预示同步指标将要发生的变化;滞后指标的变化,可以用来检验同步指标发生的变化,使总体经济发生的变化得以确认。

景气循环又称经济波动或经济周期。一个经济周期,通常包括扩张和收缩两个时期,它们又可以分解为 4 个阶段。即:①复苏期。表现为一种缓慢的经济增长势头。②扩张期。在复苏期过后,经济增长速度加快,并达到增长的最高峰。③收缩期。在这个时期,经济增长速度虽然很高,但在高水平上呈逐渐下降的趋势。④萧条期,经济增长速度下降,甚至出现负增长。当经济增长水平跌落到谷底时,本周期宣布结束,新的周期又将开始。

经济周期波动是经济现象内部矛盾与外部环境运动的必然结果,并且是超体制与发展阶段的普遍现象。我们研究经济周期波动的目的是为了认识与利用经济周期波动的规律性,以采取适当的措施来平抑经济周期的振幅,拉长循环被动的周期,减少损失,促进经济的平稳发展。

景气分析可以说是对经济波动形式及其认识方法的说明。进行景气分析的主要意义有：

（1）描述宏观经济运行的轨迹，并预测其发展趋势。

（2）判断经济过热或衰退的程度，分析经济波动的原因，以使宏观调控部门掌握正确的调控方法和手段，对症下药，解决经济运行过程中出现的问题。

（3）企业通过对宏观经济景气状况的了解和掌握，使自己在自身的经营中充分利用宏观经济的"航标"，趋利避害，为企业的持续发展服务。

(二) 景气监测的基本原理

对国民经济运行状况的景气监测是通过编制扩散指数与合成指数的方式来完成的。由于合成指数的编制比较复杂，考虑到读者对象的特点，将来并不会直接去编制这些指数，我们在这里仅介绍扩散指数的编制，使其了解基本原理，能够利用景气监测的资料即可。

扩散指数，又称扩张率，是指报告期各项指标在季节调整的基础上，处于上升状态的扩散指标占指标总数的加权平均百分数。具体来说，当某项指标（为正指标）的本月数值与若干个月平均数比较时，当本月数值大时，则称该项指标为扩散指标，记为"1"个扩散指标；当两个数值相等时，则称该指标为半个扩散指标，记为"0.5"个扩散指标；当本月数值小时，则称该指标为不扩散指标，记为"0"个扩散指标。然后，把这些扩散指标的计数进行加权平均，即可求得本月扩散指数的数值。

$$\text{扩散指数}(DI_t) = \frac{\sum \text{扩散指标个数} \times \text{该指标的权数}}{\text{加权的指标总数}} \qquad (11\text{-}16)$$

权数可由专家评分法、动态加权法、相关系数加权法等方式决定。扩散指数的变化范围在 0～100% 之间，一般假定 0，50%，100% 3 个标志，这 3 个标志分别表示组内没有一个指标处于上升状态、有一半指标处于上升状态和所有指标处于上升状态。

扩散指数的主要作用在于：

（1）它是由许多变化较规则的重要经济变量综合而成的，因而，作为宏观经济运行的晴雨表，它比任何单一指标都具有可靠性和权威性。

（2）根据扩散指数的计算方法可知，扩散指数的取值范围在 0～100% 之间，它的循环波动与一般指标的波动类似，每一次波动可分为 4 个阶段：

①当 $0 < DI_t < 50\%$ 时，上升指标数小于下降指标数，在此阶段扩张因素不断增长，收缩因素不断消失，经济向扩张方向运动，此时经济系统处于不景气空间的后期。

②当$50\% < DI_t < 100\%$时,上升指标数多于下降指标数,经济运行于景气空间,经济状况发生了重大转折,随着DI_t向峰值100%的接近,经济越来越热。

③当$100\% > DI_t > 50\%$时,上升指标数仍多于下降指标数,经济处于景气阶段的后期,整个经济系统处于降温阶段。

④当$50\% > DI_t > 0$,经济运行又发生重大转折,上升指标数小于下降指标数,经济系统运行于全面收缩阶段,进入一个新的不景气空间的前期。

由上述分析可知,扩散指数是围绕$DI_t = 50\%$的直线上下波动,通常把这条直线称为景气转折线。当$DI_t > 50\%$时,经济运行于景气空间;当$DI_t < 50\%$时,经济运行于不景气空间。把扩散指数由下向上穿越经济转折线且$DI_t = 50\%$的时刻,称为景气上转点;把扩散指数继续向前运动达到峰值的时刻,称为景气分割点;把扩散指数由上向下穿越景气转折线且$DI_t = 50\%$的时刻称为景气下转点;把扩散指数从50%向下回落到谷底的时刻,称为萧条转折点。如图11-10所示。

(3)扩散指数在每一阶段停留的时刻代表经济波动在此阶段的扩散速度,时间越长扩散越慢。它在某一点的值代表扩散的程度和范围。利用扩散指数,可以把经济形势分析定量化、标准化、科学化。

(4)利用3种不同性质指标的扩散系数可以预测和监控宏观经济运行的状况。先行指标的扩散系数可以预测宏观经济的动向,滞后指标的扩散系数可以判断景气或萧条的开始和结束。

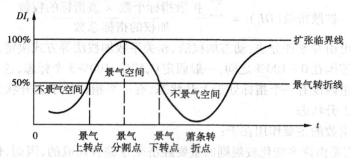

图 11-10 扩散指数曲线图

(三)监测预警

景气指数主要是通过研究经济周期变化的规律,分析预测和经济运行的变化过程和发展趋势,但是景气指数不能直接回答应当在什么时候和什么条件下,采取哪些调控措施,这就需要用预警系统对经济运行状况做出综合判断。

1. 预警信号系统

预警信号系统,主要是运用景气指数中的各项指标,运用有关数据处理方法,将多项指标合成为一个综合性指标,通过一组类似于交通信号管制灯的标志,对这组指标和综合指标的当时经济状况发出不同的信号,并通过观察和分析信号的变化情况,判断未来经济增长的发展态势。

预警信号,是由一套警戒性指标赋予不同的颜色构成,通常有以下 5 种颜色:

红色——表示经济发展"过热";

黄色——表示经济发展"稍热";

绿色——表示经济发展很"稳定";

浅蓝——表示经济在短期内有"转稳"或"萎缩"的可能;

蓝色——表示经济处于"萎缩"或"萧条"状态。

2. 预警指标的编制

将经过选择的每个指标序列进行季节调整,用调整后的序列经过适当的处理来制定预警信号。对每个指标定出预警界限,即确定被控制指标在不同灯区的临界值,也称"检验值",通常分为单个指标临界值和综合指标临界值,后者是在前者的基础上加以计算确定的。

(1)单个指标临界值的确定。首先,计算被控制指标的平均值 $\bar{x}$,以此作为被控制指标的目标值;其次,计算被控制指标的标准差 σ;最后,根据 $\bar{x}$ 值与 $t\sigma$ 来确定各相应的区间。例如,取 $\bar{x} \pm 1\sigma$ 为绿灯区的上限、黄灯区的下限或绿灯区的下限、浅蓝灯区的上限的临界值;取 $\bar{x} \pm 1.65\sigma$ 为蓝灯区的下限、红灯区的上限或浅蓝灯区的下限、蓝灯区的上限的临界值。由此可见,取值的大小决定了各区间的宽度,它的选择要具体问题具体分析。各等区采用的计分法表示:红灯 5 分,黄灯 4 分,绿灯 3 分,浅蓝灯 2 分,蓝灯 1 分。

(2)综合指标临界值的确定。综合指标临界值是根据单项指标各灯区得分综合计算的,其临界值就是临界分。具体方法是:以全部指标均得满分为基础,按一定的比例计算各灯区的临界分。设选择了 M 个预警指标,则当全部指标为红灯时综合分数为 $5M$;全部为蓝灯时综合分数为 M。每月将 M 个指标所示的信号分数合计得综合分数,并设满分的 80% 为红灯区与蓝灯区的分界线,满分的 70% 和 50% 为绿灯区的上下限,满分的 40% 为浅蓝灯区与蓝灯区的分界线,然后通过综合分数值的大小来综合判断当月的预警信号应亮哪种灯。

图 11-11 是国家统计局中国经济景气监测中心发布的国民经济综合景气评分图。

监测指标有 10 项,即 $M=10$,所以该项预警系统评分的最高分为 50 分,

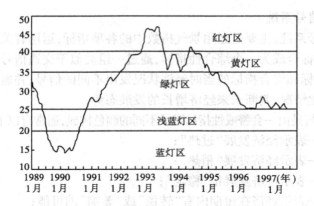

图 11-11   国民经济综合景气评分图

最低分为 10 分,由图可以看出该预警系统设置 40 ~ 50 分为红灯区,35 ~ 40 分为黄灯区,25 ~ 35 分为绿灯区,20 ~ 25 分为浅蓝灯区,10 ~ 20 分为蓝灯区。

3. 预警信号的分析

若信号亮出"绿灯",则表示当时的经济发展很稳定,政府可在稳定中采取促进经济增长的调控措施。"黄灯"表示景气尚稳定,经济增长稍热,在短期内有转热或趋稳的可能。由"红灯"转为"黄灯"时,不宜继续紧缩。由"绿灯"转为"黄灯"时,在"绿灯"时期所采取的措施虽然可继续维持,但不宜采取进一步促进经济增长的措施,并应密切注意今后的景气变化,以便及时采取调整措施,避免经济过热。"红灯"表示经济过热,此时财政金融政策应采取紧缩措施,使经济逐渐恢复正常状态。"浅蓝灯"表示经济短期内有转稳或萎缩的可能。有"浅蓝灯"转为"绿灯"时,表示经济发展速度趋稳,可继续采取促进经济增长的措施。由"绿灯"转为"浅蓝灯"时,表示经济增长率下降,此时应密切注意今后的景气动向,适当采取调控措施,以使经济趋稳。若信号由"浅蓝灯"变为"蓝灯"时,表示经济增长率开始跌入谷底,此时政府应采取强有力的措施刺激经济增长。

第五节   统计分析方法(四)

一、产品竞争力的评价与分析

企业的竞争是产品的竞争,尤其是在买方市场的情况下,企业产品竞争能力的强弱是决定企业经营成败的关键。因此,企业领导者必须要了解企业产品的竞争力。用本企业产品的销售量占市场销售总量的比例和本企业产品的生产量占同类企业生产总量的比例来进行分析。前者叫市场占有率,后者叫企业生产比率。

具体分析方法是:将历年的市场占有率及企业生产比率排列起来,分析两指标数值之间的关系,便可分析企业产品的竞争能力:

(1)当市场占有率大于企业生产比率,说明企业产品竞争能力强;

(2)当市场占有率小于企业生产比率,说明企业产品竞争能力一般,处于维持的地位。

[例11-10]　某电饭煲厂生产的电饭煲,在本地区各厂家所生产的电饭煲总量中所占比例及市场占有率资料如表11-11所示。

表11-11　某电饭煲市场占有率及生产比率资料　　　　%

年　份	2008	2009	2010
企业生产比率	25. 2	26	26. 5
市场占有率	31	25. 7	16. 8

上述分析表明:

(1)2008年该厂生产的电饭煲市场竞争力相当强,当年该产品的市场占有率达到31%,远远大于生产比率25.2%。

(2)2009年产品的竞争能力迅速下降,市场占有率由31%降至25.7%,和生产比率大致相当,说明当时该产品在市场上勉强过得去。

(3)2010年,该产品的市场竞争能力每况愈下。若照此速度下降,不到3年,该产品在市场上将无立足之地。

需要说明的是:在产品的市场占有率和生产比率对比的基础上,还应结合本企业和同类企业的产品质量、成本、价格、花色品种、销售方式、售后服务等多方面的对比,来寻找产品竞争力发生变化的原因。表11-12就是该电饭煲在价格、成本、质量方面的简单对比。

表11-12　电饭煲在价格、成本、质量方面与其他产品的对比

企业水平	无故障工作时间/小时			成本/元			价格/元		
	2008	2010	增减%	2008	2010	增减%	2008	2010	增减%
本企业水平	34 300	49 680	+44. 4	120	145	+20. 83	265	290	+9. 4
同类企业平均水平	34 260	43 700	+27. 6	115	135	+17. 39	270	268	-0. 75
同类企业先进水平	46 500	51 500	+10. 8	120	140	+16. 67	292	292	0

通过表11-12资料可以看出,该产品的质量,2008年的无故障工作时间高于同类企业的平均水平,产品价格也低于同类企业的平均水平,因而,产品有竞争力;然而到了2010年,该企业的产品质量虽有很大提高,其无故障工作时间的增长速度超过了同类企业的平均水平,更高于同类企业的先进水平,但无故障工作时间仍未达到同类先进企业的水平,相差1 820小时,而虽然各类型企业产品成本都有所提高,但惟有本企业成本上升最快;同时产品的价格在大部分产品降价或同2008年持平的形势下,该企业有较大幅度的上升。这说明,该企业在注意改进产品质量的同时,未注意降低产品成本;为了不减少单位产品利润[两年均为145元=(265-120)元=(290-145)元],又把产品价格定得过高,接近于同类企业的先进水平。这样,就削弱了产品的市场竞争力。除此之外,在产品的花色品种、售后服务、付款方式、广告宣传上也都存在一定的问题,影响了产品的市场竞争力。

二、企业经济效益的综合评价与分析

提高经济效益是企业生产经营的根本出发点和落脚点。企业的各项生产经营活动、经营成果及企业的财务状况好坏,最终都可以通过企业经济效益的高低体现出来。因此,对企业经济效益进行综合分析,有利于全面正确地评价企业各方面的工作,有利于为企业的投资者、债权人、经营者及国家经济管理部门提供有用的管理与决策信息。

进行企业经济效益的综合分析通常采用综合指数法,即通过计算企业的综合经济效益指数,反映企业总体经济效益水平的高低。其分析步骤为:①选择反映企业经济效益的指标体系。②确定各项经济效益指标的标准值。③计算经济效益指标的单项指数。④确定各项经济效益指标的权数。⑤计算综合经济效益指数。⑥对经济效益进行综合评价。

(一)选择反映企业经济效益的指标体系

观察的角度不同,反映企业的经济效益的指标体系也不尽一样。财政部在《企业财务通则》中规定了企业评价的8个指标;中国股份制企业评价中心上市公司综合实力排名指标有6个;国家统计局、国家计委、国家经贸委对工业企业经济效益评价考核规定了7个指标;财政部《企业绩效评价指标体系》又从4个方面,用8个基本指标、20个修正指标、10个专家评议指标对企业的业绩进行了评价。在这些评价指标体系中有许多指标是相同的。我们在这里选择财政部从1995年开始实施的经济效益指标体系。这套指标体系具有较强的全面性和综合性,并且在实践中已被企业普遍理解和采用。

这套指标体系包括10个指标,分别从企业的投资者、债权人以及企业对社会的贡献等3个方面进行了反映。

1. 从投资者的角度看问题

从投资者的角度来看,侧重于关心企业的盈利能力和资本保值增值情况,这是投资者创办企业的初衷,也是企业经营的目标和方向。其指标包括:销售利润率、总资产报酬率、资本收益率、资本保值增值率。这4项指标中,销售利润率反映企业总体盈利水平;总资产报酬率和资本收益率既反映全部资产的获利能力,又反映投资者投入资本的收益水平;资本保值增值率主要反映投资者投入资本的保全性,与资本收益率指标结合使用,能充分反映投资者的收益和利益保障程度。

(1)销售利润率,反映企业销售收入的获利水平。计算公式为:

$$销售利润率 = \frac{利润总额}{产品销售净收入} \times 100\% \tag{11-17}$$

产品销售净收入是指扣除销售折让、销售折扣和销售退回之后的销售净额。

(2)总资产报酬率,用于衡量企业运用全部资产获利的能力。计算公式为:

$$总资产报酬率 = \frac{利用总额 + 利息支出}{平均资产总额} \times 100\% \tag{11-18}$$

$$平均资产总额 = (期初资产总额 + 期末资产总额) \div 2 \tag{11-19}$$

(3)资本收益率,是指企业运用投资者投入的资本获得收益的能力。计算公式如下:

$$资本收益率 = \frac{净利润}{实收资本} \times 100\% \tag{11-20}$$

(4)资本保值增值率,主要反映投资者投入企业的资本完整性和保全性。计算公式为:

$$资本保值增值率 = \frac{期末所有者权益总额}{期初所有者权益总额} \times 100\% \tag{11-21}$$

资本保值增值率=100%,为资本保值;资本保值增值率大于100%,为资本增值。

2. 从债权人的角度看问题

从债权人的角度来看,侧重于关心企业的财务状况,即企业的资产负债水平和偿债能力。其指标包括:资产负债率、流动比率(或速动比率)、应收账款周转率、存货周转率。其中资产负债率反映企业负债水平的高低情况;流动比率(或速动比率)反映企业短期支付能力,其中速动比率是对流动比率的补充;应收账款周转率是反映企业销售是否正常,销售出去的货物能否及时收回货款;存货周转率是反映企业库存是否正常,即企业存货是否既能满足生产经营需要,又能及时变现。在这4个指标中,应收账款周转率和存货周转率是对资产负债率和流动比率(速动比率)的补充,如果企业负债偏高,短期支付能力偏紧张,但只要应收账款能及时回笼和存货能及时变现,其偿还到期的债务是有保障的。

(1)资产负债率,用于衡量企业负债水平的高低。计算公式:

$$资产负债率 = \frac{负债总额}{资产总额} \times 100\% \qquad (11-22)$$

(2)流动比率,衡量企业在某一时点偿付即将到期债务的能力,又称短期偿债能力比率。计算公式:

$$流动比率 = \frac{流动资产}{流动负债} \times 100\% \qquad (11-23)$$

速动比率:是指速动资产与流动负债的比率,它是衡量企业在某一时点上运用随时可变现资产偿付到期债务的能力。速动比率是对流动比率的补充。计算公式:

$$速动比率 = \frac{速动资产}{流动负债} \times 100\% \qquad (11-24)$$

$$速动资产 = 流动资产 - 存货 \qquad (11-25)$$

(3)应收账款周转率,也称收账比率,用于衡量企业应收账款周转的快慢。计算公式:

$$应收账款周转率 = \frac{赊销净额}{平均应收账款余额} \times 100\% \qquad (11-26)$$

$$赊销净额 = 销售收入 - 现销收入 - 销售退回、折让、折扣 \qquad (11-27)$$

由于企业赊销资料作为商业机密不对外公布,所以,应收账款周转率一般用赊销和现销总额,即销售净收入。

$$平均应收账款余额 = (期初应收账款余额 + 期末应收账款余额) \div 2$$
$$(11-28)$$

(4)存货周转率,用于衡量企业在一定时期内存货资产的周转次数,反映企业购、产、销平衡效率的一种尺度。计算公式:

$$存货周转率 = \frac{产品销售成本}{平均存货成本} \times 100\% \qquad (11-29)$$

$$平均存货成本 = (期初存货成本 + 期末存货成本) \div 2 \qquad (11-30)$$

3. 从国家和社会的角度看问题

从国家和社会的角度看,主要是衡量企业对国家或社会的贡献水平。其指标包括社会贡献率、社会积累率。作为社会主义国家的企业,除了评价企业的盈利水平高低、财务状况好坏外,还必须衡量企业对国家或社会的贡献程度大小。单纯用实现利税或上交利税多少来衡量贡献大小,对盈利企业是可以的,但对一些主要体现为社会效益的企业来讲,则无法适用。为此,设计了社会贡献率和社会积累率两个指标能兼顾反映企业经济效益和社会效益两个方面对国家和社会的贡献情况。

(1)社会贡献率,是衡量企业运用全部资产为国家或社会创造或支付价值的能力。计算公式:

$$社会贡献率 = \frac{企业社会贡献总额}{平均资产总额} \times 100\% \qquad (11\text{-}31)$$

企业社会贡献总额:即企业为国家或社会创造或支付的价值总额,包括工资(含奖金、津贴等工资性收入)、劳保退休统筹及其他社会福利支出、利息支出净额、应交增值税、应交产品销售税金及附加、应交所得税、其他税收、净利润等。

(2)社会积累率,衡量企业社会贡献总额中多少用于上交国家财政。计算公式:

$$社会积累率 = \frac{上交国家财政总额}{企业社会贡献总额} \times 100\% \qquad (11\text{-}32)$$

上交国家财政总额:包括应交增值税、应交产品销售税金及附加、应交所得税、其他税收等。

(二)确定各项经济效益指标的标准值

经济效益指标的标准值可根据分析的目的与要求确定。可用某企业某年的实际数,也可用同类企业、同行业或同部门的平均数,还可用国际标准数。财政部设计的上述 10 个指标的标准值主要从以下两方面考虑:一是适当参照国际上通用的标准,如流动比率为 200%,速动比率为 100%,资产负债率为50%等;二是参考了我国企业在近 3 年的平均值。

(三)计算各项指标的单项指数

经济效益指标单项指数是指各项经济效益指标的实际值与标准值的比值。其计算公式为:

$$单项指数 = \frac{某项指标的实际值}{该项指标的标准值} \times 100\% \qquad (11\text{-}33)$$

上式适用于经济效益指标为纯正指标或纯逆指标的情况。如果为正指标,则单项指数越高越好,如果为纯逆指标,则单项指数越低越好。若某项经济效益指标既不是纯正指标,又不是纯逆指标时,如资产负债率、流动比率、速动比率等指标,可用以下公式计算其单项指数。

$$单项指数 = \frac{标准值 - | 实际值 - 标准值 |}{标准值} \times 100\% \qquad (11\text{-}34)$$

假设资产负债率的标准值为 50%，则当资产负债率的实际值为 70% 时，其单项指数为：

$$单项指数 = \frac{50\% - | 70\% - 50\% |}{50\%} \times 100\% = 60\%$$

（四）确定各项经济效益指标的权数

综合经济效益指数是一个加权算术平均数，为此，应在计算单项指数的基础上，确定各项指数的权数。在确定各项指数的权数时，应视各指标的重要程度而定。一般来说，重要程度越大的指标其权数也越大；相反，就越小。而各项指标的权数之和应等于 100%。经测算、验证，并参照美国、日本等国家的做法，财政部将各项经济效益指标的权数确定为：销售利润率为 15%；总资本报酬率为 15%；资本收益率为 15%；资本保值增值率为 10%；资产负债率为 5%；流动比率为 5%；应收账款周转率为 5%；存货周转率为 5%；社会贡献率为 10%；社会积累率为 15%。

（五）计算综合经济效益指数

综合经济效益指数的计算公式为：

$$综合经济效益指数 = \sum（某项指标的单项指数 \times 该指标的权数） \qquad (11\text{-}35)$$

[**例 11-11**]　现以某企业 2010 年各项经济效益指标的实际值及财政部推荐的标准值为例，计算该企业的综合经济效益指数如表 11-13 所示。

表 11-13　某企业 2010 年综合经济效益指数计算表

经济效益指标	标准值	实际值	单项指数	权数	综合经济效益指数
销售利润率/%	18	16	89	15	13.35
总资产报酬率/%	20	18	90	15	13.50
资本收益率/%	25	26	104	15	15.60
资本保值增值率/%	105	105	100	10	10.00
资产负债率/%	50	60	80	5	4.00
流动比率/%	200	180	90	5	4.50
速动比率/%	100	—	—	—	—
应收账款周转率	12 次	10 次	83	5	4.15
存货周转率	10 次	9 次	90	5	4.50
社会贡献率/%	35	38	109	10	10.90
社会积累率/%	30	28	93	15	13.95
综合经济效益指数/%	—	—	—	100	94.45

（六）对经济效益进行综合评价

一般来说，综合经济效益指数达到 100%，说明企业经济效益总体水平达到了标准要求，或者该企业取得了较好的经济效益，指标数值越高，表明经济效益水平越高；相反，则越低。本例中该企业的综合经济效益指数仅为 94.45%，没有达到经济效益标准要求，10 项经济效益指标中，只有 3 项达到了标准要求，其余 7 项指标都低于标准要求，60% 的单项指标指数没有超过 90%，最低的仅为 80%，说明企业的经济效益水平不高。

第六节　统计分析报告

一、统计分析报告的质量要求

统计分析报告的质量好坏，一般从两个方面来衡量：一是统计分析报告的深度和广度。即报告的内容是否丰富，对资料的分析和写作技巧如何；二是统计分析报告的时效性及产生的社会影响。即分析报告在实际工作中发挥的作用如何，也就是它的社会效益。后者是衡量分析报告质量的主要标准。从 1985 年起，国家统计局组织评选优秀统计分析报告，提出了 4 条评比标准，即基本质量要求：

（1）选题准确，能够紧密结合经济形势，配合党的中心任务，反映方针、政策的执行情况和效果，对党政领导的决策能起积极的作用。

（2）资料可靠，观点鲜明，分析深刻，提出一定的见解。

（3）时效性强，反映情况及时。

（4）主题突出，结构严谨，条理清晰，文字简洁。

这 4 条标准可概括为统计分析报告的"四性"，即准确性、时效性、针对性、逻辑性。当然，要写出一篇高质量的统计分析报告，还应在求"新"和求"深"上下功夫。

所谓"新"，是指创新。不仅内容有新意，形式也要新颖。要有所创新，就要树立新观念，研究新课题，挖掘新事物、新思想，选择新视角，反映新情况、新特点、新动态，写出新成就、新问题，分析新原因，总结新经验，提出新建议。所谓"深"，是指深入透彻。要掌握丰富的资料，进行深入的分析，达到对研究对象有深刻、透彻的认识。

二、统计分析报告的选题

选准题目,是统计分析报告的首要任务。要达到这一要求,就要遵循选题的原则,选好课题的内容,讲究选题的方法,突出选题的要点。

(一)选题的方向

如何才能做到选题准确呢?根据统计工作多年的经验来看,一般应围绕以下重点来选题:

(1)选领导关心的问题,特别是领导亲自出的题目。

(2)选具有现实意义的课题,或是与中心工作、全局性工作有密切联系的课题。

(3)选国民经济发展中带有苗头性、动向性、突发性的问题。

(4)选改革开放和社会主义现代化建设中出现的新情况、新问题、新经验。

(5)选各方面有不同看法的重大问题。

(6)选配合中心工作、重要会议提供材料的课题。

总之,要根据实际情况来选题,不要为了分析而分析。当然选题中还要对主观条件加以考虑,课题所需资料的来源渠道是否畅通,干部力量是否能胜任,时间是否赶得上领导决策的需要等。

(二)选题的技巧

统计分析报告的选题要在明确方向的基础上,注意结合以下"三点"来进行。这"三点"就是注意点、矛盾点和发生点。

所谓"注意点",是指管理过程中,领导和群众比较注意的地方。比如说,从全国来说,第一季度要总结工作,提出新的任务,制定年度工作计划,要开一些重要的会议,如每年的中央经济工作会议,会议的中心议题就成为"注意点",到了第四季度要预计计划完成情况,做好下一年度的各项准备工作,此时的"注意点"又转移到本年计划的完成情况上来了。

所谓"矛盾点",是指管理过程中,问题比较集中,事情比较关键,影响比较大或争论比较多的地方。例如,近年来的市场疲软、扩大内需、开拓农村市场、下岗职工再就业、商品房投诉等问题,就是"注意点"。

所谓"发生点",是指管理过程中,事物处于萌芽状态,还未被多数人认识之时,也即人们所说的新情况、新问题,新趋势。如近年来开展的消费信贷、商品房抵押贷款等。

总之,只要能抓住这"三点"来进行选题,统计分析报告就能发挥积极的作用,取得较好的社会效益。要抓好这"三点",必须做到"六经常"。即:①经常深入实际,深入群众,了解情况。②经常了解党政领导的意图和工作动向。③经常走访有关主管部门。④经常研究统计资料。⑤加强理论学习,经常阅读报刊。⑥经常讨论研究,发挥集体智慧。

三、统计分析报告的写作要求

(一)主题要突出

主题是统计分析报告的中心思想或基本论点。它像一根红线贯穿于全文,是文章的灵魂与统帅。统计分析报告要根据统计研究的任务,抓住要解决的主要矛盾及矛盾的主要方面,开展分析工作。内容要紧扣主题,从统计资料反映的复杂社会经济现象中,抓住重点问题,突出主题思想加以阐述。

(二)材料和观点要统一

统计分析报告必须以统计资料为依据,但不能搞资料堆砌,要用统计资料来说明观点。这就要求编写统计分析报告必须处理好材料与观点的关系。统计资料要支持报告所说明的观点,而观点要依据统计资料,做到材料与观点的辩证统一。如果材料与观点脱节,便失去统计分析报告的说服力。

(三)判断推理要符合逻辑

统计分析报告的准确性,不仅是运用的统计数字要准确可靠,而且要准确地说明社会经济现象的本质和发展变化的规律。这就要求编写统计分析报告要在统计资料的基础上进行深入分析,运用推理和判断的逻辑方法。判断是以准确的统计数字为依据的;推理是以充分的依据为前提的。正确的判断和推理,从事物发展上说,就是要有根有据,符合客观的规律性;从思维发展上说,就是要实事求是,合乎事物的逻辑性。判断和推理的结果,前后不能矛盾,左右不能脱节,要如实反映客观事物的内在联系。

(四)结构要严谨

结构要严谨,是指统计分析报告内容的组织、构造精当细密,无懈可击,甚至达到"匠心经营,天衣无缝"的地步。这就要求首先要思想周密,没有"挂一漏万","顾此失彼";其次要组织严谨,没有"颠三倒四","破绽百出"。因此,结构能否严谨,首先取决于作者思想认识和思路是否清晰、严密。作者只有充分认识与掌握事物发展的内在规律,才能把它顺理成章地表达出来。

(五)语言要生动、简练

统计分析报告的质量高低,首先在于内容正确;其次还要讲究词章问题。

如果用词烦琐,语言不通,词不达意,就不能较好地表述分析的结果。所以,写一篇较好的分析报告,要善于用典型的事例、确凿的数据、简练的辞藻、生动的语言来说明问题。切忌文字游戏、词句堆砌,形式排比、华而不实。

（六）报告要反复研究、修改

写统计分析报告与其他文章一样,必须反复研究和反复修改,做到用词恰当,符合实际。统计分析报告要进行反复研究和修改的目的,是为了检查观点是否符合政策,材料是否真实可靠,文章结构是否严密,文字是否言简意明,表达是否准确得当。只有反复修改,才能写出好的统计分析报告。

四、统计分析报告的类型

由于统计分析报告的内容和作用不同,统计分析报告的类型主要有下列几种:

（一）统计公报

统计公报,是政府统计机构通过报刊向社会公众公布一个年度国民经济和社会发展情况的统计分析报告。一般是由国家、省一级以及计划单列的省辖市一级的统计局发布的。如《国家统计局关于1999年国民经济和社会发展统计公报》。统计公报的特点是:①政治性、政策性和权威性较强。②主要用统计数字直接反映方针政策的贯彻执行所取得的成就和问题,一般不作统计分析。③标题和结构比较固定。④写作严肃认真,用语郑重,概括性强,语言简练。

（二）进度统计分析报告

进度统计分析报告主要以定期报表为依据,反映社会经济的发展情况,分析其影响和形成的原因。如月度分析、季度分析和年度分析。从时间上看,它可分为定期和不定期的、期中的和期末的统计分析报告;从内容上看,它又可分为专题和综合统计分析报告两种。

进度统计分析报告必须讲究时效,力求内容短小精悍,结构简单规范,看后一目了然。

（三）综合统计分析报告

综合统计分析报告是从客观的角度,利用大量丰富的统计资料,对国民经济和社会发展的规模、水平、结构和比例关系、经济效益以及发展变化状况,进行综合分析研究所形成的一种统计分析报告。其主要特点是:①内容上具有全面性、系统性、客观性。②使用大量丰富而广泛的统计资料。③统计分析方法运用灵活。

（四）专题统计分析报告

专题统计分析报告是对社会经济现象的某一方面或某一问题进行专门的、深入研究的一种分析报告。它的目标集中，内容单一，不像综合分析报告那样，要反映事物的全貌。正因为如此，专题统计分析报告更要求突破时间和空间的限制，根据领导和社会公众的需要灵活选题，做到重点突出，认识深刻。

（五）典型调查报告

典型调查报告，是根据调查的目的、要求，有意识地选择少数有代表性的单位进行深入实际调查后所写成的报告。深入实际，进行调查研究，是各级领导、各部门了解情况，指导工作经常采用的一种工作方法。习惯上称为"解剖麻雀"，统计上叫做典型调查。其特点是：①内容上只反映少数单位的具体情况，不直接反映总体的全部情况，也不用这些单位的情况去推断总体的情况。②直接取材，编写统计分析报告所使用的材料主要是典型调查所收集的第一手资料。因此，它比其他分析报告更具体、细致和生动。

【小　结】

1. 统计分析就是在科学的经济理论指导下，密切结合企事业单位的实际和国民经济运行的现状，在详细占有资料的基础上，用科学的分析方法，对微观经济组织或宏观社会经济现象进行系统的分析研究，阐明问题产生的原因，解释事物之间的内在联系，以认识社会经济现象的本质和发展变化的规律，为企业的经营和社会管理服务。

2. 统计分析主要有两种分类方法：一种是按分析的内容不同进行分类，可以分为计划执行情况的分析和方针政策执行情况的分析；第二种是按分析的内容所包括的范围不同，可分为专题分析和综合分析。

3. 统计分析方法有：对比分析法、结构分析法、分组分析法、动态分析法、因素分析法、生产过程的质量分析与控制、存货分析与控制、产品盈亏平衡分析、季节变动的测定与景气分析与监测预警、产品竞争力的评价与分析、企业经济效益的综合评价与分析。

4. 统计分析报告的类型主要有下列几种：统计公报、进度统计分析报告、综合统计分析报告和专题统计分析报告。

【思考与练习】

1. 什么是统计综合分析？其有什么特点？
2. 统计分析的基本步骤有哪些？

3. 编写统计分析报告如何进行选题？优秀统计分析报告的质量标准有哪些？

4. 统计分析报告有哪些基本写作要求？

5. 设某厂需要一种零件数量为 6 480 件/年,每日需要量 18 件,自制此零件每天最大产量为 48 件,每次生产准备成本 300 元,单位零件一年储存成本 0.5 元,请计算最佳生产量。

6. 某厂生产和销售一种产品,单价为 15 元,单位变动成本 12 元,全月固定成本 100 000 元,每月销售 40 000 件。由于某些原因其产品单价降至 13.50元;同时每月还需增加广告费等 20 000 元。要求:计算该产品此时的盈亏临界点及该厂销售多少件产品才能使利润比原来售价时增加 5%。

7. 某公司材料费用额如下:

项 目	计划数	实际数
产品产量/件	90	100
单位产品消耗量/千克	7	6
材料单价/元	4	5
材料费用总额/元	2 520	3 000

试用因素分析法对材料费用实际数与计划数的差异进行分析。

第十二章

$\mathcal{SE}$ 常用统计分析软件简介

为提高学生运用统计方法分析解决问题的能力,我们针对本教材所涉及的统计计算,介绍了目前常用的几个统计软件,即 SPSS,SAS 和 Excel。其中主要介绍了 Excel。

第一节　用统计软件计算描述统计量

描述统计量有平均值、算术和、最大值、最小值、方差和平均数的标准差等,这实际上就是我们所讲的对集中程度的测量和离散程度的测量。

一、用 SAS 计算描述统计量

由于大多数同学没有用过 SAS 和 SPSS,所以在这一节,我们要多讲一些 SAS 和 SPSS 的基本知识,比如如何输入数据、编辑数据等。

让我们看下面的例子:

我们把一个班级 20 名学生的统计学成绩建立一个 SAS 数据集,步骤如下:

第一步,选择 Globals 下拉菜单;

第二步,Globals 下拉菜单出现后,选择 Analyze 弹出式菜单,选择 Interactive Data Analysis 选项;

第三步,选择 File 下拉菜单,选择 New 选项。

随即会弹出 1 个供输入数据的空白表。这空白表分为若干行和列,每行输入 1 条记录,每列输入 1 个变量的值,行列交叉处的单元格就输入该记录相交变量的观测值。光标选中某个单元格后,就可在该单元格中输入数据。一个单元格输入数据后,可按 Tab 键将光标移至右面的单元格继续输入数据。或使用 Enter 键将光标移至下面的单元格继续输入数据。

在某一行输入数据后,该列的表头会自动地依次以 A,B,C 等作变量名。若需要改变变量名或其他属性(标题名、出格式等),可执行:

第一步,数据表左上角尖头,弹出菜单;

第二步,从弹出菜单选取 Define Variables;

第三步,在弹出的定义变量窗左侧的变量框中选中变量名 A,在 Name 字段后键入 Name,在 Label 字段后键入姓名;

第四步,Apply;

第五步,对其变量可作类似的修改;

第六步,OK。

若需要将输入的数据集存库可在下拉菜单中选:

第一步,File—Save—Data;

第二步,在弹出的菜单中选定库名和数据集名。

按以上步骤建立的数据集如图 12-1 所示。

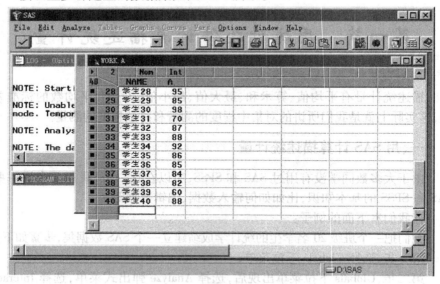

图 12-1　新建立的数据集

(一)用 Insight 计算常用描述性统计量

在 Insight 环境中,只对区间型变量提供计算描述性统计量的功能。建立数据集 Work.Score 若要得到 Score 的描述性统计量,可在下拉菜单中选:

第一步，单击 Analyze 下拉菜单，选取 Distribution(Y)；

第二步，Distribution 对话框出现后，在变量表中 Score 处按下鼠标左键，使 Score 变亮，再选 Y；如图 12-2。

第三步，选取 Output；

第四步，在弹出的分布窗中，仅使 Moment，Quantile 前的方框打勾；

第五步，选取 OK。分析结果如图 12-3 所示。

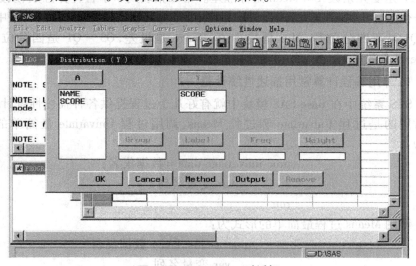

图 12-2　Distribution 对话框

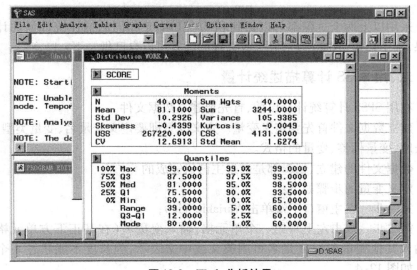

图 12-3　Work 分析结果

输出结果有两张表,一张为矩统计量(Moment)表,另一张为分位数(Quantile)表。在矩统计量表中,N 是有效记录数(从样本容量中扣除了缺失值个数)。Sum Wgts 表示权数之和。在此没有特别设定权数,所以就约定每个记录的权数都是 1,Mean 为平均数,Std Dev 是标准差,Variance 是方差,Skewness 是偏度,Kurtosis 是峰度,Uss 是未校正的平方和,Css 是校正的平方和,CV 是变异系数,Std Mean 是标准差。第二张表列举了各种分位数、众数和由分位数导出的一些统计量。Max 是最大值,Q3 是上四分位数,Med 是中位数,Q1 是下四分位数,Min 是最小值,Range 是极差,Q3 – Q1 是四分位差,Mode 是众数。

(二)用编程计算常用描述性统计量

SAS 系统中在 Base SAS 模块中就有好几个过程提供各种描述性统计量。最常用的是过程 Univariate 和过程 Means,调用过程 Univariate 最简单的形式为:

proc univariage data =数据集名;

var 变量名列

run

调用 Means 过程最简单的形式为:

proc means data =数据集名

var 变量名列

run

采用以上两个过程都可以得到和 SAS Insight 相同的描述统计量的计算结果,限于篇幅,在此不再列出,有兴趣的读者可以自己做一下。

二、用 SPSS 计算描述统计量

在用 SPSS 计算统计量以前,首先要建立数据文件。

建立数据文件首先要定义变量。定义变量即要定义变量名、变量类型、变量长度、变量标签、变量的格式。

数据文件的建立、编辑都是通过主窗口完成的。

定义变量的步骤如下:

第一步　在主窗口下端单击 Variable View;

第二步　双击左上角第一个单元格,输入变量名(在其正下方单元格依次输入其他变量名),变量名可用英文或中文表示,但长度不能超过 8 个字符。如图 12-4。

图中第一行为变量属性的默认值,它们是:

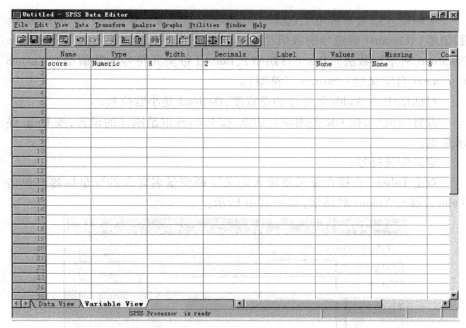

图 12-4 定义变量图

Type：Numberic 变量类型：数值型，长度 8，小数位数 2。

Variable Label：变量标签：无定义

Missing Values：缺失值：无定义

Alignment Right：对齐方式：右对齐

Scale：数据类型：数值型

如果对变量属性的默认值不满意，可以单击要改变的属性，会出现省略号或向下的箭头，然后单击它，打开下一级对话框，设置自己满意的变量属性。

设置变量类型：

单击 Type，展开定义变量类型对话框，如图 12-5 所示：

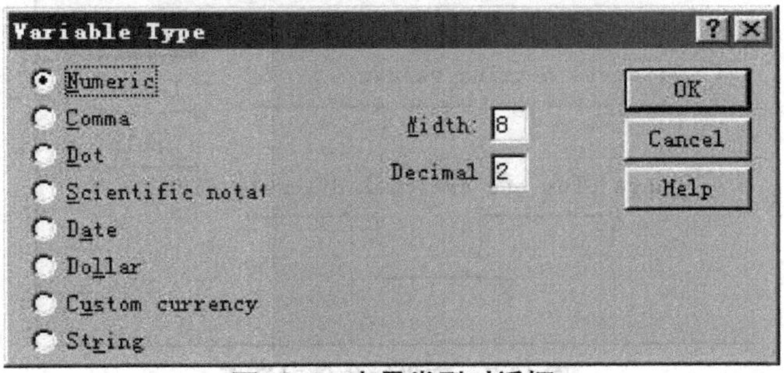

图 12-5 变量类型对话框

对话框左边有 8 种可供选择的变量类型,自上而下依次为:Numeric(标准数值型)、Comma(带逗号的数值型)、Dot(逗点作小数点的数值型)、Scientific Notation(科学记数法)、Date(日期型)、Dollar(带美元符号的数值型)、Custom Currency(自定义型)、String(字符型)。

对话框中的 Width 是变量的总宽度,Decimal 是小数位数。

设置完成后,按 OK 关闭该对话框,按 Cancel 取消刚才的设置,按 Help 寻求帮助。

定义变量标签:

双击 Labels,直接在单元格输入定义注释变量名含义的变量标签。单击 Values,展开 Values 对话框,如图 12-6 所示:

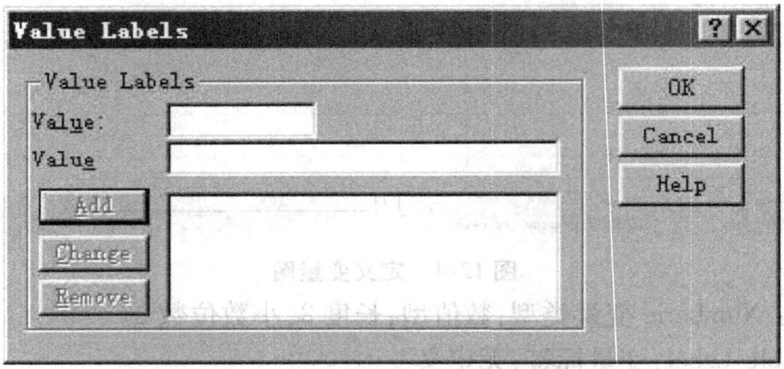

图 12-6　定义变量值对话框

这个对话框是用来定义变量值的,用以注释各变量值代表的数据范围或含义。其中第一行是变量值,第二行是标签,这项操作可以重复进行,每定义一个后,按 Add 键添加到变量值标签清单中,直至定义完毕。

定义用户缺失值:

单击 Missing Values 展开定义用户缺失值对话框,如图 12-7 所示:

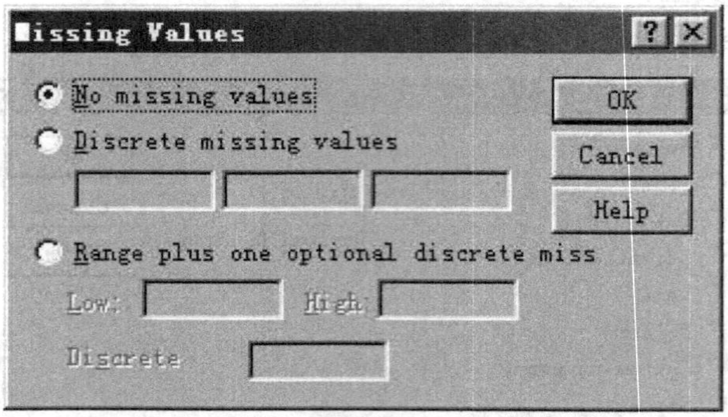

图 12-7　定义缺失值对话框

定义用户缺失值的方式有 4 种：

（1）无缺失值（No missing values），这是系统默认状态。如果当前变量值的测试、记录完全正确，无遗漏，则可选择此项。

（2）离散缺失值（Discrete missing values）。下面有 3 个框，相应输入 3 个确切的、可能出现的缺失值，也可以少于 3 个。在进行统计分析时系统遇到这几个值则作为缺失值处理。

（3）定义缺失值范围（Range of missing values）。这种方式主要是针对连续变量，两个框分别输入范围的下限和上限，当变量值出现在这个范围时则被作为缺失值处理。

多于 3 个缺失值的离散变量也可以用此方式定义用户缺失值，但这个定义范围中不能包括合法值。

（4）一个范围加一个离散值（Range plus one discrete missing value）。下面的 3 个框可输入一个范围与一个该范围包括不了的范围外的值。

如果这 4 种定义缺失值的方式不能把所有的非法值包括在内，则要在数据文件中查出错误数据进行修改，修改成系统缺失值。

定义变量的对齐方式：

单击 Alignment，出现下拉箭头，单击下拉箭头，可选择 Right（向右对齐，这也是系统默认的方式）或 Center（居中对齐）。

定义变量类型

单击 Measure，出现下拉箭头，单击下拉箭头，可选择 Scale（数值型变量，这是系统默认的类型），Ordinal（定序变量）或 Nominal（定类变量）。

定义完变量后，就可以直接输入数据。下面我们看这么一个例子：某班有 40 名同学，其统计学考试成绩如下：76，72，90，60，80，80，99，80，70，80，73，75，60，76，92，84，80，80，85，99，60，80，84，76，87，91，75，95，85，98，70，87，88，92，86，85，84，82，60，88，试根据上述资料计算各种描述统计量。

我们按上述方法定义完变量后，直接输入数据，如图 12-8：

第一步，单击 Analyze 下拉菜单，选择 Descriptive Statistics 菜单，选择 Descriptives 选项，出现 Descriptives 对话框，如图 12-9：

第二步，单击 Score 使之加重显示，然后单击向右的箭头，使 Score 加入到变量列表中，然后单击 Options，设置选项，如图 12-10。

图中共有四组内容：

第一组是描述集中程度的指标；第二组是描述离散程度的指标，第三组是描述分布的指标；第四组是输出顺序组：其中 Variable List 按文件中变量排列顺序输出；Alphabetic 按变量名的字母顺序显示变量的统计量；Ascending

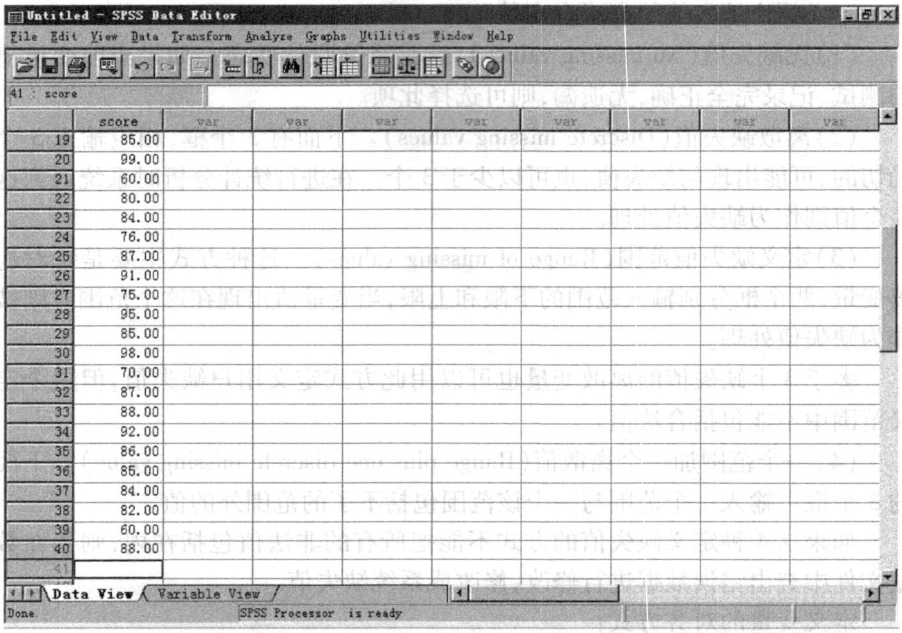

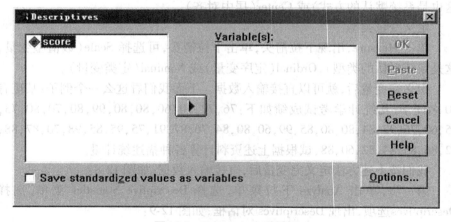

图 12-8 SPSS 数据集

图 12-9 Descriptives 对话框

means 以平均数的升序显示变量的统计量；Descending Means 以平均数的降序显示变量的统计量。

第三步，按 OK 后，可得输出结果，如图 12-11：

从上图中我们可以得知极差、平均数、平均数的标准差、标准差、方差、偏度和峰度。

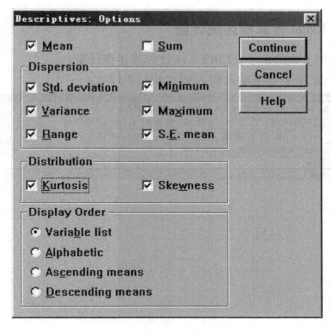

图 12-10 Descriptives：Options 对话框

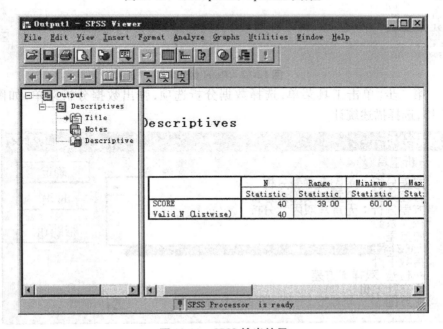

图 12-11 SPSS 输出结果

三、用 Excel 计算描述统计量

我们还用上面的例子,使用 Excel 计算描述统计量。

第一步,把所有数据输入到 A 列,如图 12-12。

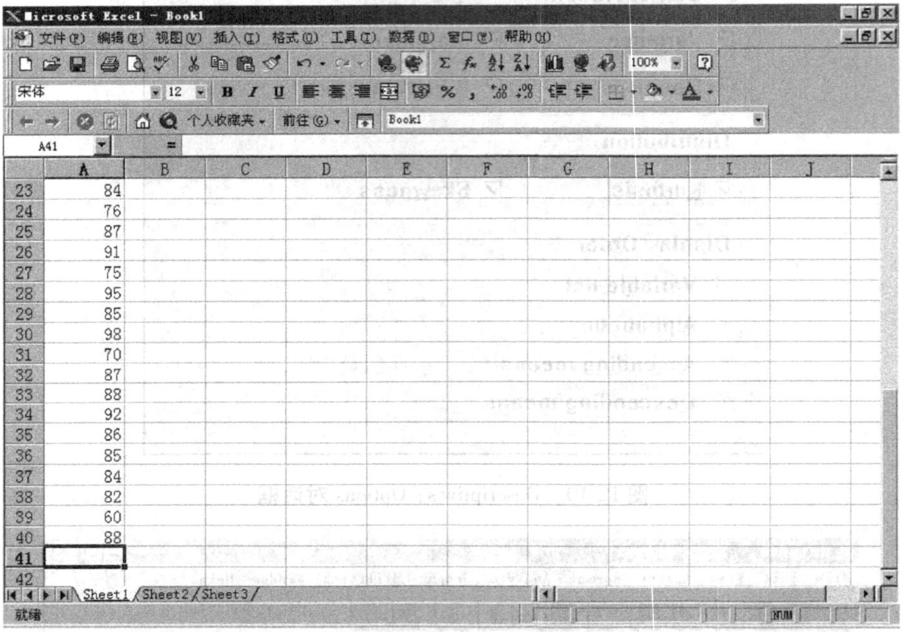

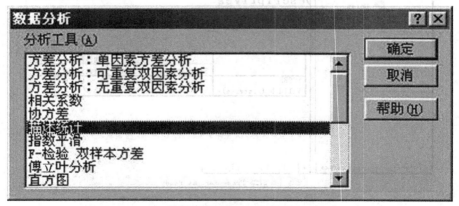

图 12-12　Excel 数据集

第二步,单击工具菜单,选择数据分析选项,弹出数据分析菜单,如图 12-13,选择描述统计。

图 12-13　数据分析对话框

第三步,单击确定按钮。出现描述统计对话框,如图 12-14。在输入区域中输入 $A$1:$A$40,单击输出区域按钮,在输出区域中输入 $C$5,选择汇总统计。

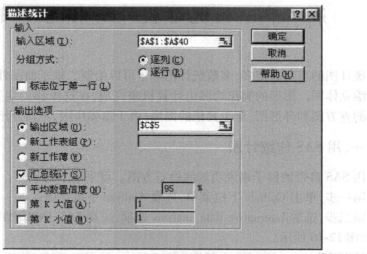

图 12-14 描述统计对话框

第四步,单击确定按钮,得出分析结果如图 12-15。

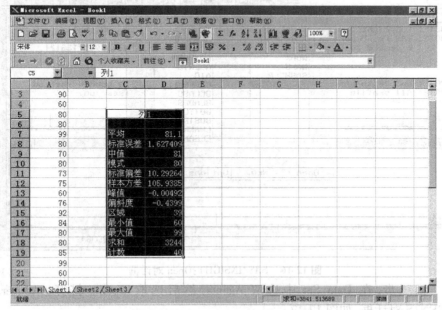

图 12-15 描述统计分析结果

图中给出了平均数、中位数、众数、方差、标准差、最大值和最小值。

第二节　用统计软件绘制统计图

统计图的类型有很多,多数统计图除了可以绘制二维平面图外,还可以绘制三维立体图。图形的制作均可由计算机来完成,在这里我们主要介绍比较常用的直方图和环形图,至于其他的图形,由于篇幅所限,不再介绍。

一、用 SAS 作统计图

用 SAS 自带的例子来说明如何做直方图。可采用下列步骤:

第一步,单击 Golbals 下拉菜单,选取 Analyze 下拉菜单;

第二步,选取 Internative data analysis 选项,出现 SAS/INSIGHT:Open 对话框,如图 12-16 所示。

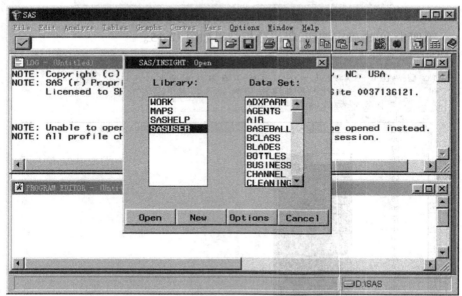

图 12-16　SAS/INSIGHT:Open 对话框

第三步,在 Data Set 中选取 Agents,然后选取 Open。打开 SASuser.AGENTS 对话框,如图 12-17。

第四步,单击 Analyze 下拉菜单,选取 Histogram/Bar chart（Y）,进入该菜

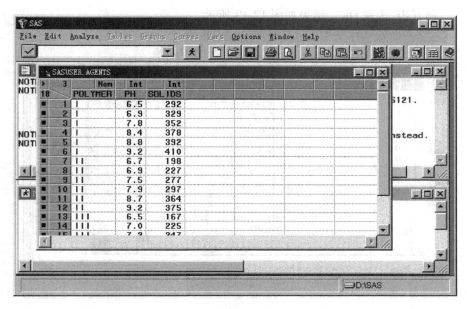

图 12-17 SASUSER. AGENTS 对话框

单。在 AGENTS 中单击 Solids，使之变亮，然后单击 Y。如图 12-18。

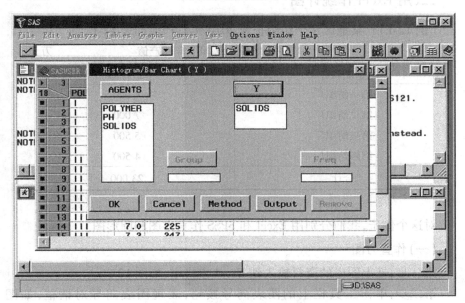

图 12-18 Histogram/Bar Chart(Y)对话框

第五步,选取 OK。结果如图 12-19 所示。

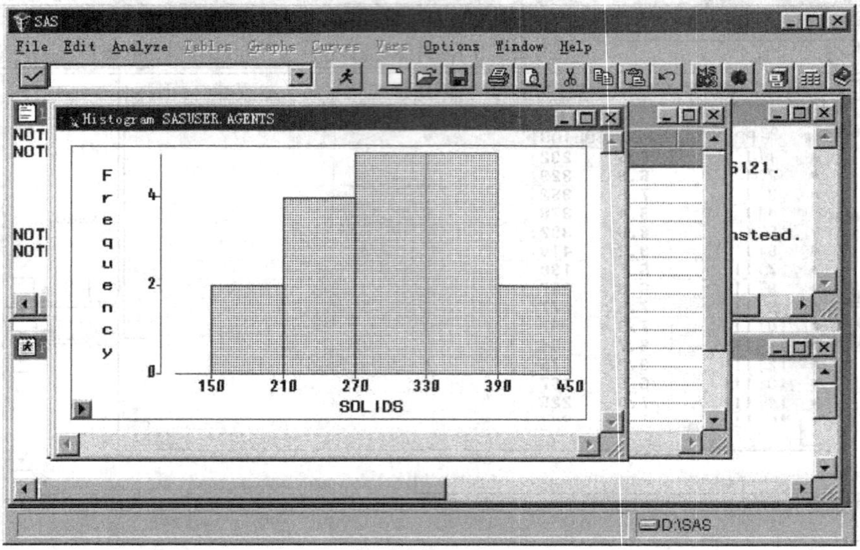

图 12-19　SAS 直方图

二、用 Excel 作统计图

[**例 12-1**]　某地区 4 个纺织企业 2010 年总产值如表 12-1。

表 12-1　4 个纺织企业 2010 年总产值　　　　　　　　　　万元

企业名称	总产值
第一纺织厂	6 000
第二纺织厂	7 000
第三纺织厂	5 500
第四纺织厂	4 500
合计	23 000

对这个例子,我们分别用 Excel 和 SPSS 作直方图和圆形图。

(一)作直方图

第一步,把上图中的资料输入到 Excel 表格中,如图 12-20。

第二步,单击工具栏上的图表向导按钮,表现图表向导对话框,如图 12-21。在图表类型中选择柱形图,然后在子图表类型中选择一个图形,单击下一步按钮。

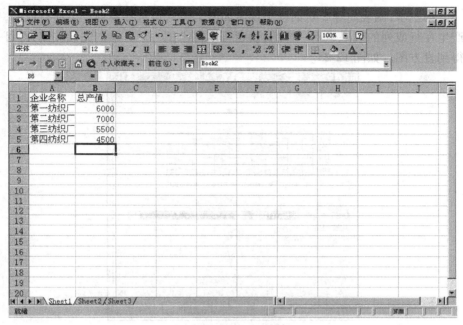

图 12-20 Excel 对话框

图 12-21 图表向导 1 对话框

　　第三步,图表向导2对话框出现后如图12-22,可选择系列产生在行或列,产生在行或列的效果是不一样的,读者可以自己试一下。单击完成按钮,即可得到直方图。如图12-23。

图 12-22　图表向导 2 对话框

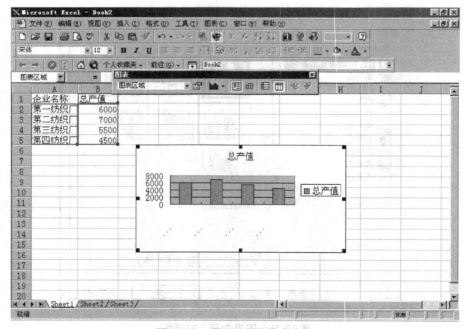

图 12-23　用 Excel 作的直方图

（二）作圆形图

作圆形图和作直方图的方法大同小异，只是在第二步选择图表类型时选择圆形图（或饼图）就可以了。图 12-24 是得到的圆形图。

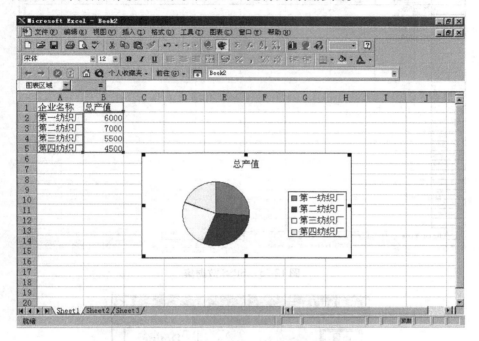

图 12-24　用 Excel 作的圆形图

三、用 SPSS 作直方图和圆形图

（一）作直方图

第一步，把上面的资料输入到 SPSS 的表格中。如图 12-25。

第二步，单击 Graphs 菜单，选择 Bar 选项，出现 Bar Charts 对话框。如图 12-26。

在直方图主对话框中选择 Simple 选择项，并在 Data in Chart Are 栏内选择 Summaries for groups of cases 选择项后，单击 Define 按钮，展开 Define Simple Bar：Summaries for Groups of Cases 对话框，如图 12-27 所示。

在图 12-27 中，选择作统计量为总产值，分类变量为"企业名称"，单击 OK 运行后，即可得到 4 个纺织厂总产值的直方图。如图 12-28。

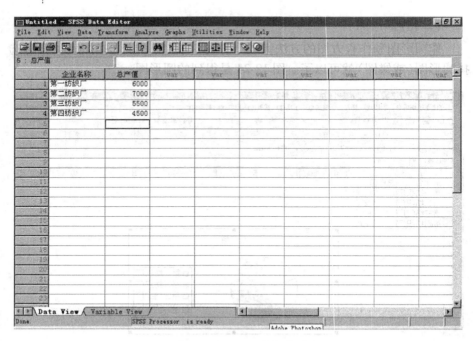

图 12-25　SPSS 数据集

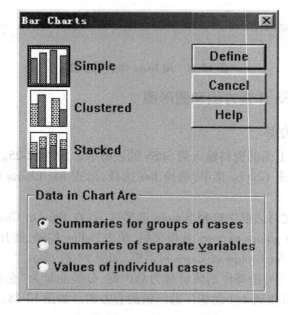

图 12-26　Bar Charts 对话框

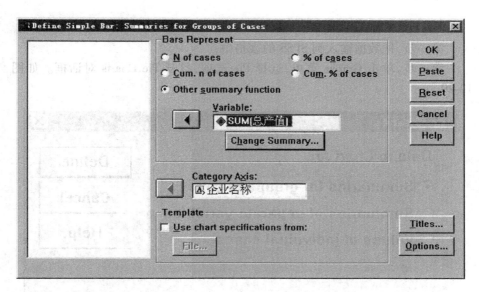

图 12-27　Define Simple Bar：Summaries for Groups of Cases 对话框

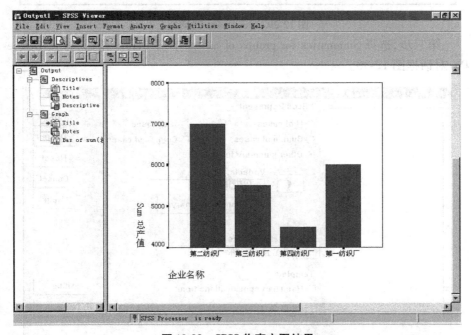

图 12-28　SPSS 作直方图结果

(二)用 SPSS 作饼图(圆形图)

第一步,把数据输入到 SPSS 的表格中;

第二步,单击 Graphs 菜单,选择 Pie 选项,打开 Pie Charts 对话框。如图 12-29。

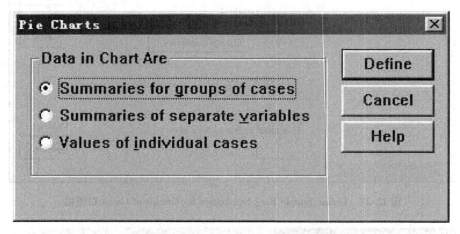

图 12-29　Pie Charts 对话框

第三步,选择 Summaries for groups of cases,单击 Define 按钮,打开 Define Pie 对话框图 12-30。

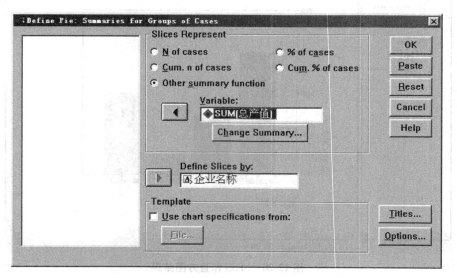

图 12-30　Difine Pie 对话框

第四步,在图中选择作图变量为总产值,分类变量为企业名称,单击 OK,得到的圆形如图 12-31 所示。

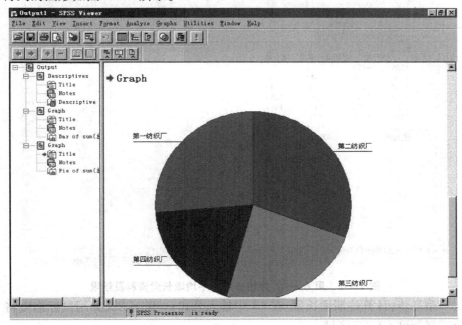

图 12-31　用 SPSS 作圆形图的结果

第三节　用统计软件进行时间序列分析

一、计算增长量和平均增长量

增长量是指某现象在一定时期内增长的绝对数量。它等于报告期水平与基期水平之差。用来反映报告期比基期增长的水平。

平均增长量是说明现象在一个较长时期增长量的平均变化情况,说明某现象在一定时期内平均每期增长的绝对数量。

[**例 12-2**]　根据 1985—1990 年我国钢产量发展情况,计算逐期增长量、累计增长量和平均增长量。如图 12-32。

计算步骤如下:

第一步,在 A 列输入年份,在 B 列输入钢产量;

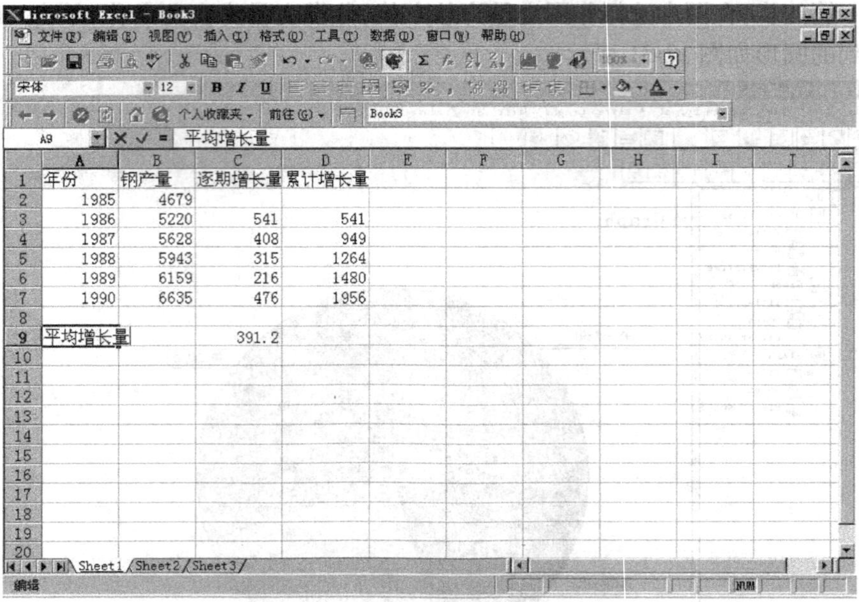

	A	B	C	D
1	年份	钢产量	逐期增长量	累计增长量
2	1985	4679		
3	1986	5220	541	541
4	1987	5628	408	949
5	1988	5943	315	1264
6	1989	6159	216	1480
7	1990	6635	476	1956
8				
9	平均增长量		391.2	

图 12-32 用 Excel 计算增长量和平均增长量资料及结果

第二步，计算逐期增长量：在 C3 中输入公式：= B3 - B2，并用鼠标拖曳将公式复制到 C3:C7 区域；

第三步，计算累计增长量：在 D3 中输入公式：= B3 - \$B\$2，并用鼠标拖曳公式复制到 D3:D7 区域；

第四步，计算平均增长量（水平法）：在 C9 中输入公式：=（B7 - B2）/5，按回车键，即可得到平均增长量。

二、计算发展速度和平均发展速度

仍以 1985—1990 年我国钢产量发展情况为例，说明如何计算定基发展速度、环比发展速度和平均发展速度。如图 12-33。

第一步，在 A 列输入年份，在 B 列输入钢产量；

第二步，计算定基发展速度：在 C3 中输入公式：= B3/\$B\$2，并用鼠标拖曳将公式复制到 C3:C7 区域；

第三步，计算环比发展速度：在 D3 中输入公式：= B3/B2，并用鼠标拖曳将公式复制到 D3:D7 区域；

第四步，计算平均发展速度（水平法）：选中 C9 单元格，单击插入菜单，选择函数选项，出现插入函数对话框后，选择 Geomean（返回几何平均值）函数，在数值区域中输入 D3:D7 即可。

	A	B	C	D
1	年份	钢产量	定基发展速度	环比发展速度
2	1985	4679		
3	1986	5220	1.115622996	1.115622996
4	1987	5628	1.202821116	1.07816092
5	1988	5943	1.270143193	1.055970149
6	1989	6159	1.316306903	1.03634528
7	1990	6635	1.418038042	1.077285274
8				
9	平均发展速度		1.072352519	

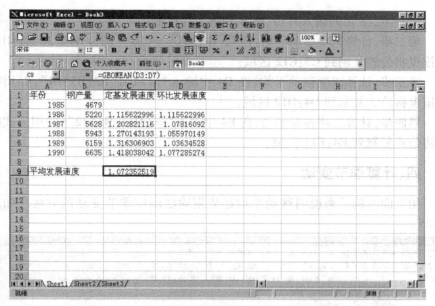

图 12-33 用 Excel 计算发展速度和平均发展速度资料及结果

三、计算长期趋势

用下面的例子来说明如何用移动平均法计算长期趋势。如图 12-34。

	A	B	C	D	E
1	月份	总产值	三项移动平均	四项移动平均	二项移正平均
2	1	506			
3	2	473	507		
4	3	542	520.3333333	516.75	526.625
5	4	546	557.6666667	536.5	545.75
6	5	585	559.3333333	555	558.5
7	6	547	567.3333333	562	565.75
8	7	570	564.3333333	569.5	567.5
9	8	576	571.6666667	565.5	573.375
10	9	569	585	581.25	582.875
11	10	610	587.3333333	584.5	589.375
12	11	583	602.6666667	594.25	
13	12	615			

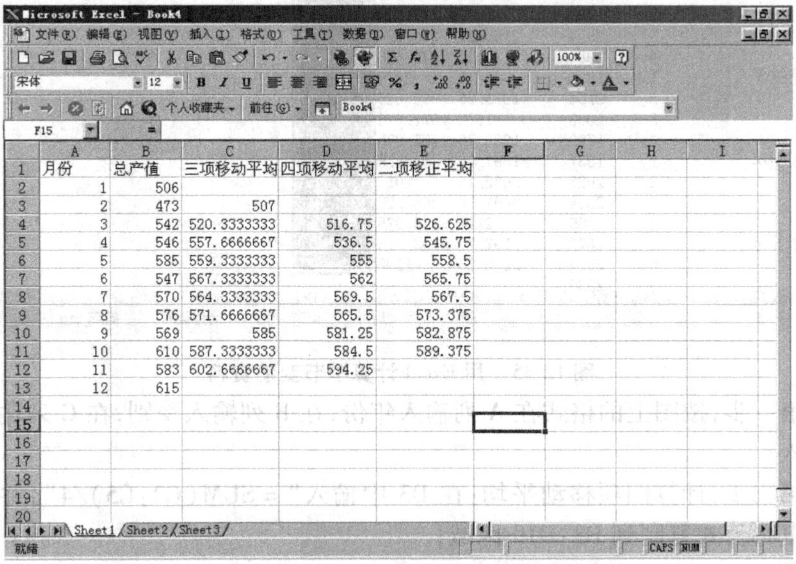

图 12-34 用 Excel 计算长期趋势资料及结果

第一步，在 A 列输入月份，在 B 列输入总产值；

第二步，计算三项移动平均：在 C3 中输入“=(B2+B3+B4)/3”，并用鼠标拖曳将公式复制到 C3:C12 区域；

第三步，计算四项移动平均：在 D4 中输入“=SUM(B2:B5)/4”，并用鼠标拖曳将公式复制到 D4:D12 区域；

第四步，计算二项移动平均：在 E4 中输入“=(D4+D5)/2”，并用公式拖曳将公式复制到 E4:E11 区域。

四、计算季节变动

用下面的例子来说明移动平均趋势剔除法测定季节变动的方法。如图 12-35。

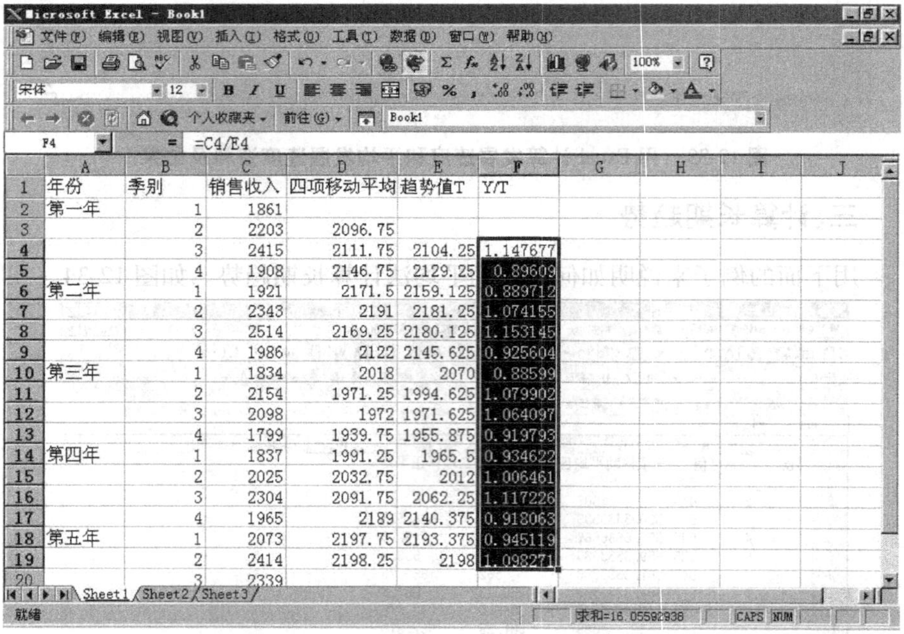

F4 =C4/E4

	A	B	C	D	E	F
1	年份	季别	销售收入	四项移动平均	趋势值T	Y/T
2	第一年	1	1861			
3		2	2203	2096.75		
4		3	2415	2111.75	2104.25	1.147677
5		4	1908	2146.75	2129.25	0.89609
6	第二年	1	1921	2171.5	2159.125	0.889712
7		2	2343	2191	2181.25	1.074155
8		3	2514	2169.25	2180.125	1.153145
9		4	1986	2122	2145.625	0.925604
10	第三年	1	1834	2018	2070	0.88599
11		2	2154	1971.25	1994.625	1.079902
12		3	2098	1972	1971.625	1.064097
13		4	1799	1939.75	1955.875	0.919793
14	第四年	1	1837	1991.25	1965.5	0.934622
15		2	2025	2032.75	2012	1.006461
16		3	2304	2091.75	2062.25	1.117226
17		4	1965	2189	2140.375	0.918063
18	第五年	1	2073	2197.75	2193.375	0.945119
19		2	2414	2198.25	2198	1.098271
20		3	2339			

求和=16.05592938

图 12-35　用 Excel 计算季节变动资料

第一步，按图上的格式在 A 列输入年份，在 B 列输入季别，在 C 列输入销售收入；

第二步，计算四项移动平均：在 D3 中输入“=SUM(C2:C5)/4”，并用鼠标拖曳将公式复制到 D3:D19 区域；

第三步，计算趋势值(即二项移动平均)T：在 E4 中输入“=(D3+D4)/2”，并用鼠标拖曳将公式复制到 E4:E19 区域；

第四步,剔除长期趋势,即计算 Y/T:在 F4 中输入"=C4/E4",并用鼠标拖曳将公式复制到 F4:F19 区域;

第五步,重新排列 F4:F19 区域中的数字,使同季的数字位于一列,共排成 4 列;

第六步,计算各年同季平均数:在 B29 单元格中输入公式:"=average(B25:B28)";在 C29 中输入公式:"=average(C25:C28)";在 D29 中输入公式:"=average(D24:27)";在 E29 中输入公式:"=average(E24:E27)"。

第七步,计算调整系数:在 B31 中输入公式:"=4/sum(B29:E29)";

第八步,计算季节比率:在 B30 中输入公式:"=B29 * $B$31",并用鼠标拖曳将公式复制到单元格区域 B30:E30,就可以得到季节比率的值,具体结果见图 12-36。

图 12-36 用 Excel 计算季节变动结果

第四节 用统计软件进行指数分析

指数分析法是研究社会经济现象的数量变动情况的一种统计分析法。统计有总指数与平均指数之分,在这一章我们介绍如何用 Excel 进行指数分析与因素分析。

一、Excel 计算总指数

图中是某企业甲、乙、丙 3 种产品的生产情况,以基期价格 p 作为同度量因素,计算生产量指数。如图 12-37。

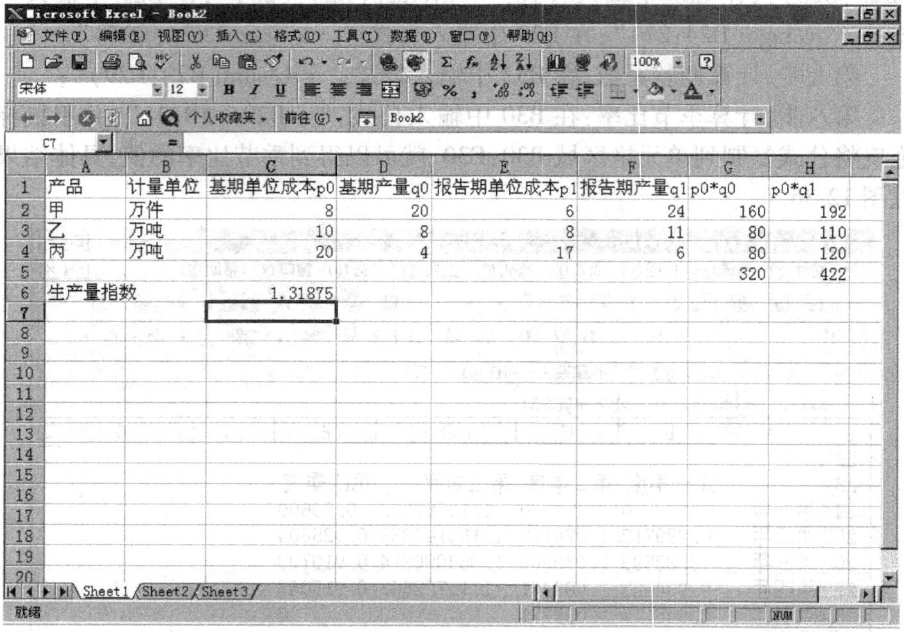

	A	B	C	D	E	F	G	H
1	产品	计量单位	基期单位成本p0	基期产量q0	报告期单位成本p1	报告期产量q1	p0*q0	p0*q1
2	甲	万件	8	20	6	24	160	192
3	乙	万吨	10	8	8	11	80	110
4	丙	万吨	20	4	17	6	80	120
5							320	422
6	生产量指数		1.31875					

图 12-37　用 Excel 计算总指数资料及结果

计算步骤:

第一步,计算各个 p0q0:在 G2 中输入" = C2 * D2",并用鼠标拖曳将公式复制致电 G2:G4 区域;

第二步,计算各个 p0 * q1:在 H2 中输入" = C2 * F2",并用鼠标拖曳将公式复制到 H2:H4 区域;

第三步,计算 $\sum p0q0t$ 和 $\sum p0q1$:选定 G2:G4 区域,单击工具栏上的" $\sum$ "按钮,在 G5 出现该列的求和值。选定 H2:H4 区域,单击工具栏上的" $\sum$ "按钮,在 H5 出现该列的求和值;

第四步,计算生产量综合指数 $Iq = \sum p0q1 / \sum p0q0$;在 C6 中输入" = H5/G5",便可得到生产量综合指数。

注意:在输入公式的时候,不要忘记等号,否则就不会出现数值。

二、用 Excel 计算平均指数

现以生产量平均指数为例,说明加权算术平均法的计算方法。

[例 12-3] 图中的 A1:A4 区域内是某企业生产情况的统计资料,我们要以基期总成本为同度量因素,计算生产量平均指数。如图 12-38。

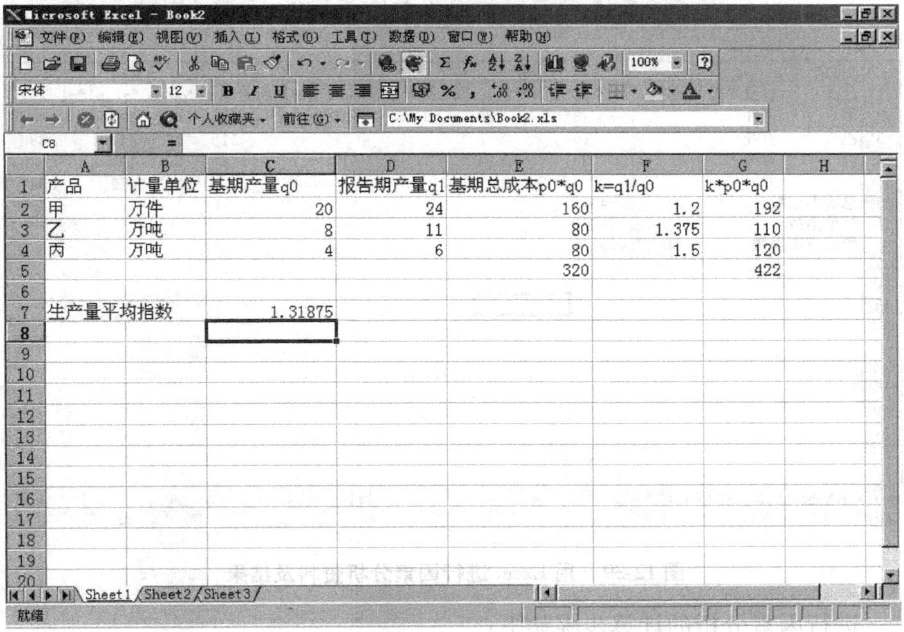

	A	B	C	D	E	F	G
1	产品	计量单位	基期产量q0	报告期产量q1	基期总成本p0*q0	k=q1/q0	k*p0*q0
2	甲	万件	20	24	160	1.2	192
3	乙	万吨	8	11	80	1.375	110
4	丙	万吨	4	6	80	1.5	120
5					320		422
6							
7	生产量平均指数		1.31875				

图 12-38 用 Excel 计算平均指数资料及结果

计算步骤:

第一步,计算个体指数 k = q1/q0:在 F2 中输入“ = D2/C2”,并用鼠标拖曳将公式复制到 F2:F4 区域;

第二步,计算 k * p0q0 并求和:在 G2 中输入“ = F2 * E2”,并用鼠标拖曳将公式复制到 G2:G4 区域。选定 G2:G4 区域,单击工具栏上的“ $\sum$ ”按钮,在 G5 列出现该列的求和值;

第三步,计算生产量平均指数:在 C7 中输入“ = G5/E5”,即得到所求的值。

三、用 Excel 进行因素分析

我们还用上面的例子,有关资料如图 12-39。

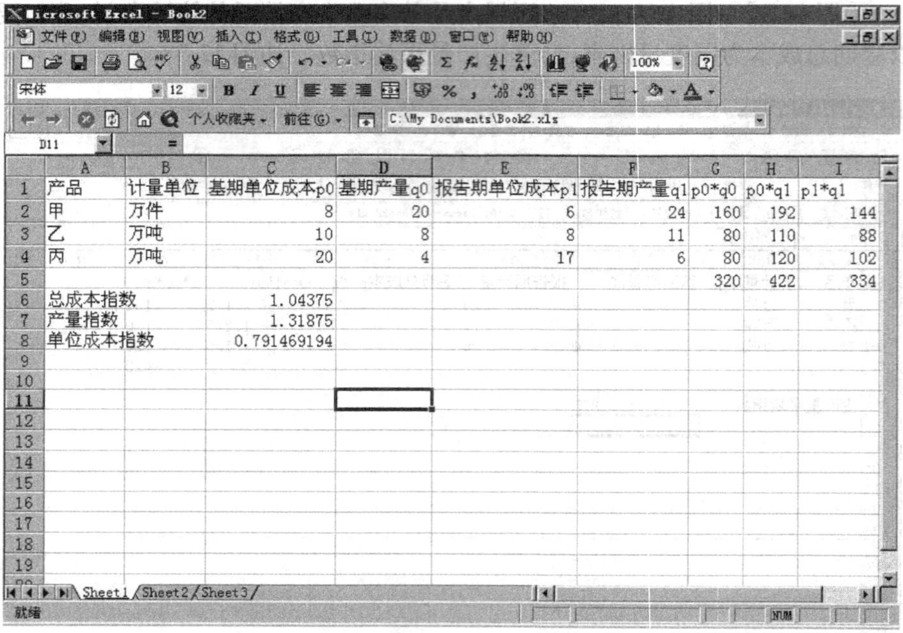

图 12-39 用 Excel 进行因素分析资料及结果

进行因素分析的计算步骤如下:

第一步,计算各个 p0 * q0 和 $\sum p0q0$:在 G2 中输入"C2 * D2",并用鼠标拖曳将公式复制到 G2:G4 区域。选定 G2:G4 区域,单击工具栏上的"$\sum$"按钮,在 G5 出现该列的求和值;

第二步,计算各个 p0 * q1 和 $\sum p0 * q1$:在 H2 中输入" = C2 * F2",并用鼠标拖曳将公式复制到 H2:H4 区域。选定 H2:H6 区域,单击工具栏上的"$\sum$"按钮,在 H5 出现该列的求和值;

第三步,计算各个 p1 * q1 和 $\sum p1 * q1$:在 I2 中输入" = E2 * F2",并用鼠标拖曳将公式复制到 I2:I4 区域。选定 I2:I4 区域,单击工具栏上的"$\sum$"按钮,在 I5 出现该列的求和值;

第四步,计算总成本指数:在 C6 中输入" = I5/G5",即求得总成本指数;

第五步,计算产量指数:在 C7 中输入" = H5/G5",即得产量指数;

第六步,计算单位成本指数:在 C8 中输入" = I5/H5",即求得单位成本指数。

第五节　用统计软件进行回归分析

这一节介绍如何用 3 种软件作回归分析。我们用相同的例子。
10 个学生身高和体重的情况如下表:

学　　生	身高/厘米	体重/千克
1	171	53
2	167	56
3	177	64
4	154	49
5	169	55
6	175	66
7	163	52
8	152	47
9	172	58
10	160	50

要求对身高和体重作回归分析。

一、用 SAS 进行回归分析

首先,用第一节介绍的方法建立一个新的数据集。如图 12-40。
用 SAS/Insight 作简单回归分析的步骤如下:
第一步,单击 Analize 下拉菜单,选取 FIT(Y X)选项,出现该对话框;
第二步,选取 Height 为因变量,Weight 为自变量。如图 12-41。
第三步,选取 OK。输出结果如图 12-42。
SAS 输出分为若干个表:

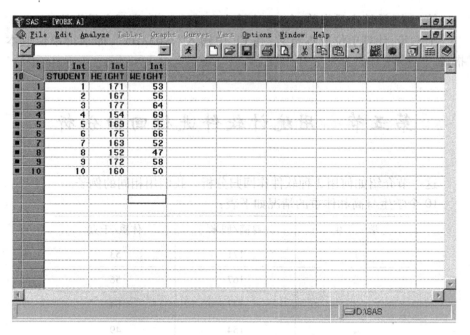

图 12-40　SAS 数据集

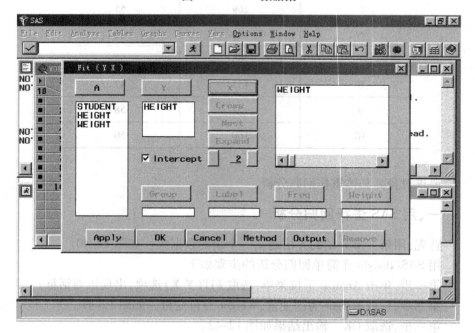

图 12-41　Fit(Y X)对话框

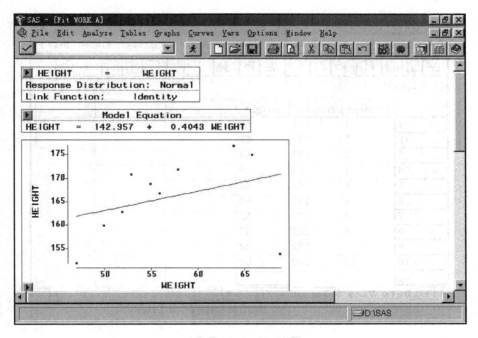

图 12-42　SAS 输出结果

　　第一个表提供关于拟合模型的一般信息，说明模型是可以识别的。

　　第二个表给出模型的方程，方程表明截距的估计值是 412 857，斜率的估计值是 2.085 7。

　　第三个表是带有回归线的散点图，这给出了回归的图形表示，由此可形象地看出模型拟合数据是否比只用均值预测的基线模型好。

　　另外还有若干个表，主要是参数回归拟合表、方差分析表等，由于统计学基础的回归分析基本不涉及这些内容，我们就不列出了，读者可以自己上机实习一下。

二、用 SPSS 做回归分析

　　首先，建立一个数据集。如图 12-43。

　　用 SPSS 进行回归分析的步骤如下：

　　单击 Analyze 下拉式菜单，选择 Regression 下拉式菜单，从中选择 Linear 选项。出现 Linear Regression 对话框。如图 12-44。

　　线性回归分析的主要选择项如下：

1. Method 回归分析方法选择项

　　● Enter 全回归模型法　　　　　　　　● Stepwise 逐步筛选法

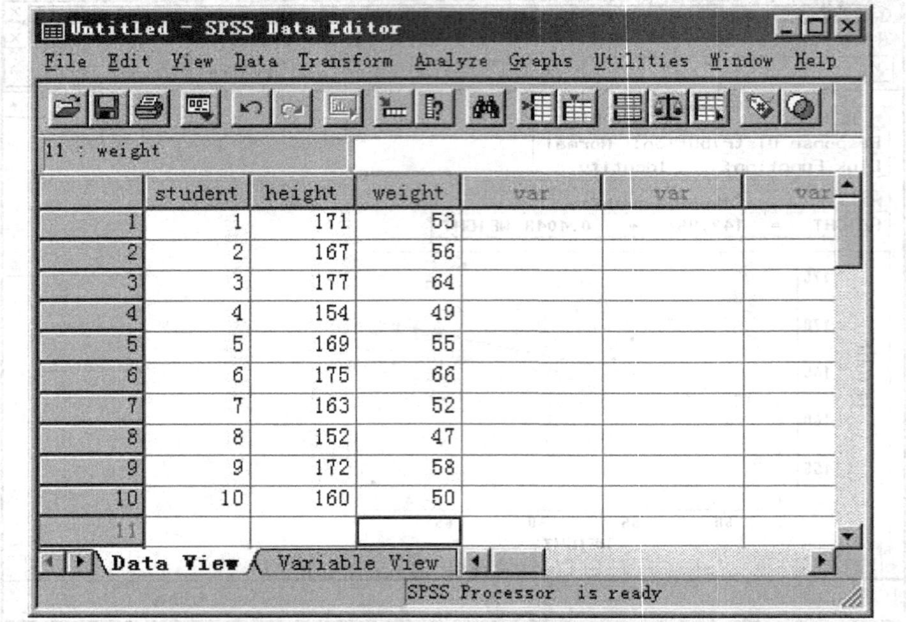

图 12-43 SPSS 数据集

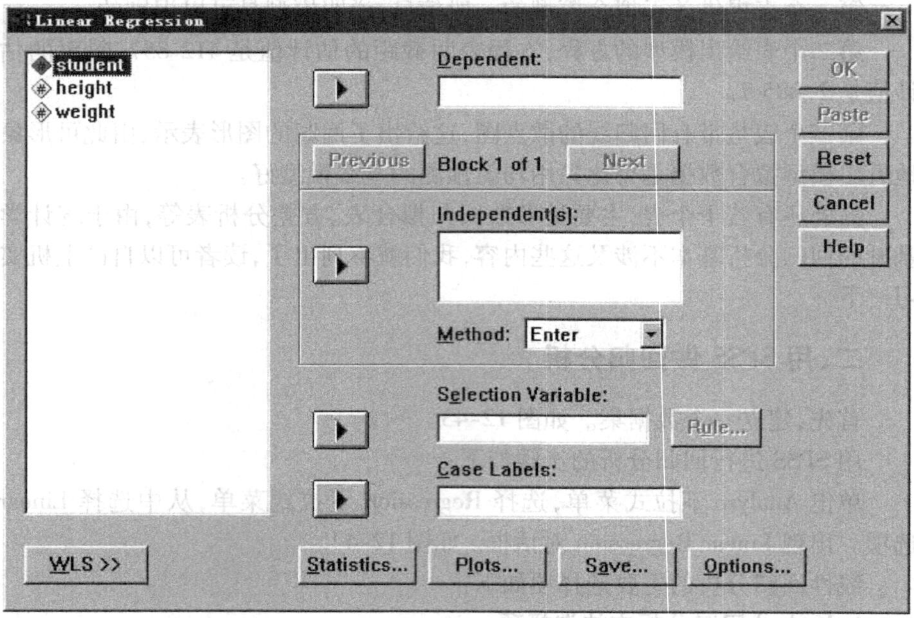

图 12-44 Linear Regression 对话框

- Remove 指定剔除自变量条件
- Backward 向后回归法
- Forward 向前回归法

2. Statistics 各种统计量选择项

（1）Regression coefficients 回归系数

- Estimates 回归系数、相关统计
- Confidence intervals 置信区间
- Covariance matrix 方差-协方差矩阵

（2）Model fit 输出缺省状态统计量

（3）R squared change 第一步中判定系数的变化

（4）Descriptives 描述统计量

（5）Part and partial correlations 部分相关和偏相关系数

（6）Collinearity diagnostics 共线性诊断

（7）Residuals 残差

- Durbin-Watson 德宾-沃森检验
- Caxewise diagnostics 每一个观测量的残差诊断

3. plots 绘图选择项

绘制残差散点图、直方图、奇异值图或正态概率图。通过对变量的选择可以同时确定 9 个图形的绘制。

（1）Standardized Residual plots 各变量标准化残差分布图

（2）Produce all partial plots 对每个自变量生成自变量残差相对于因变量残差的散点图

4. Save 数据处理结果的保存

（1）Predicted Values 预测值

- Unstandardized 非标准化预测值
- Standardized 标准化预测值
- Adujsted 校正预测值
- S. E. of mean predictions 预测值的标准误

（2）Distances 距离

- Mahalanobis 距离
- Cook's 距离
- Leverage values 中心化杠杆值

（3）rediction intervals 预测区间

- Mean 均值预测
- Individual 个别值预测
- Confidence 置信度

（4）Residuals 残差

（5）Influence Statistics 影响统计量

（6）Save to New File 将处理结果保存在新文件中

5. Options 改变逐步回归时处理准则的设定和缺失值的处理方式

输出结果如图 12-45。

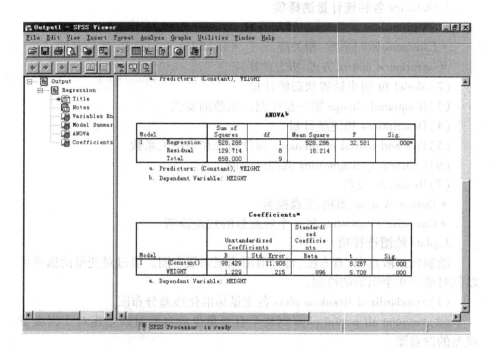

图 12-45 　SPSS 输出结果

输出结果有 4 部分,在这里我们省略了第一部分和第二部分。

(1)Variables Entered/Removed 回归分析方法为全模型法

(2)Model summary 模型统计量(拟合优度检验)

(3)Anova 回归方程的方差分析和 F 检验结果

(4)Coefficients 回归系数和 T 检验结果

从第四部分我们可以看出,回归方程为:

Height = 98.429 + 1.229Weight

三、Excel 进行回归分析

第一步,把有关数据输入 Excel 的单元格中。如图 12-46。

第二步,单击工具菜单,选择数据分析选项,出现数据分析对话框,在分析工具中选择回归。如图 12-47。

第三步,单击确定按钮,在 Y 值输入区域输入 $B$2: $B$11,在 X 值输入

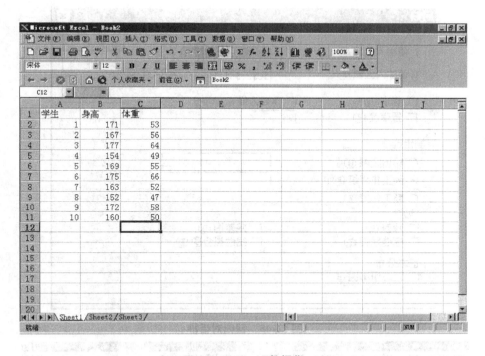

图 12-46　Excel 数据集

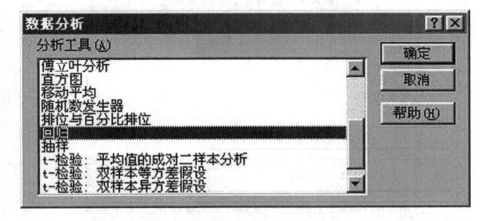

图 12-47　数据分析对话框

区域输入 $C $2：$C $11，在输出选项选择新工作表组如图 12-48 所示：

第四步，单击确定按钮，得到回归分析结果。如图 12-49。

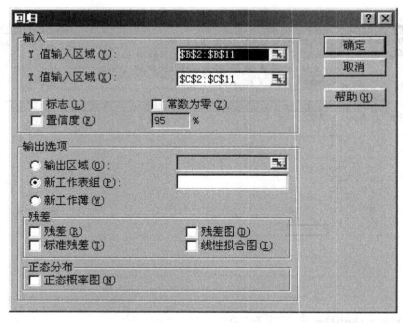

图 12-48　回归对话框

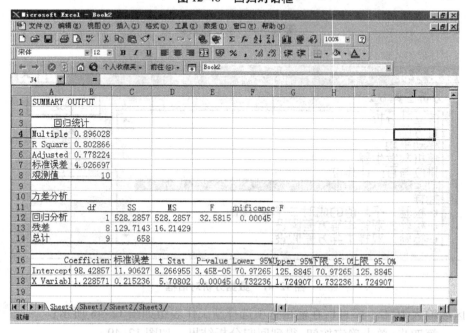

图 12-49　Excel 回归分析结果

第六节　用统计软件进行预测

在这一节我们讲述一下如何用 Excel 进行预测。

[**例 12-4**]　某煤矿某年 1—11 月份采煤量如下表：

月　份	产　量	月　份	产　量
1	9.03	7	9.15
2	9.06	8	9.36
3	9.12	9	9.45
4	8.73	10	9.30
5	8.94	11	9.24
6	9.30	12	—

一、用移动平均法进行预测

具体步骤：

第一步，将原始数据录入到单元格区域 A2:A12。如图 12-50。

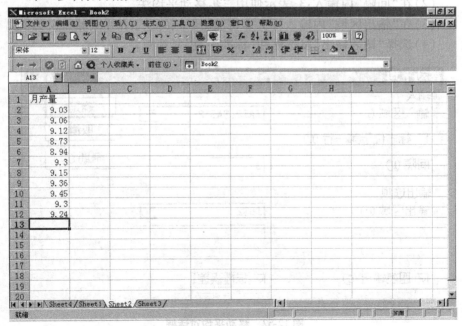

图 12-50　Excel 数据集

第二步,选择菜单条上的"工具"—"数据分析"命令,弹出如图 12-51 所示的对话框;

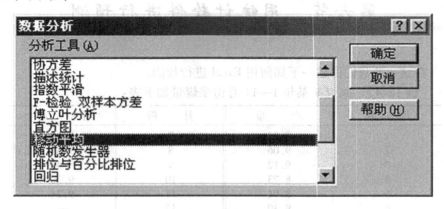

图 12-51 数据分析对话框

第三步,在"分析工具"框之中选择"移动平均",单击"确定"按钮,弹出一个对话框,相应作如下输入,即可得到如图 12-52 所示的对话框;

(1)在"输出区域"内输入:A2:A12,即原始数据所在的单元格区域。

(2)在"间隔"内输入:3,表示使用三步移动平均法。

(3)在"输出区域"内输入:B2,即将输出区域的左上角单元格定义为 B2。

(4)选择"图表输出"复选框和"标准误差"复选框。

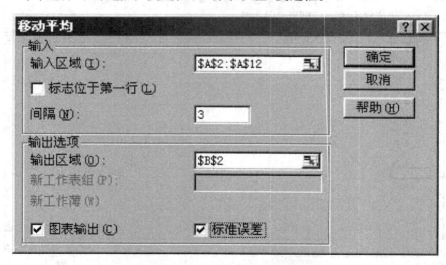

图 12-52 移动平均对话框

第四步,单击"确定"按钮,便可得到移动平均结果。如图 12-53。

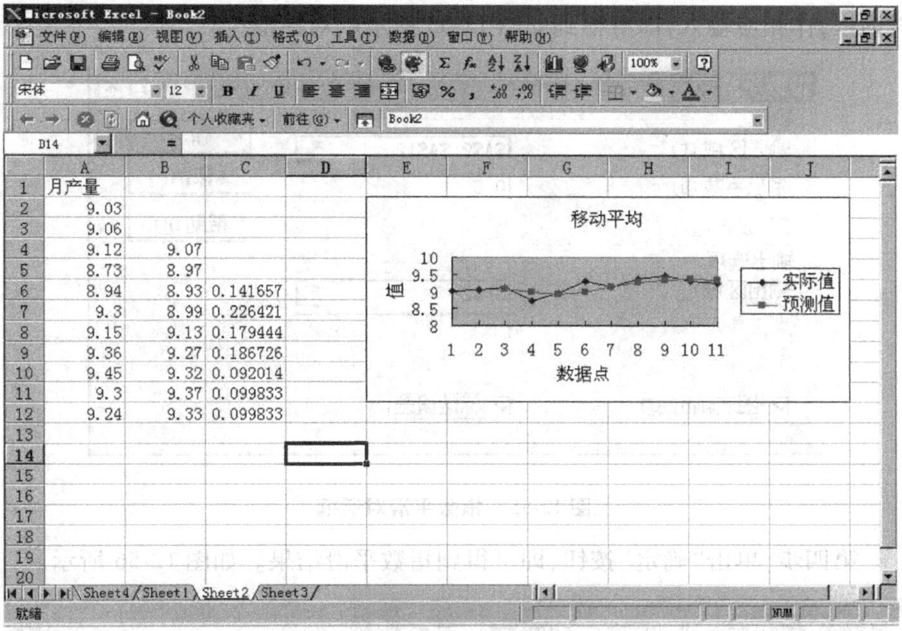

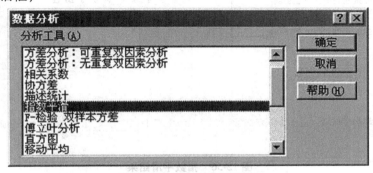

图 12-53   移动平均分析结果

分析:在图 12-53 中,B4:B12 对应的数据即为三步移动平均的预测值;单元格区域 C6:C12 即为标准误差。

二、用指数平滑法进行预测

第一步,将原始数据输入到单元格 B2:B12;

第二步,选择菜单条上的"工具"—"数据分析"命令,弹出如图 12-54 所示的对话框;

图 12-54   数据分析对话框

第三步,在"分析工具"中选择"指数平滑",单击"确定"按钮,弹出一个对话框,作相应输入,即可得到如图12-55所示的对话框;

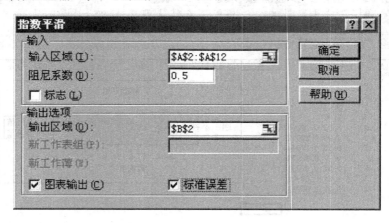

图 12-55　指数平滑对话框

第四步,单击"确定"按钮,即可得到指数平滑结果。如图12-56所示。

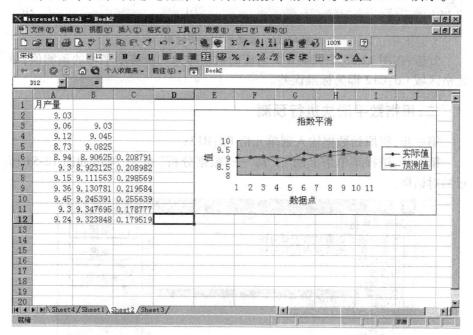

图 12-56　指数平滑结果

三、用趋势推测法进行预测

我们仍然使用相同的例子,具体步骤如下:

第一步,把相关数据输入到 Excel 中,其中月份输入 A1 ~ A11 单元格,月产量输入 B1 ~ B11 单元格。如图 12-57 所示。

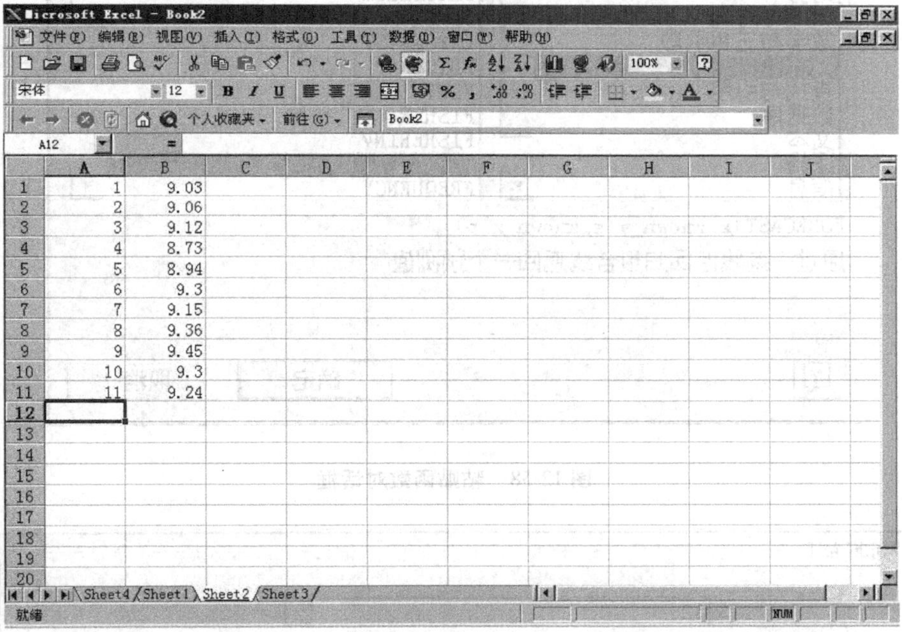

图 12-57　Excel 数据集

第二步,在工作表中选择一个空的单元格。在这里我们选择 D2 单元格;

第三步,选择插入下拉菜单;

第四步,选择函数选项;

第五步,当函数对话框出现时:在函数类别框中选择统计,在函数名字中选择预测。如图 12-58 所示。

第六步,单击确定按钮,出现预测对话框,在 x 中输入 12,在 know _ y's 中输入 B1:B11,在 know _ x's 中输入 A1:A11。如图 12-59 所示。

第七步,单击确定按钮,预测结果出现在 D2 单元格中。如图 12-60 所示。

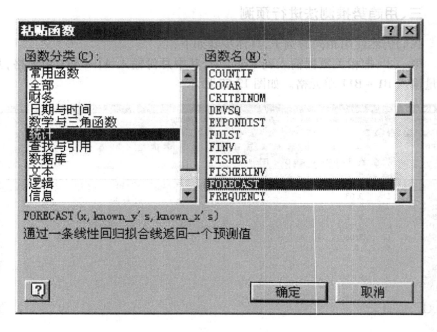

图 12-58　粘贴函数对话框

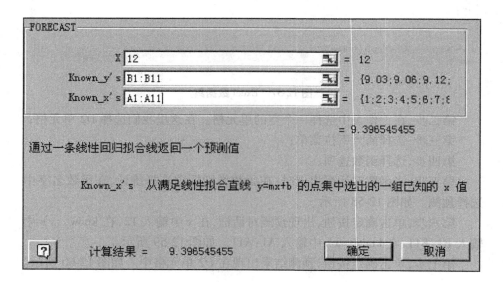

图 12-59　FORECAST 对话框

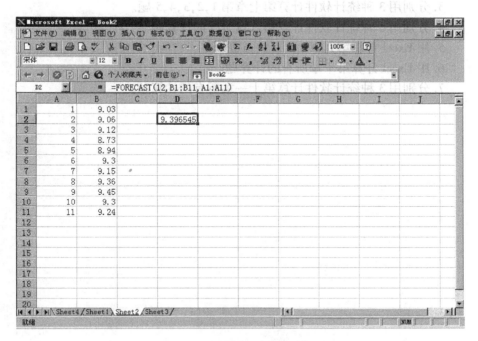

图 12-60 趋势推测法预测结果

【小 结】

本章针对本教材所涉及的统计计算,介绍了目前常用的几个统计软件,即 SPSS,SAS 和 Excel,其中主要介绍了 Excel。

1. 用 SAS,SPSS,Excel 计算描述统计量,包括定义变量、输入数据和计算描述统计量。

2. 用 SAS,SPSS,Excel 绘制统计图,包括直方图和圆形图。

3. 用 Excel 进行时间序列分析,包括计算增长量和平均增长量,计算发展速度和平均发展速度以及计算季节变动。

4. 用 Excel 进行指数分析,包括计算总指数、平均指数和进行因素分析。

5. 用 SAS,SPSS,Excel 进行回归分析。

6. 用 Excel 进行预测,包括移动平均法、指数平滑法和趋势预测法。

【思考与练习】

1. 分别用 3 种统计软件计算第五章第 1 题和第 4 题。

2. 分别用 3 种统计软件计算第六章第 1,2,3,4 题。

3. 分别用 3 种统计软件计算第七章第 1,2,3,4,5 题。

4. 分别用 3 种统计软件计算第八章所有的计算题。

5. 用 Excel 计算第九章 1,2,3,4,6 题。

6. 用 Excel 计算第十章所有的计算题。

7. 分别用 3 种统计软件计算第十一章所有的计算题。

附 录

附录 1

正态分布概率表

t	$F(t)$	t	$F(t)$	t	$F(t)$	t	$F(t)$
0.00	0.000	0.24	0.189 7	0.48	0.368 8	0.72	0.528 5
0.01	0.008 0	0.25	0.197 4	0.49	0.375 9	0.73	0.534 6
0.02	0.016 0	0.26	0.205 1	0.50	0.382 9	0.74	0.540 7
0.03	0.023 9	0.27	0.212 8	0.51	0.389 9	0.75	0.546 7
0.04	0.031 9	0.28	0.220 5	0.52	0.396 9	0.76	0.552 7
0.05	0.039 9	0.29	0.228 2	0.53	0.403 9	0.77	0.558 7
0.06	0.047 8	0.30	0.235 8	0.54	0.410 8	0.78	0.564 6
0.07	0.055 8	0.31	0.243 4	0.55	0.417 7	0.79	0.570 5
0.08	0.063 8	0.32	0.251 0	0.56	0.424 5	0.80	0.576 3
0.09	0.071 7	0.33	0.258 6	0.57	0.431 3	0.81	0.582 1
0.10	0.079 7	0.34	0.266 1	0.58	0.438 1	0.82	0.587 8
0.11	0.087 6	0.35	0.273 7	0.59	0.444 8	0.83	0.593 5
0.12	0.095 5	0.36	0.281 2	0.60	0.451 5	0.84	0.599 1
0.13	0.010 34	0.37	0.288 6	0.61	0.458 1	0.85	0.604 7
0.14	0.011 13	0.38	0.296 1	0.62	0.464 7	0.86	0.610 2
0.15	0.119 2	0.39	0.303 5	0.63	0.471 3	0.87	0.615 7
0.16	0.127 1	0.40	0.310 8	0.64	0.477 8	0.88	0.621 1
0.17	0.135 0	0.41	0.318 2	0.65	0.484 3	0.89	0.626 5
0.18	0.142 8	0.42	0.325 5	0.66	0.490 7	0.90	0.631 9
0.19	0.150 7	0.43	0.332 8	0.67	0.497 1	0.91	0.637 2
0.20	0.158 5	0.44	0.340 1	0.68	0.503 5	0.92	0.642 4
0.21	0.166 3	0.45	0.347 3	0.69	0.509 8	0.93	0.647 6
0.22	0.174 1	0.46	0.354 5	0.70	0.516 1	0.94	0.652 8
0.23	0.181 9	0.47	0.361 6	0.71	0.522 3	0.95	0.657 9

续表

t	$F(t)$	t	$F(t)$	t	$F(t)$	t	$F(t)$
0.96	0.692 9	1.27	0.795 9	1.58	0.885 9	1.89	0.941 2
0.97	0.668 0	1.28	0.799 5	1.59	0.888 2	1.90	0.942 6
0.98	0.672 9	1.29	0.803 0	1.60	0.890 4	1.91	0.943 9
0.99	0.677 8	1.30	0.806 4	1.61	0.892 6	1.92	0.945 1
1.00	0.682 7	1.31	0.809 8	1.62	0.894 8	1.93	0.946 4
1.01	0.687 5	1.32	0.813 2	1.63	0.896 9	1.94	0.947 6
1.02	0.692 3	1.33	0.816 5	1.64	0.899 0	1.95	0.948 8
1.03	0.697 0	1.34	0.819 8	1.65	0.901 1	1.96	0.950 0
1.04	0.701 7	1.35	0.823 0	1.66	0.903 1	1.97	0.951 2
1.05	0.706 3	1.36	0.826 2	1.67	0.905 1	1.98	0.952 3
1.06	0.710 9	1.37	0.829 3	1.68	0.907 0	1.99	0.953 4
1.07	0.715 4	1.38	0.832 4	1.69	0.909 0	2.00	0.954 5
1.08	0.719 9	1.39	0.835 5	1.70	0.910 9	2.02	0.956 6
1.09	0.724 3	1.40	0.838 5	1.71	0.912 7	2.04	0.958 7
1.10	0.728 7	1.41	0.841 5	1.72	0.914 6	2.06	0.960 6
1.11	0.733 0	1.42	0.844 4	1.73	0.916 4	2.08	0.962 5
1.12	0.737 3	1.43	0.847 3	1.74	0.918 1	2.10	0.964 3
1.13	0.741 5	1.44	0.850 1	1.75	0.919 9	2.12	0.966 0
1.14	0.745 7	1.45	0.852 9	1.76	0.921 6	2.14	0.967 6
1.15	0.749 9	1.46	0.855 7	1.77	0.923 3	2.16	0.969 2
1.16	0.754 0	1.47	0.858 4	1.78	0.924 9	2.18	0.970 7
1.17	0.758 0	1.48	0.861 1	1.79	0.926 5	2.20	0.972 2
1.18	0.762 0	1.49	0.863 8	1.80	0.928 1	2.22	0.973 6
1.19	0.766 0	1.50	0.866 4	1.81	0.929 7	2.24	0.974 9
1.20	0.769 9	1.51	0.869 0	1.82	0.931 2	2.26	0.976 2
1.21	0.773 7	1.52	0.871 5	1.83	0.932 8	2.28	0.977 4
1.22	0.777 5	1.53	0.874 0	1.84	0.934 2	2.30	0.978 6
1.23	0.781 3	1.54	0.876 4	1.85	0.935 7	2.32	0.979 7
1.24	0.785 0	1.55	0.878 9	1.86	0.937 1	2.34	0.980 7
1.25	0.788 7	1.56	0.881 2	1.87	0.938 5	2.36	0.981 7
1.26	0.792 3	1.57	0.883 6	1.88	0.939 9	2.38	0.982 7

t	$F(t)$	t	$F(t)$	t	$F(t)$	t	$F(t)$
2.40	0.983 6	2.60	0.990 7	2.80	0.994 9	3.00	0.997 3
2.42	0.984 5	2.62	0.991 2	2.82	0.995 2	3.20	0.998 6
2.44	0.985 3	2.64	0.991 7	2.84	0.995 5	3.40	0.999 3
2.46	0.986 1	2.66	0.992 2	2.86	0.995 8	3.60	0.999 68
2.48	0.986 9	2.68	0.992 6	2.88	0.996 0	3.80	0.999 86
2.50	0.987 6	2.70	0.993 1	2.90	0.996 2	4.00	0.999 94
2.52	0.988 3	2.72	0.993 5	2.92	0.996 5	4.50	0.999 993
2.54	0.988 9	2.74	0.993 9	2.94	0.996 7	5.00	0.999 999
2.56	0.989 5	2.76	0.994 2	2.96	0.996 9		
2.58	0.990 1	2.78	0.994 6	2.98	0.997 1		

附录2

随机数字表

03 47 43 73 86	36 96 47 36 61	46 98 63 71 62	33 26 16 80 45	60 11 14 10 95
97 74 24 67 62	42 81 14 57 20	42 53 32 37 32	27 07 36 07 51	24 51 79 89 73
16 76 62 27 66	56 50 26 71 07	32 90 79 78 53	13 55 38 58 59	88 97 54 14 10
12 56 85 99 26	96 96 68 27 31	05 03 72 93 15	57 12 10 14 21	88 26 49 81 76
55 59 56 35 64	38 54 82 46 22	31 62 43 09 90	06 18 44 32 53	23 83 01 30 30
16 22 77 94 39	49 54 43 54 82	17 37 93 23 78	87 35 20 96 43	84 26 34 91 64
84 42 17 53 31	57 24 55 06 88	77 04 74 47 67	21 76 33 50 25	83 92 12 06 76
63 01 63 78 59	16 95 55 67 19	98 10 50 71 75	12 86 73 58 07	44 39 52 38 79
33 21 12 34 29	78 64 56 07 82	52 42 07 44 38	15 51 00 13 42	99 66 02 79 54
57 60 86 32 44	09 47 27 96 54	49 17 46 09 62	90 52 84 77 27	08 02 73 43 28
18 18 07 92 45	44 17 16 58 09	79 83 86 19 62	06 76 50 03 10	55 23 64 05 05
26 62 38 97 75	84 16 07 44 99	83 11 46 32 24	20 14 85 88 45	10 93 72 88 71
23 42 40 64 74	82 97 77 77 81	07 45 32 14 08	32 98 94 07 72	93 85 79 10 75
52 36 28 19 95	50 92 26 11 97	00 56 76 31 38	80 22 02 53 53	86 60 42 04 53
37 85 94 35 12	83 39 50 08 30	42 34 07 96 88	54 42 06 87 98	35 85 99 48 39
70 29 17 12 13	40 33 20 38 26	13 89 51 03 74	17 76 37 13 04	07 74 21 19 30
56 62 18 38 35	96 83 70 87 75	97 12 25 93 47	70 33 24 03 54	97 77 46 44 80
99 49 57 22 77	88 42 95 45 72	16 64 36 16 00	04 43 18 66 79	94 77 24 21 90
16 08 15 04 72	33 27 14 34 09	45 59 34 68 49	12 72 07 34 45	99 27 72 95 14
31 16 93 32 43	50 27 89 87 19	20 15 37 00 49	52 85 66 60 44	38 68 88 11 80
68 34 30 13 70	55 74 30 77 40	44 22 78 84 26	04 33 46 09 52	68 07 97 06 57
74 57 25 65 76	59 29 97 68 60	71 91 38 67 54	13 58 18 24 76	15 54 55 95 52
27 42 37 86 53	48 55 90 65 72	96 57 69 36 10	96 46 92 42 45	97 60 49 04 91
00 39 68 29 61	66 37 32 20 30	77 84 57 03 29	10 45 65 04 26	11 04 96 67 24
29 94 98 94 24	68 49 69 10 82	53 75 91 93 30	34 55 20 57 27	40 48 73 51 92

16 90 82 66 59	83 62 64 11 12	67 19 00 71 74	60 47 21 29 63	02 02 37 03 31
11 27 94 75 06	06 09 19 74 66	02 94 37 34 02	76 70 90 30 86	38 45 94 30 38
35 24 10 16 20	33 32 51 26 38	79 78 45 04 91	16 92 53 56 16	02 75 50 95 98
33 23 16 86 38	42 38 97 01 50	87 75 66 81 41	40 01 74 91 62	48 51 84 08 32
31 96 25 91 47	96 44 33 49 13	34 86 82 53 91	00 52 43 48 85	27 55 26 89 62
66 67 40 67 14	64 05 71 95 86	11 05 65 09 68	76 83 20 37 90	57 16 00 11 66
14 90 84 45 11	75 73 88 05 90	52 27 41 14 86	22 98 12 22 08	07 52 74 95 80
68 05 54 18 00	33 96 02 75 19	07 60 62 93 55	59 33 82 43 90	49 37 38 44 59
20 46 78 73 90	97 51 40 14 02	04 02 33 31 08	39 54 16 49 36	47 95 93 13 30
64 19 58 97 79	15 06 15 93 20	01 90 10 75 06	40 78 78 89 62	02 67 74 17 33
05 06 93 70 60	22 35 85 15 13	92 03 51 59 77	59 56 78 06 83	52 91 05 70 74
07 97 10 88 23	09 98 42 99 64	61 71 62 99 15	06 51 29 16 93	58 05 77 09 51
68 71 86 85 85	54 87 66 47 54	73 32 08 11 12	44 95 92 63 16	29 56 24 29 48
26 99 61 65 53	58 37 78 80 70	42 10 50 67 42	32 17 55 85 74	94 44 67 16 94
14 65 52 68 75	87 59 36 22 41	26 78 63 06 55	13 08 27 01 50	15 29 39 39 43
17 53 77 58 71	71 41 61 50 72	12 41 94 96 26	44 95 27 36 99	02 96 74 30 83
90 26 59 21 19	23 52 23 33 12	96 93 02 18 39	07 02 18 36 07	25 99 32 70 23
41 23 52 55 99	31 04 49 69 96	10 47 48 45 88	13 41 43 89 20	97 17 14 49 17
60 20 50 81 69	31 99 73 68 68	35 81 33 03 76	24 30 12 48 60	18 99 10 72 34
91 25 38 05 90	94 58 28 41 36	45 37 59 03 09	90 35 57 29 12	82 62 54 65 60
54 50 57 74 37	98 80 33 00 91	09 77 93 19 82	74 94 80 04 04	45 07 31 66 49
85 22 04 39 43	73 81 53 94 79	33 62 46 86 28	08 31 54 46 31	53 94 13 38 47
09 79 13 77 48	73 82 97 22 21	05 03 27 24 83	72 89 44 05 60	35 80 39 94 88
88 75 80 18 14	22 95 75 42 49	39 32 82 22 49	02 48 07 70 37	16 04 61 67 87
90 96 23 70 00	39 00 03 06 90	55 85 78 38 36	94 37 30 69 32	90 89 00 76 33
53 74 23 99 67	61 32 28 69 84	94 62 67 86 24	98 33 41 19 95	47 53 53 38 09
63 38 06 86 54	99 00 65 26 94	02 82 90 23 07	79 62 67 80 60	75 91 12 81 19
35 30 58 21 46	06 72 17 10 94	25 21 31 75 96	49 28 24 00 49	35 65 79 78 07
63 43 36 82 69	65 51 18 37 88	61 38 44 12 45	32 92 85 88 65	54 34 81 85 35
98 25 37 55 26	01 91 82 81 46	74 71 12 94 97	24 02 71 37 07	03 92 18 66 75
02 63 21 17 69	71 50 80 89 56	38 15 70 11 48	43 40 45 86 98	00 83 26 91 03
64 55 22 21 82	48 22 28 06 00	61 54 13 43 91	82 78 12 23 29	06 66 24 12 27

续表

85 07 26 13 89	01 10 07 82 04	59 63 69 36 03	69 11 15 83 80	13 29 54 19 28
58 54 16 24 15	51 54 44 82 00	62 61 65 04 69	38 18 65 18 97	85 72 13 49 21
34 85 27 84 87	61 48 64 56 26	90 18 48 13 26	37 70 15 42 57	65 65 80 39 07
03 92 18 27 46	57 99 16 96 56	30 33 72 85 22	84 64 38 56 93	99 01 30 98 64
62 93 30 27 59	37 75 41 66 48	86 97 80 61 45	23 53 04 01 63	45 76 08 64 27
08 45 93 15 22	60 21 75 46 91	98 77 27 85 42	28 88 61 08 84	69 62 03 42 73
07 08 55 18 40	45 44 75 13 90	24 94 96 61 02	57 55 66 83 15	73 42 37 11 61
01 85 89 95 66	51 10 19 34 88	15 84 97 19 75	12 76 39 43 78	64 63 91 08 25
72 84 71 14 35	19 11 58 49 26	50 11 17 17 76	86 31 57 20 18	95 60 78 46 75
88 78 28 16 84	13 52 53 94 53	75 45 69 30 96	73 89 65 70 31	99 17 43 48 76
45 17 75 65 57	28 40 19 72 12	25 12 74 75 67	60 40 60 81 19	24 62 01 61 16
96 76 28 12 54	22 01 11 94 25	71 96 16 16 88	68 64 36 74 45	19 59 50 88 92
43 31 67 72 30	24 02 94 08 63	38 32 36 66 02	69 36 38 25 39	48 03 45 15 22
50 44 66 44 21	66 06 58 05 62	68 15 54 35 02	42 35 48 96 32	14 52 41 52 48
22 66 22 15 86	26 63 75 41 99	58 42 36 72 24	58 37 52 18 51	03 37 18 39 11
96 24 40 14 51	23 22 30 88 57	95 67 47 29 83	94 69 40 06 07	18 16 36 78 86
31 73 91 61 19	60 20 72 93 48	98 57 07 23 69	65 95 39 69 58	56 80 30 19 44
78 60 73 99 84	43 89 94 36 45	56 69 47 07 41	90 22 91 07 12	18 35 34 08 72
84 37 90 61 56	70 10 23 98 05	85 11 34 76 60	76 48 45 34 60	01 64 18 39 96
36 67 10 08 23	98 93 35 08 86	99 29 76 29 81	33 34 91 58 93	63 14 52 32 52
07 28 59 07 48	89 64 58 89 75	83 85 62 27 89	30 14 78 56 27	86 63 59 80 02
10 15 83 87 60	79 24 31 66 56	21 48 24 06 93	91 98 94 05 49	01 47 59 38 00
55 19 68 97 65	03 73 52 16 56	00 53 55 90 27	33 42 29 38 87	22 13 88 83 34
53 81 29 13 39	35 01 20 71 34	62 33 74 82 14	53 73 19 09 03	56 54 29 56 93
51 86 32 69 92	33 98 74 66 99	40 14 71 94 58	45 94 19 38 81	14 44 99 81 07
35 91 70 29 13	80 03 54 07 27	96 94 78 32 66	50 95 52 74 33	13 80 55 62 54
37 71 67 95 13	20 02 44 95 94	64 85 04 05 72	01 32 90 76 14	53 89 74 60 41
93 66 13 83 27	92 79 64 64 72	28 54 96 53 84	48 14 52 98 94	56 07 93 89 30
02 96 08 45 65	13 05 00 41 84	93 07 54 72 59	21 45 57 09 77	19 48 56 27 44
49 83 43 48 35	82 88 33 69 96	72 36 04 19 76	47 45 15 18 60	82 11 08 95 97
84 60 71 62 46	40 80 81 30 37	34 39 23 05 38	25 15 35 71 30	88 12 57 21 77
18 17 30 88 71	44 91 14 88 47	89 29 30 63 15	56 34 20 47 89	99 82 93 24 98

79 69 10 61 78	71 32 76 95 62	87 00 22 58 40	92 54 01 75 25	43 11 71 99 31
75 93 36 57 83	56 20 14 82 11	74 21 97 90 65	96 42 68 63 86	75 54 13 26 94
38 30 92 29 03	06 28 81 39 38	62 25 06 84 63	61 29 08 93 67	04 32 92 08 09
51 29 50 10 34	31 57 75 95 80	51 97 02 74 88	76 15 48 49 44	18 55 63 77 09
21 31 38 86 24	37 79 81 53 74	73 24 16 10 33	52 83 90 94 76	70 47 14 54 36
29 01 23 87 88	58 02 39 37 67	42 10 14 20 92	16 55 23 42 45	54 96 09 11 06
95 33 95 22 00	18 74 72 00 18	38 79 58 69 32	81 76 80 26 92	82 80 84 25 39
90 84 60 79 80	24 36 59 87 38	82 07 53 89 35	96 35 23 79 18	05 98 90 07 35
46 40 62 98 82	54 97 20 56 95	15 74 80 08 32	16 46 70 50 80	67 72 16 42 79
20 31 89 03 43	38 46 82 68 72	32 14 82 99 70	80 60 47 18 97	63 49 30 21 30
71 59 73 05 50	08 22 23 71 77	91 01 93 20 49	82 96 59 26 94	66 39 67 98 60

附录3

F 分布临界值表（$\alpha = 0.01$）

n_2 \ n_1	1	2	3	4	5	6	7	8	12	24	∞
1	4 052	4 999	5 403	5 625	5 764	5 859	5 928	5 982	6 106	6 234	6 366
2	98.5	99.0	99.2	99.2	99.3	99.3	99.4	99.4	99.4	99.5	99.5
3	34.1	30.8	29.5	28.7	28.2	27.9	27.7	27.5	27.1	26.6	26.1
4	21.2	18.0	16.7	16.0	15.5	15.2	15.0	14.8	14.4	13.9	13.5
5	16.3	13.3	12.1	11.4	11.0	10.7	10.5	10.3	9.89	9.47	9.02
6	13.7	10.9	9.78	7.15	8.75	8.47	8.26	8.10	7.72	7.31	6.88
7	12.2	9.55	8.45	7.85	7.46	7.19	6.99	6.84	6.47	6.07	5.65
8	11.3	8.65	7.59	7.01	6.63	6.37	6.18	6.03	5.67	5.28	4.86
9	10.6	8.02	6.99	6.42	6.06	5.80	5.61	5.47	5.11	4.73	4.31
10	10.0	7.56	6.55	5.99	5.64	5.39	5.20	5.06	4.71	4.33	3.91
11	9.65	7.21	6.22	5.67	5.32	5.07	4.89	4.74	4.40	4.02	3.60
12	9.33	6.93	5.95	5.41	5.06	4.82	4.64	4.50	4.16	3.78	3.36
13	9.07	6.70	5.74	5.21	4.86	4.62	4.44	4.30	3.96	3.59	3.17
14	8.86	6.51	5.56	5.04	4.69	4.46	4.28	4.14	3.80	3.43	3.00
15	8.68	6.36	5.42	4.89	4.56	4.32	4.14	4.00	3.67	3.29	2.87
16	8.53	6.23	5.29	4.77	4.44	4.20	4.03	3.89	3.55	3.18	2.75
17	8.40	6.11	5.18	4.67	4.34	4.10	3.93	3.79	3.46	3.08	2.65
18	8.29	6.01	5.09	4.58	4.25	4.01	3.84	3.71	3.37	3.00	2.57
19	4.38	3.52	3.13	2.90	2.74	2.63	2.54	2.48	2.31	2.11	1.88
20	4.35	3.49	3.10	2.87	2.71	2.60	2.51	2.45	2.28	2.08	1.84
21	4.32	3.47	3.07	2.84	2.68	2.57	2.49	2.42	2.25	2.05	1.81
22	4.30	3.44	3.05	2.82	2.66	2.55	2.46	2.40	2.23	2.03	1.78
23	4.28	3.42	3.03	2.80	2.64	2.53	2.44	2.37	2.20	2.01	1.76
24	4.26	3.40	3.01	2.78	2.62	2.51	2.42	2.36	2.18	1.98	1.73
25	4.24	3.39	2.99	2.76	2.60	2.49	2.40	2.34	2.16	1.96	1.71

λ \ n_1 n_2	1	2	3	4	5	6	7	8	12	24	∞
26	4.23	3.37	2.98	2.74	2.59	2.47	2.39	2.32	2.15	1.95	1.69
27	4.21	3.35	2.96	2.73	2.57	2.46	2.37	2.31	2.13	1.93	1.67
28	4.20	3.34	2.95	2.71	2.56	2.45	2.36	2.29	2.12	1.91	1.65
29	4.18	3.33	2.93	2.70	2.55	2.43	2.35	2.28	2.10	1.90	1.64
30	4.17	3.32	2.92	2.69	2.53	2.42	2.33	2.27	2.09	1.89	1.62
40	4.08	3.23	2.84	2.61	2.45	2.34	2.25	2.18	2.00	1.79	1.51
60	4.00	3.15	2.76	2.53	2.37	2.25	2.17	2.10	1.92	1.70	1.39
120	3.92	3.07	2.68	2.45	2.29	2.17	2.09	2.02	1.83	1.61	1.25
∞	3.84	3.00	2.60	2.37	2.21	2.10	2.01	1.94	1.75	1.52	1.00

注：n_1 是第一自由度（分子的自由度）；n_2 是第二自由度（分母的自由度）；

λ 是临界值，$P\{F > \lambda\} = \alpha = 0.05$。

附录4

t 分布临界值表

n \ α	0.10	0.05	0.01	n \ α	0.10	0.05	0.01
1	6.314	12.706	63.657	18	1.734	2.101	2.878
2	2.920	4.303	9.925	19	1.729	2.093	2.861
3	2.353	3.182	5.841	20	1.725	2.086	2.845
4	2.132	2.776	4.604	21	1.721	2.080	2.831
5	2.015	2.571	4.032	22	1.717	2.074	2.819
6	1.943	2.447	3.707	23	1.714	2.069	2.807
7	1.895	2.365	3.499	24	1.711	2.064	2.797
8	1.860	2.306	3.355	25	1.708	2.060	2.787
9	1.833	2.262	3.250	26	1.706	2.056	2.779
10	1.812	2.228	3.169	27	1.703	2.052	2.771
11	1.796	2.201	3.106	28	1.701	2.048	2.763
12	1.782	2.179	3.055	29	1.699	2.045	2.756
13	1.771	2.160	3.012	30	1.697	2.042	2.750
14	1.761	2.145	2.977	40	1.684	2.021	2.704
15	1.753	2.131	2.947	60	1.671	2.000	2.660
16	1.746	2.120	2.921	120	1.658	1.980	2.617
17	1.740	2.110	2.898	∞	1.645	1.960	2.576

注:n 为自由度,λ 为临界值,$P\{|t| > \lambda\} = \alpha$。

附录5

检验相关系数 $\rho = 0$ 的临界值 (r_α) 表

$$P(|r| > r_\alpha) = \alpha$$

f \ α	0.10	0.05	0.02	0.01	0.001
1	0.987 69	0.996 92	0.999 507	0.999 877	0.999 998 8
2	0.900 00	0.950 00	0.980 00	0.990 00	0.999 00
3	0.805 4	0.878 3	0.934 33	0.958 73	0.991 16
4	0.729 3	0.811 4	0.882 2	0.917 20	0.974 06
5	0.669 4	0.754 6	0.832 9	0.874 5	0.950 74
6	0.621 5	0.706 7	0.788 7	0.834 3	0.924 93
7	0.582 2	0.666 4	0.749 8	0.798 5	0.898 2
8	0.549 4	0.631 9	0.715 5	0.764 6	0.872 1
9	0.521 4	0.602 1	0.685 1	0.734 8	0.847 1
10	0.497 3	0.576 0	0.658 1	0.707 9	0.823 3
11	0.476 2	0.552 9	0.633 9	0.683 5	0.801 0
12	0.457 5	0.532 4	0.612 0	0.661 4	0.780 0
13	0.440 9	0.513 9	0.592 3	0.641 1	0.760 3
14	0.425 9	0.497 3	0.574 2	0.622 6	0.742 0
15	0.412 4	0.482 1	0.557 7	0.605 5	0.724 6
16	0.400 0	0.468 3	0.542 5	0.589 7	0.708 4
17	0.388 7	0.455 5	0.528 5	0.575 1	0.693 2
18	0.378 3	0.443 8	0.515 5	0.561 4	0.678 7

续表

α f	0.10	0.05	0.02	0.01	0.001
19	0.368 7	0.432 9	0.503 4	0.548 7	0.665 2
20	0.359 8	0.422 7	0.492 1	0.536 8	0.652 4
25	0.323 3	0.380 9	0.445 1	0.486 9	0.597 4
30	0.296 0	0.349 4	0.409 3	0.448 7	0.554 1
35	0.274 6	0.324 6	0.381 0	0.418 2	0.518 9
40	0.257 3	0.304 4	0.357 8	0.393 2	0.489 6
45	0.242 8	0.287 5	0.338 4	0.372 1	0.464 8
50	0.230 6	0.273 2	0.321 8	0.354 1	0.443 3
60	0.210 8	0.250 0	0.294 8	0.324 8	0.407 8
70	0.195 4	0.231 9	0.273 7	0.301 7	0.379 9
80	0.182 9	0.217 2	0.256 5	0.283 0	0.356 8
90	0.172 6	0.205 0	0.242 2	0.267 7	0.337 5
100	0.163 8	0.194 6	0.230 1	0.254 0	0.321 1

参考文献

1　郑德如．统计学．上海:立信会计出版社,1998

2　陈嗣成,冯虹．新编统计学原理．第2版．北京:首都经济贸易大学出版社,1999

3　倪加勋,袁卫．应用统计学．第1版．北京:中国人民大学出版社,1993

4　刘德智．新编统计学．第1版．北京:地质出版社,1995

5　郑莉．现代统计学．第1版．北京:中国纺织出版社,2000

6　谢启南,曾声文．统计学原理．第2版．广州:暨南大学出版社,1996

7　刘汉民．统计学教程．第2版．上海:上海财经大学出版社,1997

8　唐庆银,沈学桢,徐静．新编统计学原理．第1版．上海:立信会计出版社,1998

9　边丽洁,高淑东．统计学原理与工业统计学．第1版．上海:立信会计出版社,1999

10　钱伯海,黄良文．统计学．第1版．成都:四川人民出版社,1992

11　杨坚白．统计学原理．第4版．上海:上海人民出版社,1992

12　徐国祥．统计预测与决策．第1版．上海:上海财经大学出版社,1998

13　褚可邑．统计理论与方法．第1版．北京:中国统计出版社,1998

14　王健．统计学教程．第1版．北京:中国统计出版社,1998

15　赵新洁．统计学基础．第1版．北京:中国统计出版社,1999

16　教育部高等教育司．统计学．第1版．北京:高等教育出版社,1999

17　王立彦,李心愉．官方统计与国际比较统计．第 1 版．北京:北京大学出版社,1994

18　中国统计学会国际统计研究组．国际比较论文集．第 1 版．北京:中国统计出版社,1993

19　袁寿庄．国民经济核算原理．第 1 版．北京:中国人民大学出版社,1996

20　杨灿．宏观经济核算论．第 1 版．北京:中国统计出版社,1996

21　郭志方．国民经济核算原理．第 1 版．北京:中国商业出版社,1996

22　钱伯海．国民经济核算与宏观经济分析．第 1 版．北京:中国统计出版社,1998

23　张举刚．统计基础与方法．第 1 版．北京:中国财政经济出版社,2001